L'ANARCHIE

et

LES ANARCHISTES

1343

L'ANARCHIE

ET LES

ANARCHISTES

PAR

J. GARIN

PARIS

GUILLAUMIN ET Cⁱᵉ, ÉDITEURS

De la Collection des principaux Économistes, du Journal des Économistes,
du Dictionnaire de l'Économie politique, etc.
du Dictionnaire universel du Commerce et de la Navigation, etc.

Rue Richelieu, 14

1885

Je ne me dissimule pas que cette étude trouvera peu de lecteurs.

En pareille matière, l'opportunité seule peut
suppléer au talent.

Or, la curiosité publique, qui avait été vivement
surexcitée il y a deux ans, s'est changée aujour-
d'hui en indifférence. Mobile et légère, elle a été
satisfaite, autant du moins qu'elle le demandait,
par les nombreux procès que les parquets de
diverses grandes villes ont intentés contre les
anarchistes.

Oserais-je compter davantage sur l'attention
des économistes ? Les économistes n'ont pas en
général pris *l'anarchie* bien au sérieux. De ce
dédain, c'est seulement en ma qualité d'auteur

et de spécialiste que je pourrais leur faire un reproche. D'ailleurs, ceux qui ont voulu étudier les nouvelles doctrines sociales du monde ouvrier, ont vu deux des maîtres de la science économique mettre récemment à leur disposition des ouvrages d'une rare valeur. *Le Collectivisme* de M. P. Leroy-Beaulieu, et *le Socialisme contemporain* de M. E. de Laveleye les ont initiés à des systèmes qui, sur bien des points, se confondent avec les théories anarchistes.

Je viens donc trop tard, et cette situation de dernier venu m'est doublement défavorable, puisqu'à la fois elle me prive du bénéfice de la nouveauté, et me met sous le coup d'une comparaison que je ne saurais subir sans désavantage.

J'ai tâché du moins de tirer parti des circonstances contraires. D'une part, j'aurai mieux échappé aux dangers de la passion, et à l'influence de l'opinion publique. De l'autre, j'aurai mis a profit les recherches de deux maîtres éminents, et je m'appuierai souvent de leur autorité.

Et encore, ce rôle d'élève, que j'aurais si volontiers accepté dès l'abord, je n'ai pu que malaisément m'y plier.

En effet, la monographie que je présente aujourd'hui était terminée avant que les ouvrages de MM. P. Leroy-Beaulieu et E. de Laveleye eussent paru. Des circonstances, qui importent peu au lecteur, en ont pendant près d'un an retardé la publication. Et c'est au moment où mon manuscrit était déjà à l'imprimerie, que je lisais les études de mes devanciers. Je ne pouvais plus les négliger ; c'étaient là de maîtresses œuvres, si riches et si puissantes, qu'elles s'imposent à la méditation, et qui ont si profondément pénétré dans leur sujet, qu'au delà de ce qu'elles mettent en lumière, elles ouvrent encore à l'esprit des aperçus où, en dépit de tout, la réflexion s'engage d'elle-même. C'est ainsi qu'après coup je suis revenu sur certaines parties de mon travail ; et il ne serait peut être pas difficile à un critique attentif de saisir la trace de ces sutures et de ces remaniements. J'y ai trouvé du moins souvent la joie personnelle d'avoir été par avance d'accord avec les maîtres de la science économique moderne.

Il est un second point sur lequel j'ai à fournir une explication et à présenter au besoin une excuse.

Quand j'ai voulu étudier l'importance sociale des doctrines anarchistes, rechercher quel avenir leur était réservé, et de quelle influence elles disposeraient, je n'ai pu éviter un certain appareil de statistique. Les documents que je cite sembleront excessifs et fastidieux aux lecteurs ordinaires ; ils paraîtront superflus ou insuffisants aux économistes. Que les uns et les autres veuil-

lent bien y voir surtout les marques d'une étude
consciencieuse. Au courant de la discussion, je
me heurtais à des vérités bans* "instruction
se répand, le bien-être a' .e, les salaires
s'élèvent, etc., et voilà qu'en formulant ces
axiômes, j'étais pris de scrupules. Je voulais
m'assurer de tout ce dont j'étais pourtant bien
sûr, j'ai relu encore ce que j'avais vingt fois lu, et
notes et renseignements peu à peu se sont accu-
mulés, sans que j'eusse tout d'abord l'intention
de les utiliser directement. Au moment de la
rédaction définitive, je me suis demandé si ce
travail de vérification entrepris pour mon édifi-
cation personnelle, ne serait pas profitable
également à celle du lecteur. Je l'ai cru, et c'est
ainsi que j'ai été amené à hérisser de chiffres
quelques pages de ce volume, à confirmer
par des notes les énonciations du texte, et à
surcharger de renseignements telle ou telle
phrase en apparence insignifiante. Il est bien
évident que je n'ai point prétendu à tout dire ;
pour être complet, il eût fallu des volumes, et
l'accessoire eût cent fois emporté le principal.
J'ai dû faire un choix, trier dans l'amas de mes
matériaux indigestes, résumer enfin, et parfois
me résoudre, par discrétion et pour ménager les
lignes, au désordre apparent comme à l'obscurité
d'une concision excessive. Le lecteur me par-
donnera toutes ces imperfections, en raison des
sentiments auxquels j'ai obéi.

C'est dans cet esprit de sincérité, que j'ai
ntrepris, mené et achevé mon travail.

C'est dans cet esprit de sincérité que je demande
être lu et jug...

Je pourrai êt... ...qué, blâmé, contredit ; il
e restera du moins la satisfaction d'avoir, de
utes mes forces, cherché la vérité, et, si je me
uis trompé, la consolation de m'être trompé de
onne foi.

Juin 1885.

L'ANARCHIE
ET LES ANARCHISTES

INTRODUCTION

> Sans nous, la bourgeoisie ne peut
> rien asseoir de solide; sans son
> concours, notre émancipation peut
> être retardée longtemps encore.
> Unissons-nous donc pour un but
> commun, le triomphe de la vraie
> démocratie.
> (*Manifeste électoral* publié en
> 1863 par soixante ouvriers de la
> Seine.)

Depuis deux années, un parti nouveau, le parti
anarchiste, a pris un rôle sur la scène politique,
rôle assurément secondaire, sinon modeste, mais
qui est une manifestation expressive de l'état des
esprits dans le milieu ouvrier, et mérite à ce
titre l'attention de tous ceux qui se préoccupent
de l'avenir et s'intéressent aux études d'économie
sociale.

Ce serait une erreur d'assigner à la naissance
de ce parti une date très récente. Nous lui

trouverons tout à l'heure des ancêtres dans l'ordre des idées, et nous établirons sa filiation dans l'ordre des faits.

Jusqu'en 1881, il ne se révéla pas ostensiblement. Toute son activité s'absorbait à l'œuvre intérieure de sa propre organisation. Les éléments épars de ce parti, qui s'est nommé lui-même « le parti des révoltés », se rapprochaient ; des groupes se constituaient dans les centres industriels; les relations se nouaient de ville à ville, de pays à pays. Ce travail, qui surexcitait les vanités personnelles, plus peut-être qu'il ne répondait à des convictions déjà formées, remuait profondément les couches politiques du monde ouvrier; mais le grand public ne s'en apercevait pas.

Tout à coup l'agitation éclata au jour. Journaux, brochures, manifestes, conférences, réunions publiques, congrès, les anarchistes font montre d'une ardeur infatigable, et entreprennent une active campagne de propagande.

Au mois d'août 1882, les troubles de Montceau-les-Mines provoquent l'émotion publique et éveillent l'attention du gouvernement; non pas qu'il faille donner à ces désordres une véritable importance au point de vue politique ou social : l'opinion, qui se laisse facilement émouvoir par les violences matérielles, en a exagéré la portée générale. Ce n'était qu'un symptôme, mais d'une réelle gravité.

En vain les anarchistes ont protesté contre la part qu'on leur attribuait dans ces événements, l'opinion publique leur a infligé une solidarité morale dont il leur a été impossible de se dégager ; et quand, au lendemain des débats devant la cour de Riom, l'attentat du théâtre Bellecour jetait la consternation dans la ville de Lyon, il ne parut pas excessif, en présence d'une coïncidence sinistre entre les paroles d'un orateur de réunion publique et l'exécution du crime, en constatant qu'un membre du parti anarchiste était probablement l'auteur de l'attentat, et surtout en se souvenant des appels à la violence qui formaient la péroraison habituelle des discours et des écrits anarchistes, il ne parut pas excessif, dis-je, de qualifier le *parti des révoltés* du nom de *parti des assassins.*

A ce moment, s'ouvrit le procès de Lyon, au milieu d'une véritable panique, que les anarchistes, sacrifiant l'intérêt des prévenus au désir d'exagérer la puissance apparente de leur parti, exploitaient ardemment. Soixante-six prévenus, presque tous ouvriers, comparaissaient devant le tribunal correctionnel. Ce procès révéla l'existence, sinon d'une association, du moins d'un parti dans toute l'effervescence encore et la fougue de la jeunesse, mais dont les allures désordonnées tendaient, en dépit des théories d'indépendance individuelle absolue, à se régler peu à peu, à se discipliner sous la direction de trois ou quatre intelligences d'élite.

Depuis lors, pendant plusieurs mois, l'attention publique, tenue aux aguets par la crainte, a. chaque jour, enregistré avec anxiété les moindres mouvements de ce parti extrême. Toute agitation populaire était rattachée à une même cause : les explosions en Belgique, en Allemagne et en Angleterre, les troubles en Espagne, en Italie et en Autriche semblaient les échos de Montceau-les-Mines ou de Lyon ; et, à lire certains journaux, qui, naïvement ou non, solidarisaient les nihilistes, les fenians et les anarchistes, on eût pu croire que le monde entier, de la Suisse à l'Amérique, était non seulement travaillé par l'enfantement d'une révolution sociale, mais encore bouleversé par la mise à exécution d'un gigantesque et universel complot.

Aujourd'hui, les esprits se sont calmés. Les choses ont, après un peu de temps, repris leur vraie mesure, et le moment est venu d'étudier avec un sens rassis, de se souvenir et de prévoir.

Il est sage de rechercher quelles sont les doctrines anarchistes, de se demander d'où elles viennent et où elles tendent, de faire l'analyse et le dénombrement du parti, d'en étudier la force et la composition. Ce n'est pas que nous nous exagérions la valeur du parti ou de la doctrine. Mais l'anarchie est une conception politique des ouvriers révolutionnaires, et si cette étude nous en montre l'inanité et le vide, elle nous en montrera du moins la genèse ; elle nous enseignera par quels sophismes les ouvriers se laissent séduire, par quels côtés de l'esprit ils sont à la merci des ambitieux. L'intérêt ne sera pas dans l'analyse des idées mêmes : il sera dans le comment et le pourquoi de ces idées, dans la recherche des moyens et des causes de leur développement.

La tâche présente de nombreuses difficultés. Les documents historiques sont peu nombreux ; il est malaisé de se les procurer, et lorsque enfin on les a entre les mains, on constate qu'ils sont l'œuvre des factions, qu'ils sont l'expression des rancunes, et qu'on ne peut leur accorder qu'une médiocre confiance. Quant aux doctrines, les traités dogmatiques font absolument défaut ; les théories sont éparses dans une multitude de brochures qui se contredisent, qui se combattent, qui se réfutent mutuellement et ne brillent ni par la méthode, ni par la précision, On perd souvent sa route à travers ces obscurités et ces lacunes, et il faut un labeur patient, résolu, pour passer de l'analyse à la synthèse. Je ne saurai sans doute pas échapper à tant de causes d'erreurs. Il en est une, la première et la

souveraine, contre laquelle je me suis du moins
scrupuleusement prémuni : je veux dire la
passion et le parti pris. Ce travail n'est pas
une œuvre de polémique, et je l'ai abordé avec
un esprit entièrement dégagé de toute préven-
tion personnelle. Cette impartialité sera peut-être
blâmée par les lecteurs ardents, à quelque parti
qu'ils appartiennent, et accusée par les uns de
connivence, comme d'hostilité par les autres. Je
considère pourtant qu'elle est, en un sujet si brû-
lant, un devoir de stricte honnêteté : elle s'impose
en outre comme une condition nécessaire, si
je veux, après étude faite, formuler des conclusions de quelque autorité.

I

HISTORIQUE DU PARTI ANARCHISTE

Le parti anarchiste se rattache par une filiation de doctrines bien marquée et par la composition même de son personnel à l'ancienne Association internationale des travailleurs.

L'Association internationale des travailleurs fut fondée à Londres en 1864.

L'idée d'une Association de cette nature datait de longtemps : en 1847, Karl Marx et Friedrich Engels réunissaient à Londres un congrès de communistes allemands, qui formula un programme, fit appel aux prolétaires de tous les pays, et décida qu'on organiserait l'année suivante un congrès international ouvrier à Bruxelles. Le projet ne put aboutir à raison des bouleversements politiques de 1848.

L'exposition universelle de Londres en 1862 fournit une occasion favorable de nouer entre les ouvriers de divers pays des relations régulières

Des délégations ouvrières françaises avaient éte envoyées à Londres pour y visiter l'exposition : les ouvriers anglais leur firent fête ; il y eut des réunions solennelles, des assemblées où on discuta ensemble les questions du travail ; l'idée fut formulée de régulariser ces assises du prolétariat, et deux ans après, l'Association internationale des travailleurs était constituée.

Le programme qu'elle se donna tout d'abord était assez vague : c'était, au dire des anarchistes d'aujourd'hui, une espèce de néo-christianisme humanitaire, et on pouvait l'appeler une association mutuelle de secours et d'encouragements moraux. Elle affectait des allures philanthropiques qui firent illusion à bien des esprits, et, n'était qu'elle se déclarait décidée à soutenir les grèves, et qu'elle paraissait disposée à les provoquer, elle eût été accueillie favorablement de tous les hommes sympathiques à l'amélioration du sort des ouvriers (1).

Le premier congrès général tenu à Genève en Septembre 1866, dans lequel furent élaborés sous l'inspiration de Karl Marx les statuts généraux, ne modifia point ces tendances indécises : il se

_____

(1) Ce fut seulement au congrès de Bruxelles en 1869, qu'on formula le plan de campagne à suivre en cas de grève. Mais dès le début, l'Association se déclara favorable aux grèves, et en réalité, elle y trouva l'occasion de ses plus rapides progrès.

refusa même explicitement à formuler un plan de réforme sociale, et se borna à proclamer des principes.

Ce fut seulement en 1867, dans le deuxième congrès tenu à Lausanne, que le programme se précisa, et que, pour la première fois, suivant l'expression d'un internationaliste, « on entrevit les perspectives grandioses de la révolution sociale universelle. »

A ce moment une grande diversité d'opinions agitait les adhérents, sans les diviser encore en factions hostiles. Coullery, l'apôtre de l'Internationale dans les montagnes du Jura, défendait la propriété individuelle ; de Paepe, le propagateur belge, exposait la théorie collectiviste alors dans sa nouveauté ; les Anglais étaient communistes autoritaires ; les Français mutuellistes ; et les Allemands, imbus de métaphysique politique, rêvaient d'un « quatrième état » et prêchaient l'avènement du gouvernement ouvrier. Le reste, indécis ou ignorant, n'était inféodé à aucune secte, et constituait une majorité mobile, flottant au gré des impressions personnelles, des rivalités d'influence, et des passions locales.

De 1866 à 1868, l'Internationale consacre ses efforts à une active propagande, couronnée de succès surtout en Suisse et en Belgique. La grève des ouvriers bronziers à Paris en 1867, la

fameuse grève des ouvriers du bâtiment à Genève en 1868, lui permirent de prendre pied parmi
les travailleurs parisiens et parmi les Genevois.(1)

A la suite de la grève, l'Internationale compte,
à Genève seulement, vingt-quatre sections. Les
premières poursuites intentées en France contre
l'Association lui font une nouvelle popularité.
Des journaux se fondent pour propager ses idées,
en Belgique, en France en Angleterre, en Allemagne, en Italie, en Espagne, en Amérique. (2)
Les groupes des divers pays entraient en correspondance; mais il ne s'établissait pas encore

(1) V. *Revue des Deux-Mondes*, 15 Juin 1869 : *Les agitations ouvrières et l'Association internationale des
travailleurs*, par L. Reybaud.

(2) En Belgique : *l'Internationale*, *la Tribune du peuple*
le Mirabeau (Verviers), *le Vooruit (Bruges)*, *le Werker*
(Anvers). En France : *la Fourmi*, *l'Association*, *le
Congrès ouvrier*, *la Mutualité*. En Angleterre : *the
Workman's advocate*, *(Londres)*, *the International
Courier.*En Allemagne : *der Social-Democrate,der Deutshe
Arbeiter-Zeitung (Berlin)*, *le Correspondant (Leipzig)*,
der Nordstern (Hambourg). En Suisse : *der Verbote.*
En Autriche : *der Arbeiter-Blatt, die Gleicheit, die Volks-
wille-allgemeine--Arbeiter-Zeitung (Hongrie)*. Cette pro-
pagande réussissait si bien dans toute l'Allemagne qu'au
mois d'août 1868, cent vingt sociétés ouvrières (Gewerk-
Verein) se réunissaient à Nuremberg et s'affiliaient en
masse à l'Internationale. En Amérique : *Abenpost (San
Francisco), der Deutsche Arbeiter (Chicago)*. En Italie :
Liberta et Giustizia, la Plebe (Milan). En Espagne, *la
Federacion (Barcelone), la Solidaridad (Madrid)*.

d'unité de vues, et chaque section se mêlait aux
agitations de la politique locale, suivant ses
aspirations propres, sans qu'un mot d'ordre lui
dictât sa conduite.

C'est qu'en effet le principe inscrit en tête des
statuts était que chaque section conserverait sa
liberté d'opinion et son indépendance d'action.
Il était toutefois impossible que l'association se
bornât à être un pur lien administratif entre des
membres indépendants : non seulement c'était
une nécessité logique que ce grand corps prît
une personnalité et se constituât une doctrine ;
c'était encore une fatalité, si on songe quel
homme en était l'âme.

Marx, fondateur de l'Association, président
du conseil général qui siégeait à Londres, auteur
d'un livre depuis longtemps classique parmi
les socialistes ouvriers, *das Kapital* (1), jouissant
d'une notoriété universelle dans le monde des
révolutionnaires, était un organisateur admi-
rable, un caractère dominateur (2), et il mettait
son infatigable volonté au service d'idées

---

(1) Voici les publications de Marx : Les *Deutsche-Fran-
zœsische Jarbücher* avec Arnold Ruge, le *Vorwœrts* avec
Henri Heine (1843). *Misère de la philosophie*, réponse à
la *Philosophie de la misère*, par Proudhon (1847). *Critique de l'Economie politique* (1849) *Das Kapital* (1867).

(2) Pourtant au début de l'Association, il avait été l'adversaire de Mazzini et l'avait combattu comme trop
autoritaire.

mûries dans l'étude et définitivement arrêtées.
Il devait chercher à inspirer à l'Association
ses convictions actives et ardentes ; et d'ailleurs,
dans ces grandes assises périodiques, dans ces
congrès annuels où tant d'esprits tourmentés d'i-
dées réformatrices se trouvaient en contact,
comment écarter de la discussion le sujet principal des préoccupations de chacun : l'organisation politique et économique des sociétés
humaines !

La question se posa en septembre 1868, à
Bruxelles, devant le troisième congrès général.
Jusqu'alors l'Association s'était occupée surtout
des questions ouvrières : mais l'horizon de ses
ambitions s'était agrandi avec les progrès de son
influence, et le moment était venu de se prononcer.
Le congrès, par trente voix contre quatre (1) et
quinze abstentions, adopta le collectivisme
d'Etat : nous dirons ce qu'était cette théorie,
lorsque en étudiant la filiation des doctrines
nous exposerons la série des transformations
qui ont abouti à l'anarchie. Pour le moment, il
suffit d'indiquer que ce vote était défavorable à
Marx, lequel était communiste autoritaire.

Comment donc Marx se trouvait-il du premier coup, non pas encore battu (ce mot de col-

---

(1) M. Tolain défendit énergiquement la propriété
privée.

lectivisme d'Etat ne précisait pas grand'chose, pouvait s'appliquer seulement au régime de la propriété, et permettait à chacun de concevoir l'Etat à sa guise), non pas encore battu, mais attaqué déjà et ébranlé ?

C'est qu'à Genève était venu se fixer un proscrit russe, Bakounine, qui avait conquis en peu de temps une grande influence. Bakounine fut, sinon le fondateur, du moins le précurseur direct de l'anarchie. A ce titre il mérite notre attention. (1).

« Michel Bakounine est né en 1814 dans le gouvernement de Twer, près de Moscou. Sa famille appartenait à l'aristocratie russe. Un de ses oncles avait été ambassadeur sous Catherine II. Il était cousin par alliance de ce général Mouravief, que les Polonais ont appelé le bourreau de la Pologne. Il fit ses études à l'école d'artillerie de Saint-Pétersbourg et entra au service comme officier. Séjournant dans les provinces polonaises avec sa batterie, la vue du régime de compression à outrance, auquel elles étaient soumises, fit pénétrer dans son cœur la haine du despotisme. Il donna sa démission et vint se fixer à Moscou, où il étudia la philosophie avec Be-

(1) Les renseignements biographiques qui suivent sont textuellement extraits de l'ouvrage de M. de Laveleye, *le Socialisme contemporain* (p. 227). Ceux que j'avais pu obtenir, et dont la source ne m'inspiraient qu'une médiocre confiance étaient très incomplets.

linsky. Vers 1846 il se rendit en Allemagne. Les
idées hégeliennes le séduisirent ; il se jeta dans
l'extrême gauche de cette école où fermentait
alors un puissant levain révolutionnaire. En 1847
il vint à Paris, où il rencontra George Sand et
Proudhon. Mais il fut expulsé, probablement à
cause de la violence de ses discours. Revenu en
Allemagne, il prit une part active aux insurrections qui éclatèrent alors de divers côtés, et,
au printemps de 1849, il fut l'un des chefs de
celle de Dresde qui occupa la ville pendant trois
jours. Il fut fait prisonnier et condamné à mort.
Cette peine étant commuée en celle de la détention perpétuelle, il la subit d'abord dans une
forteresse autrichienne. Réclamé par la Russie,
il fut enfermé dans le fort de Petropaulowsk, à
Saint-Pétersbourg. Il y resta huit ans. La prison
produisit sur lui le même effet que sur Blanqui.
Elle transforma chez lui l'idée révolutionnaire en
fanatisme et en une sorte de religion. Il se comparait volontiers à Prométhée, le Titan bien-
faiteur des hommes, enchaîné ur un rocher du
Caucase, par les ordres du tzar de l'Olympe. Il
songea même, dit-on, à faire un drame sur ce
sujet, et il chantait parfois, plus tard, la plainte
des Océanides venant apporter leu. s consolations
à la victime de la vengeance de Jupiter : naturellement, Bakounine était le Prométhée moderne,
qui apportait aux hommes la lumière et la vérité.

« Alexandre II commua la détention perpétuelle en un exil en Sibérie, où Bakounine arriva en 1857. Il y trouva comme gouverneur Mouravief-Amourski, cousin de l'autre Mouravief, et qui, par suite, était aussi son parent. Il jouit ainsi, parait-il, de faveurs exceptionnelles et d'une liberté complète. Le grand journaliste de Moscou, Katkof, ancien ami de Bakounine, a prétendu avoir des lettres de lui prouvant qu'il recevait de l'argent de marchands pour qu'il les recommandât au gouverneur. Il obtint l'autorisation de visiter la Sibérie pour en faire connaître les ressources. Arrivé au port de Nikolaiewsk, il parvint à s'embarquer, et, par le Japon et l'Amérique, arriva en Angleterre en 1861. Il écrivit dans le fameux journal le *Kolokol*, que rédigeaient Herzen et Orgaref. Lors de l'insurrection de la Pologne en 1863, il voulut se rendre en Lithuanie pour y soulever les paysans, mais il ne put aller plus loin que Malmœ, en Suède. Bientôt après, vers 1865, nous le voyons, en Italie, fomenter et organiser le socialisme. »

Ce fut au Congrès de la paix, tenu à Genève, en 1867, qu'il se trouva pour la première fois en présence des socialistes de l'Internationale. Son premier discours, dans lequel il exposa sa théorie, devenue populaire depuis, de la destruction des Etats politiques et de la libre fédération des communes, fit une sensation profonde. Bakounine,

autant qu'on peut en juger par les quelques ha-
rangues de lui qui ont été publiées, était un orateur de mérite. Une instruction générale digne
d'être signalée lui fournissait parfois de beaux et
larges développements. Précis, net, incisif dans
la controverse, habile à jeter l'adversaire d'un
coup de boutoir hors de son chemin, il affectait
dans l'exposition de ses doctrines un langage
philosophique qui n'est pas sans ampleur. Sa
profondeur est, à la vérité, souvent faite d'obscurité et de vague ; mais le vague même dont il
l'enveloppe s'allie singulièrement à l'enthousiaste
mysticisme de sa pensée, et dans le bouillonne-
ment de ses convictions les plus audacieuses, on
surprend la réflexion d'un penseur et la volonté
d'un politique.

Comme polémiste, il a une espèce de verve
pleine d'amertume et d'âpreté. Il rappelle souvent Proudhon et Lassalle ; mais il lui faut le
levain des questions personnelles pour animer
son style : il ne sait pas, comme Proudhon, saisir
l'idée même corps à corps, lutter et s'échauffer
contre elle. Dès qu'il aborde la discussion des
doctrines, il reprend ses habitudes dogmatiques
d'idéologue.

Cette allure compassée serait un défaut, s'il
ne s'adressait à une classe d'auditeurs, sur qui
cette hauteur mystérieuse fait peut-être plus
d'impression que la fougue et la netteté ; aussi

Bakounine a une place à part dans la véné-
ration des fidèles du collectivisme : on l'envi-
ronne d'un respect religieux, et le premier mot
qui le salua après son discours-programme du
Congrès de la paix, est resté l'expression définitive du jugement des socialistes : « C'est un lutteur
et un penseur. » D'ailleurs tout à tous dans la pratique de la vie : actif, remuant, mêlé à tous les
groupes ouvriers, s'attachant des adhérents per-
sonnels par sa souplesse d'esprit et son habileté
de conduite, aussi bien que par son éloquence et
l'ardeur de ses convictions.

Tel était l'homme avec qui Marx allait avoir à
lutter ; et quelle que fût l'auréole d'autorité loin-
taine dont Marx s'entourât, quelle que fût la roi-
deur de sa volonté, on pouvait lui prédire
d'avance la défaite, contre un adversaire qui
savait se multiplier, et était inépuisable en ressources. La barre de fer serait vaincue par la
lame d'épée.

Pendant l'année 1868, la croisade collectiviste
ne se relâcha pas un instant en Suisse.

Ce fut en 1868 que se tint à Berne le deuxième
congrès de la Ligue de la Paix, sous la prési-
dence de Victor Hugo.

Cette ligue, qui avait été fondée dans un but
purement humanitaire, et s'était recrutée dans
des classes très diverses de la société, comprenait ainsi des éléments hostiles sur bien des

points les uns aux autres. Les dissentiments
se traduisirent au congrès. Bakounine, qui y
assistait, et plusieurs autres membres de différentes nationalités, les frères Reclus, Albert
Richard, Joukowski, Fanelli, etc., essayèrent de
faire prendre au congrès des résolutions franchement socialistes, et proposèrent à la Ligue de
se rallier à l'Internationale: une tentative analogue avait été faite déjà en 1867 au précédent
Congrès de la Paix par des délégués du deuxième
congrès de l'Internationale tenu à Lausanne, et
avait échoué. Elle échoua de nouveau, après une
vive discussion, et principalement devant l'opposition des membres délégués par le congrès allemand d'Eisenacht. Mais la proposition avait
recruté un assez grand nombre de partisans
entre lesquels les discussions avaient créé un
lien de confraternité intellectuelle. Cette minorité
se retira de la Ligue de la Paix, et fonda sous le
nom d'*Alliance de la démocratie socialiste*, une
association qui, tout en adhérant d'une façon
générale aux statuts de l'Internationale, se donna
un programme collectiviste fort avancé (1).

L'Alliance était à la fois une société ouverte et
publique comme l'Internationale, et une société
de conspiration. Les membres de l'Alliance se

_____

(1) V. E. de Laveleye. *Le Socialisme contemporain,*
p. 229.

distribuaient en trois catégories : d'abord cent
« frères internationaux », qui sont les chefs occultes
de toute l'association, et l'âme du mouvement ;
ils se connaissent entr'eux, mais les affiliés
vulgaires ne les connaissent point. Ils dominent
la foule de toute la hauteur de leurs convictions
éprouvées et de la pureté de leurs doctrines,
« et n'ont d'autre patrie que la révolution universelle, d'autres ennemis que la réaction. »
Au-dessous se placent « les frères nationaux »,
organisés dans chaque pays pour y préparer la
révolution, sans savoir que l'association est internationale, et destinés à agir indépendamment
les uns des autres. La troisième catégorie se compose des simples adhérents, sans dignité ni autorité, simples soldats de l'armée révolutionnaire (1).

L'Alliance étendit de nombreuses ramifications
en Italie et en Espagne. Au mois de décembre
1868, elle demanda à faire partie de l'Internationale ; le conseil général refusa, à raison de l'organisation complète et indépendante de l'Alliance,
et de la diversité des tendances : l'Internationale
rêvait alors l'amélioration du sort des travailleurs par les réformes politiques et sociales ;
l'Alliance conspirait et préparait la révolution. En
réalité c'était l'influence de Bakounine qui, toute

(1) V. de Laveleye. *Le Socialisme contemporain*,
p. 232.

puissante dans l'Alliance, paraissait à Marx un élément dangereux à accueillir au sein de l'Internationale. C'était Bakounine, déjà posé en adversaire à Bruxelles, deux mois auparavant, qu'il s'agissait d'écarter.

L'Alliance ne se rebuta pas : elle renonça à son organisation propre, et s'absorba dans l'Internationale. Elle n'avait duré que six mois, mais elle avait obtenu des résultats considérables : elle avait entraîné dans le mouvement révolutionnaire ouvrier les pays de race latine, et elle avait formulé la doctrine collectiviste.

L'Internationale s'augmentait ainsi d'un coup d'un grand nombre de sections, mais en même temps, elle laissait l'ennemi pénétrer dans la place. Ce germe de discorde lui était inoculé au moment précis de son plus florissant développement (1).

Les divergences se manifestèrent au mois de

---

(1) Diverses grèves avaient lieu en ce moment dans un grand nombre de villes, notamment à Seraing (Belgique), au Creuzot, et à Lyon. L'Internationale les soutenait, et y gagnait une grande popularité. Les ovalistes de Lyon, les ouvriers du fer du Creusot, les mineurs du Hainaut, les drapiers de Verviers, les cotonniers de Gand s'affilièrent en foule. Le *Times* pouvait écrire: « Il faut remonter à l'origine du christianisme ou à l'époque de l'invasion des barbares pour trouver un mouvement analogue à celui des ouvriers aujourd'hui, et il semble menacer la civilisation actuelle d'un sort semblable à celui que les hommes du Nord ont infligé au monde ancien. »

septembre 1869. Le quatrième congrès général de l'Internationale était réuni à Bâle ; Marx, à la tête du conseil général, Bakounine (1), soutenu par les sections de Genève, ne se traitaient point encore ostensiblement en ennemis : ils s'usaient réciproquement en efforts secrets de diplomatie parlementaire. Le collectivisme gagnait du terrain et obtenait cinquante-trois voix contre huit, et dix abstentions (2). La lutte affectait d'ailleurs les apparences d'une controverse de doctrines.

Bientôt la guerre de personnes allait éclater en pleine violence et au grand jour.

Les premiers groupes de l'Internationale avaient été créés dans la Suisse Romande, et ils s'y étaient multipliés au point qu'ils purent organiser entre eux, le 3 janvier 1869, à Genève, un congrès régional. Là on décida que ces groupes constitueraient une fédération particulière sous le nom de Fédération romande. C'était une application du mécanisme imaginé par l'Internationale ; l'Internationale se composait soit de sec-

(1) Il figurait comme délégué des ovalistes de Lyon, et des mécaniciens de Naples.

(2) A cette occasion encore, M. Tolain, l'un des membres influents de l'Internationale, protesta et défendit la propriété individuelle. M. Langlois, tout en réclamant la rente au profit de l'Etat, combattit avec ardeur le collectivisme. Ils furent vaincus : le Congrès déclara que « la Société a le droit d'abolir la propriété individuelle du sol et de faire rentrer le sol à la communauté. »

tions isolées, avec lesquelles le conseil général
correspondait directement, soit, dans les pays où
les sections étaient assez nombreuses et voi-
sines, de fédérations, constituées elles-mêmes
par ces sections.

La Fédération romande fut, dès ses débuts,
livrée à des dissensions : les groupes qui la
composaient étaient en effet animés de tendances diverses. Les sections jurassiennes qui
avaient James Guillaume pour chef, et celles des
sections genevoises que dirigeaient Bakounine et
qui avaient l'*Egalité* pour organe, en un mot les
anciennes sections de l'Alliance qui s'étaient
ralliées à la Fédération romande étaient collectivistes. La majorité des sections genevoises, et
quelques autres d'origine jurassienne, qui
avaient gardé un peu de la modération relative
de leur fondateur Coullery, étaient au contraire
inféodées à Marx.

En avril 1870, la Fédération romande tenait à
à la Chaux-de-Fonds son congrès annuel. Les
esprits étaient montés; les incidents du congrès
de Bâle présents à toutes les mémoires, si bien
qu'une question secondaire suffit à mettre le feu
aux poudres.

Une section de l'Alliance de Genève, laquelle
était collectiviste et dévouée à Bakounine, avait
demandé à faire partie de la Fédération romande.
La demande donna lieu à une discussion d'une

extrême violence, qu'envenimaient des animo-
sités personnelles contre Bakounine. Lorsqu'on
procéda au vote, vingt-une voix prononcèrent
l'admission, dix-huit l'exclusion. Les deux
camps étaient presque égaux, et l'ardeur égale
de part et d'autre: une scène tumultueuse éclata,
la majorité fut chassée du local des séances, et
le congrès scindé en deux factions qui s'arrogè-
rent chacune le titre de Congrès romand et déli-
bérèrent séparément.

Cet événement eut un retentissement profond
dans l'Internationale; c'était non seulement la
guerre déclarée entre les chefs; c'était une insurrection et le signal des discordes plus graves qui
allaient diviser non plus une fédération, mais
bien l'Association même.

En 1870, à raison de la guerre entre la France
et l'Allemagne, il n'y eut pas de congrès général ;
en 1871 le congrès général fut remplacé par une
Conférence tenue à Londres, et composée du
Conseil et d'un certain nombre de grands meneurs
étrangers de l'Internationale. Marx, sans doute,
n'avait point été mécontent de profiter des circonstances, et d'éviter une réunion plénière, où
il redoutait quelque échec. La conférence, entièrement à sa dévotion, condamna indirectement
les doctrines collectivistes prêchées par Bakounine.

La manœuvre eût pu réussir contre un adversaire moins résolu et moins habile à profiter des circonstances. Elle ne fit que hâter les hostilités.

La Fédération romande (1) convoqua aussitôt à Sonvilliers, dans le Jura Bernois, un congrès régional, qui protesta contre les décisions de la conférence de Londres, et accusa le conseil d'avoir commis un abus de pouvoir en substituant une conférence au congrès général annuel exigé par les statuts. La Fédération romande s'était, on s'en souvient, divisée en deux tronçons au Congrès de la Chaux-de-Fonds ; la faction réunie à Sonvilliers prétendait représenter seule légitimement la fédération. Mais l'autre faction professait une prétention identique. Le congrès de Sonvilliers, désireux d'en finir avec ces compétitions, sans toutefois paraître renoncer à la lutte, prit un détour ingénieux : il déclara la Fédération romande dissoute, et constitua (12 novembre 1871) la *Fédération jurassienne*, dont les statuts furent immédiatement rédigés. Ces statuts ne contenaient aucune profession de foi ; ils affectaient de se référer aux statuts généraux de l'Internationale, tout en proclamant explicitement le principe d'autonomie des sections ; c'était une manière de protester contre la confé-

(1) Plus exactement, la portion *collectiviste* de la Fédération romande ; la Fédération était divisée en deux tronçons depuis le congrès de la Chaux-de-Fonds et chacun prenait le nom de Fédération romande.

rence de Londres, dont les résolutions semblaient menacer ce principe, et en même temps de se poser en héritiers véritables de la véritable Internationale. La Fédération jurassienne organisa une imprimerie et publia un journal, l'*Egalité*, qui, après avoir un instant soutenu les doctrines politiques de Marx, passa bien vite au collectivisme sous l'influence de Bakounine, et la Fédération jurassienne devint la forteresse des adversaires de Marx.

Les hostilités, on le voit allaient en s'envenimant. La bataille suprême se livra au congrès général de la Haye en 1872. La Fédération attaqua délibérément Karl Marx. Il s'agissait de déterminer les pouvoirs du conseil général. James Guillaume, membre important de la Fédération, prononça un discours aggressif. « Il y en a, dit-il, qui prétendent que l'Internationale est l'invention d'un homme habile, doué de l'infaillibilité en matière sociale et politique, contre qui nul n'a droit d'opposition. Notre association n'aurait ainsi qu'à obéir à l'autorité despotique d'un conseil institué pour maintenir cette orthodoxie nouvelle. D'après nous, l'Internationale est née spontanément des circonstances économiques actuelles et nous ne voulons pas d'un chef qui juge des hérésies. »

La victoire favorisa Marx : en dépit d'une minorité nombreuse, le Congrès maintint l'insti-

tution du conseil général, étendit même ses pouvoirs, mais décida que le siège social serait trans-
féré à New-York. En même temps, il réglait la
question de doctrines, et déclarait *obligatoire* pour
toutes les sections, une action politique uniforme.

La défaite de Bakounine semblait complète :
elle préparait son triomphe. A la suite des votes
du congrès de La Haye, les collectivistes se retirèrent, et réunirent immédiatement à Saint-
Ymier un *congrès anti-autoritaire*, qui protesta
contre la composition frauduleuse du congrès
de la Haye et les résolutions qui avaient été
prises, et qui entraîna dans le mouvement de
révolte un certain nombre de sections espagnoles, italiennes, belges, américaines et anglaises (1). En retour, le 5 janvier 1873, le conseil

(1) En 1872 les sections de l'Internationale établies dans
les Romagnes et admises au congrès à Rimini, déclarèrent
« à la face des travailleurs du monde entier, que la Fédération italienne rompait avec l'Internationale. » Les sections
espagnoles étaient inféodées à Bakounine. La propagande
collectiviste avait été si active en Espagne pendant les
années 1871 et 1872 que le gouvernement espagnol avait
adressé une circulaire diplomatique pour proposer à tous
les gouvernements une action commune. Le délégué Garcia
Vinas disait au Congrès de Genève (septembre 1872) que
l'Internationale comptait en Espagne : 270 fédérations, 537
sections de métiers, 117 d'ouvriers, environ 300,000 adhérents. C'est à ce moment qu'éclataient les insurrections
cantonalistes espagnoles, dont le caractère de négation

général de New-York condamnait et rejetait du sein de l'Internationale la Fédération jurassienne (1). Marx avait triomphé, mais Bakounine avait fait le vide autour de lui, et le général vainqueur n'avait plus de soldats en Europe.

Voilà le parti collectiviste constitué : il est né au congrès de la Ligue de la Paix; l'Alliance de la démocratie socialiste lui donna les premiers soins, et dès qu'après six mois il eut pris assez de force, le rendit à sa mère spirituelle, je veux dire l'Internationale. La division intérieure de la Fédération romande au congrès de la Chaux-de-Fonds lui créa une situation particulière parmi les adhérents de l'Internationale; et enfin, se sentant hors pages, il rompit au congrès de la Haye avec la grande Association, et fonda la Fédération jurassienne.

Ces détails étaient nécessaires; il était utile de connaître par quelles sélections successives s'était constituée la Fédération jurassienne: car cette Fédération fut le berceau de l'anarchie. « La Fédération jurassienne, écrivait Kropotkine dans une lettre qui a été lue au congrès de Lau-

féroce rappela la Commune de Paris, et l'échauffourée avortée du 28 septembre 1870 à Lyon : tous ces mouvements procèdent en effet des doctrines de Bakounine.

(1) Il rejetait encore l'association de l'*Amour libre* en Amérique, la Fédération belge de Bruxelles, la Fédération espagnole de Cordoue, et celle de Londres.

28 HISTORIQUE DU PARTI ANARCHISTE

sanne en 1882, a joué un rôle immense dans le
développement de l'idée révolutionnaire... Si on
parle aujourd'hui d'anarchie, s'il y a trois mille
anarchistes à Lyon et cinq mille dans tout le bassin du Rhône, s'il y en a quelques milliers dans le
midi, la Fédération jurassienne en est la cause
pour une bonne part. Je vous le demande : où en
était l'idée d'anarchie il y a dix ans en Europe ?
L'esprit de l'époque nous a poussés ; mais en tant
qu'un groupe peut y faire quelque chose, c'est à la
Fédération jurassienne qu'il faut l'attribuer (1). »

La Fédération était douée de trop de vitalité
pour que l'anathème prononcé par le conseil général le 5 janvier pût l'affecter sérieusement. Au
mois de septembre de la même année, elle convoquait à Genève un congrès qui s'intitulait sixième
congrès général de l'Internationale (2). Pour répondre à la condamnation qu'on venait d'encou-
rir, on y prononça l'abolition du conseil général,
et on procéda à la révision des statuts de l'Internationale (3).

(1) Voir le *Révolté* du 8 juillet 1882.
(2) Le Conseil général avait également convoqué un
congrès pour le 8 septembre à Genève. Ce fut le dernier
congrès Marxiste. Les deux congrès siégèrent face à face.
(3) A ce congrès collectiviste le mot d'*anarchie* fut déjà
prononcé : « Vous voulez abattre l'édifice autoritaire, disait
le collectiviste Brousse ; l'anarchie est votre programme.
Encore un coup de hache et que tout s'écroule. » Mais si
le mot existait, le parti n'existait pas encore.

L'année suivante septième congrès général tenu à Bruxelle. Une vie nouvelle anime les sections dissidentes. La Fédération jurassienne les soutient et les guide. Le mouvement socialiste se répand en Italie. Le journal l'*Avant-Garde* mène un infatigable apostolat, et expose la doctrine collectiviste, qui va chaque jour en s'accentuant (1) et confine à la doctrine anarchiste actuelle. La Fédération jurassienne prenait une telle extension, qu'en 1876 (2), au huitième congrès général, on put se demander s'il ne serait pas opportun qu'elle changeât de titre et prit un nom géographiquement plus compréhensif. C'est qu'en effet, sous l'impulsion des agitateurs russes Bakounine et Kropotkine, animée par les recrues nouvelles faites parmi les débris de l'in-

(1) Les collectivistes se subdivisent en collectivistes possibilistes ou évolutionnistes (Malon et Brousse), qui croient à la possibilité des réformes sociales par les moyens pacifiques et légaux, et en collectivistes révolutionnaires (J. Guesde) qui ne diffèrent guère des anarchistes que par les idées relatives à l'organisation de l'État. Au huitième congrès, on commence à formuler l'anarchie (v. compte-rendu du huitième congrès, p. 54 et p. 91). Bakounine, à cette époque, malade, âgé, s'était retiré de la vie active et habitait à Locarno, dans une petite propriété qu'il devait à la générosité de son ancien ami Cafiero, et le 2 juillet 1876 il mourait à Berne.

(2) En 1875, il n'y eut pas de congrès général ; il n'y eut qu'un congrès régional tenu à Vevey par la Fédération jurassienne.

surrection de la Commune, la Fédération avait pris une rapide extension dans l'est de la France. Le projet fut abandonné comme indifférent (1); mais toutes les sections furent unanimes pour célébrer les funérailles de l'Internationale de New-York, (morte ou vivante fût-elle, cela importait peu), et pour se proclamer les seuls et uniques représentants de l'Internationale: « Après le congrès de La Haye, s'écriait un orateur, on a pu dire un moment qu'il y avait deux internationales; mais aujourd'hui, il n'y en a plus qu'une, c'est celle dont les représentants sont réunis dans ce congrès (2). »

Cela d'ailleurs était vrai : l'Internationale était bien morte. Le mouvement auquel elle avait donné le branle ne se ralentissait pas ; mais l'organisation était si affaiblie par toutes les divisions qui l'avaient travaillée, les liens étaient si relâchés, que les rares sections restées fidèles à Marx dépérissaient dans l'isolement. Les nouveaux socialistes, collectivistes et anarchistes, profitèrent de cet affaiblissement, redoublèrent d'activité, et réussirent à grouper autour d'eux les éléments révolutionnaires laissés sans direction.

(1) Compte-rendu du huitième congrès p. 30.

(2) Compte-rendu du huitième congrès. Discours de Guillaume, p. 82.

Un succès si rapide, et qui était d'autant plus incontesté que le conseil général se renfermait, depuis l'arrêt du 5 Janvier, dans un superbe dédain, avivait les ambitions : on rêva de réunir pour 1877 un congrès universel, auquel tous les socialistes seraient convoqués, et auquel on pourrait prendre part sans être affilié à aucune section.

Ce congrès convoqué à Gand n'eut qu'un médiocre retentissement. Les collectivistes les plus ardents s'y étaient pourtant préparés, dans l'espoir de mettre la main sur le parti révolutionnaire. Quelques jours avant l'ouverture qui avait été fixée au 29 Septembre, ils s'étaient réunis à Verviers, en petit nombre, il est vrai, mais sous le titre retentissant de Neuvième Congrès général de l'Internationale, et avaient combiné leur plan de campagne. En dépit de leurs précautions, ils furent battus au congrès de Gand et se séparèrent de la Fédération.

Jusqu'en 1881, il n'y eut plus de réunion générale ; le travail souterrain n'en continuait pas moins.

En 1878, l'*Avant-garde*, publié à Genève, qui avait soutenu le mouvement insurrectionnel des paysans en Italie (1), dut disparaître devant les

_____

(1) V. sur ce mouvement agraire M. Laveleye, *Le Socialisme contemporain*, (p. 257).

réclamations du gouvernement italien. Il fut remplacé par le *Révolté*, qui recruta un grand nombre de lecteurs dans notre pays. Ce fut dans les colonnes de ce journal que s'élabora définivement la doctrine anarchiste, et grâce à ses efforts, les adhérents commencèrent à se grouper et à constituer un parti.

En 1879, au congrès ouvrier de Marseille, la doctrine anarchiste fut hardiment formulée, bien qu'elle conservât encore officiellement le titre de collectivisme.

Ce congrès, qui fit grand bruit en France, était un congrès purement français, et ne relevait pas, en apparence du moins, de l'Internationale. Mais il ne faut point oublier que depuis 1872, l'Internationale était proscrite; il est permis de supposer qu'on cachait le drapeau par mesure de précaution, et à voir la sollicitude qu'inspire au *Révolté* le congrès de Marseille, je soupçonne la Fédération jurassienne de ne point y avoir été étrangère.

Le congrès de Marseille chercha à organiser, organisa peut-être une Fédération de tous les ouvriers français. Le 31 octobre, il affirmait sa foi communiste dans une solennelle déclaration, et adoptait les statuts d'une association destinée à propager ces idées en France. (1) Cette vaste

---

(1) Voir un placard portant pour titre : « Parti ouvrier. Comité fédéral socialiste de l'Est. Lyon, Imp. Trichot,

fédération subdivisait le pays en régions qui
devaient tenir des congrès particuliers. En 1880,
conformément à ces statuts un congrès se réunissait à Lyon. (1) Le collectivisme y était encore
en majorité, mais les théories anarchistes y
comptent des apôtres plus nombreux qu'à Marseille.

L'anarchie venait de s'implanter à Lyon. Jusqu'en 1880, les ouvriers révolutionnaires lyonnais divisaient leurs sympathies entre divers
comités politiques s'intitulant les uns radicaux,
les autres radicaux socialistes. Les délégués
lyonnais au congrès de Marseille avaient ap-

Q. de la Guillotière, 15 » (Juin ou juillet 1880). Ce placard
reproduit, p. 7, la déclaration et les statuts. « Art. 2. La
fédération se divise en six régions principales, savoir :
1° Celle de Paris ou du Centre ; 2° celle de Lyon ou de
l'Est ; 3° celle de Marseille ou du Midi ; 4° celle de Bor-
daux ou de l'Ouest ; 5° celle de Lille ou du Nord ; 6° celle
d'Alger ou de l'Algérie. — Art. 3. Chaque région tient ses
congrès régionaux. »

(1) V. Manifeste-programme du Comité fédéral du parti
ouvrier socialiste de la région de l'Est. Lyon, 15 avril 1880.
Imp. H. Albert, Q. de la Guillotière. L'exemplaire de ce
manifeste que nous avons entre les mains porte ces mots
inscrits à l'encre bleue au moyen d'un timbre mobile : « *Parti
ouvrier socialiste. Quatrième état. Comité fédéral de la
région de l'Est.* » — Ce comité adhérait-il donc aux doctrines marxistes ? Cela semblerait résulter d'un passage
du placard cité dans la note précédente ainsi conçu :
« Le congrès de Marseille a jeté les bases du quatrième
État ; le Congrès de Lyon vient de l'édifier pour la région

partenu à ces différentes factions qui consumaient leurs efforts en compétitions rivales. En 1880, l'évangile anarchiste pénétra parmi les travailleurs lyonnais, et le congrès exprima assez fidèlement le mouvement d'évolution dans lequel étaient alors engagés les esprits.

On lisait dans le *Révolté* du 7 août 1880 :

« Comme on le voit d'après notre analyse rapide, le congrès de Lyon prouve encore une fois que le réveil socialiste en France est plus sérieux qu'on ne le pense généralement. Ce n'est plus seulement une vague aspiration vers le collectivisme que ce congrès a affirmée ; quelques délégués sont entrés dans la discussion sérieuse

de l'Est. » Peut-être ce mot de *quatrième état* n'est-il qu'un souvenir littéraire. A ce moment d'ailleurs, l'anarchie et le collectivisme faisaient encore ménage commun, et il est souvent difficile de classer les documents et de les rattacher à telle ou telle opinion : possibilistes, guesdistes, broussistes blanquistes, anarchistes, etc., ne diffèrent entre eux que par des nuances : les intéressés même s'y trompent. Le *Révolté* considère, je crois, avec raison, le congrès de Lyon comme une manifestation des idées anarchistes. Voici en effet une des résolutions du congrès rapportées par le *Révolté* du 7 août : « Le congrès décide en outre de laisser à tous les groupes ouvriers le loisir d'employer les moyens qu'ils croiront nécessaires à la propagande. Toutefois, manifestes ou affiches électorales ne pourront jamais s'écarter du programme ci-dessus. A cet effet les élections ne devront jamais être considérées que comme des moyens d'agitation et ne pourront avoir lieu que sur un nom inéligible, le bulletin blanc, ou l'abstention (*sic*). »

des moyens d'opérer l'abolition de la propriété individuelle. Les discussions, il est vrai, ont été vives, surtout à cause de l'esprit d'exclusivisme et du désir d'imposer leur programme dont les collectivistes autoritaires ont fait preuve ; mais il faut espérer que la classe ouvrière, prenant une part plus active au prochain congrès, saura avoir raison de ces velléités gouvernementales et ne se laissera pas entraîner dans la fausse voie des révolutions politiques. Elle saura entrevoir que ce genre de révolutions ne changera rien aux conditions économiques. Il est certain aussi que le congrès vivement attaqué par la presse bourgeoise a eu du retentissement au sein de la classe ouvrière, et qu'il donnera aux ouvriers une forte impulsion pour les pousser à l'organisation de leurs forces. Enfin c'est pour la première fois que les idées anarchistes ont été exprimées dans un congrès français (1), et, si elles ont peut-être paru trop avancées à certains délégués, d'autres au contraire ont bien compris qu'elles s'approchent plus de la vérité que les tendances confuses des collectivistes autoritaires. »

Cette appréciation trahit la rivalité qui animait déjà les collectivistes et les anarchistes. Cette

(1) C'est là une erreur : au congrès de Marseille, l'année précédente, les anarchistes s'étaient déjà fait remarquer.

rivalité allait se manifester dans toutes les réunions révolutionnaires, par des discussions violentes, des séances tumultueuses, des querelles de personnes et des divisions de parti : ce sont les scènes du Congrès de la Paix, de la Chaux-de-Fonds et de la Haye, qui vont se renouveler, dans les mêmes termes, et selon une progression analogue.

Au congrès du Centre, qui se tenait à Paris, à peu près en même temps que le congrès de Lyon, la guerre éclatait; au Congrès du Havre (14 novembre 1880), elle aboutissait à une scission brutale : la fraction avancée se séparait, se constituait en congrès distinct et déclarait que « tous les instruments de travail et toute la matière première doivent être repris par la collectivité, et rester entre ses mains propriété indivise et inaliénable, par la révolution sociale ; que tous les produits doivent être mis à libre disposition de tous par la réalisation du communisme anarchiste, but de la Révolution (1).»

L'année 1880 ne fut pas perdue par les apôtres de l'anarchie : Kropotkine et Reclus à Genève, Émile Gautier à Paris, Bernard à Grenoble et à Lyon, se multipliaient. Les circonstances leur étaient favorables : l'amnistie générale venait d'être votée par la Chambre; de Suisse, d'Angle-

_____

(1) Le *Révolté*, 27 novembre, 1880.

terre, de Belgique et d'Océanie, des recrues nouvelles accouraient, dévouées par avance aux idées extrêmes, et apportant au parti qui allait les accueillir la puissance de leurs haines avivées par la souffrance et la rancune. A Lyon, à Vienne, à Saint-Étienne, à Villefranche, au Creusot, à Paris, à Marseille, à Reims, à Lille, des groupes se fondaient (1), composés parfois d'un petit nombre d'adhérents, mais multipliés dans la même localité. A Lyon, paraissait le *Droit Social* et à Paris, la *Révolution Sociale* qui, dans son premier numéro (12 septembre 1880), publiait un programme anarchiste et un article de fond intitulé « l'Anarchie ». Pendant qu'on s'agitait en France, un congrès se réunissait à Bruxelles (10 septembre) et un autre à la Chaux-de-Fonds (9 octobre). Toutefois, en dépit de tant d'efforts, un des meneurs pouvait, au commencement de 1881, écrire : « Somme toute, le parti anarchiste n'est pas organisé : ce sont les premiers groupes formés qui tiennent la clef des groupes entre eux. »

Les nombreux congrès qui, de mois en mois, se succédaient dans les diverses régions, auraient

(1) Ces groupes adoptaient des noms mélodramatiques : le Glaive, la Misère, les Cœurs-de-Chêne, l'Alarme, l'Effondrement, les Incendiaires, la Torche, les Indignés, les Criminels, la Révolte, l'Audace, la Vengeance, les Niveleurs, les Outlaws, etc.

pu donner au parti la cohésion qui lui faisait
défaut. Mais, loin de resserrer les liens confrater-
nels entre révolutionnaires, ces réunions étaient
à chaque fois l'occasion de scissions et de
querelles. C'est qu'en effet, il est difficile que
l'entente s'établisse entre gens qui professent
tous un évident mépris pour la discussion parlementaire, et n'attendent que de la force le
triomphe de leurs doctrines. La moindre diver-
gence d'opinion donne immédiatement lieu,
faute de sens critique, à des excommunications,
et c'est ainsi que des hommes, dont les idées
ont une parenté si étroite qu'on ne sait parfois en quoi elles diffèrent, deviennent d'irrécon-
ciliables antagonistes ; le parti révolutionnaire
s'émiette en mille factions adverses ; une foule de
petites chapelles s'élèvent, où en vérité c'est
bien le même dieu qu'on adore sous des noms
différents, mais qui, l'une l'autre, se taxent d'hé-
résie, et s'épuisent en anathèmes réciproques.

Le deuxième congrès du Centre, tenu à Paris en
1881, donne l'exemple de cet esprit d'intolérance
et d'intransigeance puériles. « Les cercles anarchistes, s'inspirant de cette idée que la mise en
scène des personnes n'a jamais fait que nuire
au parti révolutionnaire, et que les congrès ne
sont pas des réunions de personnes, mais des
groupes représentés par délégation, » avaient
décidé que les délégués au congrès ne seraient

pas désignés par leurs noms, mais par les noms des groupes qu'ils représentaient. Le congrès refusa d'admettre des délégués dont il ignorait les noms, les délégués anarchistes se retirèrent, et, selon la coutume en pareille occurrence, dressant autel contre autel, réunirent un congrès socialiste révolutionnaire indépendant (1). C'était la répétition de ce qui s'était passé l'année précédente, au congrès du Havre, et la rupture était définitive entre les collectivistes et les anarchistes.

Ces incidents tumultueux ne furent point défavorables au développement du parti anarchiste ; la violence du langage, la crânerie de l'attitude, la simplicité brutale de la doctrine attiraient l'attention des révolutionnaires ouvriers et ne leur déplaisaient pas. Aussi, au mois de juin, le deuxième congrès de l'Est, tenu à Saint-Etienne attestait le progrès des idées anarchistes, et le deuxième congrès du Midi tenu à Cette, dans une résolution précédée de nombreux considérants, acclamait l'anarchie (2).

Le parti anarchiste prenait, par des scissions successives, une personnalité distincte ; mais il manquait encore d'unité ; les groupes étaient isolés les uns des autres ; semblables à des tirail-

---

(1) Le *Révolté*, 28 mai 1881 ; *La Révolution sociale*, 6 juin 1881.

(2) *La Révolution sociale*, 10 juillet 1881.

leurs sans chef ni direction, ils éparpillaient leurs
efforts et faisaient plus de bruit que de besogne.
Les meneurs avaient conscience de ce défaut, et
cherchaient un remède ; il ne fallait évidemment pas parler d'une autorité supérieure chargée d'imprimer un mouvement uniforme, de
diriger et de donner de la cohésion à l'armée in-
disciplinée dont l'indiscipline est la première
raison d'être. On imagina un expédient qui res-
pectait toutes les indépendances, et dans le
numéro de la *Révolution sociale* du 16 juin 1881,
parut l'appel suivant, émané d'un groupe très
actif de Paris, l'*Alliance socialiste révolutionnaire.* « Compagnons, l'*Alliance des groupes
socialistes révolutionnaires* se proposait depuis
longtemps de renouer de sérieuses relations avec
tous les groupes en communion d'idées avec elle ;
mais avant d'entreprendre cette tâche, elle
voulait chercher le mode meilleur pour relier les
groupes afin de donner une véritable cohésion au
parti anarchiste. L'Alliance a complétement
abandonné l'idée d'un groupe principal où toutes
les relations seraient concentrées, pour revenir à
un mode meilleur, plus simple, et surtout plus en
rapport avec nos principes. Ce mode consiste
à prier tous les groupes de correspondre entre
eux. A cet effet l'alliance, qui possède à peu
près toutes les adresses, en envoie copie à tous
les groupes afin que cette correspondance puisse

commencer de suite. Dès qu'un groupe existant apprendra la constitution d'un groupe nouveau, il devra l'indiquer à tous, afin que chacun puisse au besoin lui prêter son concours et son appui. Les questions seront mises à l'étude chez les uns par les autres; il est évident dès lors que toute espèce d'autorité disparait, et que chacun est obligé, pour affirmer son existence, de fournir sa part d'initiative. Un autre avantage ressort de cette organisation : c'est que le jour où l'administration gouvernementale essaiera de nous atteindre, au lieu de rencontrer une seule tête, dont la destruction tuerait l'organisation tout entière, elle rencontrera autant de centres éclairés et résolus qu'il y aura de groupes. En conséquence, nous vous invitons à entrer en relations suivies avec les groupes dont les adresses suivent, et nous vous demandons de nous prévenir du fonctionnement de ces relations, afin que l'Alliance abdique son initiative générale, pour reprendre son rang dans l'armée des groupes révolutionnaires. » Et le journal faisait suivre la liste des groupes, de cette note : « La publication ci-dessus est la preuve de la constitution définitive en France d'un parti anarchiste socialiste révolutionnaire, qui va prendre place à l'avant-garde du prolétariat. »

Ce besoin de cohésion qui dictait sa conduite au parti anarchiste ne se faisait pas seulement

sentir dans ce parti. Le monde de la révolution
tout entier en était travaillé. A l'unité qui avait
signalé les débuts de l'Internationale, avait suc-
cédé la division des forces révolutionnaires. En
1864, un seul souffle animait et soulevait tous
les socialistes : l'Internationale s'avançait en bel
ordre de bataille, comme une flotte poussée par
un bon vent. Depuis lors les rangs s'étaient
dispersés : l'ardeur guerrière s'était exaltée peut-
être ; mais à la place d'une armée, on ne voit
plus que des corps francs ; une nuée de corsaires,
échauffés d'ardeurs diverses, courent à l'abor-
dage de la vieille société, sans plan d'ensemble,
sans combinaison d'efforts. Karl Marx l'autoritaire a été renversé, le conseil central aboli. Les
partis se sont fractionnés, accentuant de plus en
plus leur dégoût de toute autorité, inscrivant
enfin l'indiscipline comme le dogme primordial
de leur programme. Le mal allait en s'aggravant
chaque jour ; les généraux le comprenaient et
n'osaient point le dire.

Enfin, dans les premiers mois de 1881, se ren-
dant à la nécessité, ils convoquèrent un congrès à
Londres pour le 14 juillet. La *Révolution sociale*
(n° du 18 mars), en l'annonçant, faisait un pressant
appel aux révolutionnaires des deux mondes;
elle indiquait comme unique ordre du jour du
congrès : « De la reconstitution de l'Association
internationale des travailleurs. »

En réalité, l'Internationale n'avait pas à être re-
constituée : elle n'avait jamais disparu. Après la
scission de La Haye, elle s'était divisée en deux
tronçons, l'un en Amérique, l'autre en Europe,
mais on n'avait annoncé la mort ni de l'un ni de
l'autre. Cette objection fut faite par divers groupes,
et la *Révolution sociale* du 10 avril 1881 y répondait
en ces termes : « S'il est vrai que l'Internationale
n'a pas cessé jusqu'ici de fonctionner dans
différents pays, il n'en est pas moins certain
aussi que, depuis plusieurs années, il n'y a plus eu
de cohésion, ni de travail d'ensemble. A ce titre
donc les promoteurs du congrès de Londres ont
cru pouvoir mettre comme ordre du jour : *Reconstitution de l'Association internationale des travailleurs*, tout en laissant le droit aux délégués
de discuter au congrès tout ce qui touche à l'organisation internationale du parti révolutionnaire
comme théorie et comme pratique. »

Ces explications embarrassées laissaient comprendre ce qu'on ne voulait pas confesser : l'Internationale ne fonctionnait plus ; l'abolition du
conseil général avait énervé tout l'organisme ; de
scission en scission, elle avait perdu un grand
nombre d'adhérents ; on était retombé dans le
chaos, et on tâchait d'en sortir. Aussi s'empressa-
t-on d'avertir qu'il n'était pas besoin de faire partie
de l'Association pour prendre part au congrès,
et la *Révolution sociale* du 23 mai 1881 concluait

enfin que ce n'était pas un congrès de l'Internationale (1), mais une réunion de tous les révolutionnaires des deux mondes. Quels qu'aient été d'ailleurs les organisateurs du Congrès de Londres, de quelque nom qu'ils aient désigné l'objet de leurs efforts, l'idée qui avait présidé au mouvement est certaine : il s'agissait de nouer entre tous les révolutionnaires des relations suivies, d'organiser une armée dans laquelle les soldats bien encadrés se sentiraient les coudes (2). Ce but a-t-il été atteint, et comment l'a-t-il été ?

C'était là précisément la question soumise au tribunal de Lyon dans le procès des anarchistes. Les anarchistes étaient poursuivis pour affiliation à une association internationale. Or il était à peu près admis que, si une association internationale existait, elle ne pouvait avoir été constituée qu'au congrès de Londres. Les prévenus soutenaient

(1) Si on examine la liste des délégués au congrès dans le nº du 21 juillet 1881 de la *Révolution sociale*, on voit que sur 162 groupes représentés, 57 seulement sont indiqués comme affiliés à l'Internationale. — D'après le dénombrement du *Révolté* (23 juillet 1881), 60 fédérations et 59 groupes ou sections sont représentés : 12 seulement sont indiqués comme affiliés à l'Internationale.

(2) V. *Révolution sociale*, 23 mai 1881. — *Révolté*, 28 mai : « Ce congrès décidé à Bruxelles en septembre 1880, verra réunir tous les révolutionnaires, centralistes et fédéralistes, étatistes et anarchistes. » (Bulletin du congrès de Londres, demande de souscription adressée par la commission organisatrice à tous les révolutionnaires.)

qu'ils ne formaient pas une association, qu'ils étaient divisés en groupes distincts, unis seulement par la confraternité des idées communes, et en relation simplement de correspondance et d'amitié. Le ministère public, représenté par M. le procureur général Fabreguette, concluait, avec une grande énergie et un rare talent, à l'existence d'une association. La question a été résolue par le tribunal et par la cour, conformément aux conclusions de la poursuite à l'égard de la plupart des prévenus. Au point de vue juridique, c'est une chose jugée. Est-il permis en dehors du Palais, de la discuter encore ? La loi autant que les convenances m'imposent le devoir de m'incliner devant des décisions désormais inattaquables. On tolérera donc que je réserve mes sentiments et que je me borne, sur ce point, à exposer les faits (1).

Les anarchistes acceptèrent avec enthousiasme l'idée du Congrès de Londres ; ils trouvaient là

(1) Voici l'opinion de M. de Laveleye ; après avoir exposé les divisions qui signalèrent le congrès de Gand en 1877, il s'exprime ainsi : « La seconde *Internationale* disparut comme celle de Marx. Le mot est encore souvent employé pour désigner certains groupes du socialisme militant, mais il n'existe plus aujourd'hui aucune association universelle à laquelle cette désignation puisse s'appliquer. Cependant le spectre survit et continue à agir comme s'il avait encore quelque réalité. Il est vrai que l'*Internationale* n'a jamais été qu'une ombre, c'est à-dire une idée qui n'a pu prendre corps. » Le *Socialisme contemporain*, p. 218.

l'occasion de s'organiser ; aussi furent - ils empressés à y prendre part. « Le Congrès de Londres doit être un congrès anarchiste, » disait le *Révolté* du 25 juin, et de fait, ce fut un congrès anarchiste (1) ; les délégués anarchistes, nombreux et ardents, tinrent dans les discussions le haut de la tribune, et les résolutions votées furent empreintes d'un caractère anarchiste bien prononcé.

Voici le texte des décisions principales : « Les représentants des socialistes révolutionnaires des deux mondes réunis à Londres le 14 juillet 1881, tous partisans de la destruction intégrale, par la force, des institutions actuelles politiques et économiques, ont accepté la déclaration de principes, adoptée le 3 septembre 1866 à Genève par le congrès de l'Association internationale des travailleurs (3). Ils proposent aux groupes adhérents les résolutions suivantes : « L'Association internationale des travailleurs se déclare l'adversaire de la politique parle-

(1) L'Association internationale (tronçon de New-York) convoquait en même temps un congrès à Zurich ; les internationalistes d'Europe affectaient de l'appeler congrès *autoritaire* et lui opposaient fièrement le congrès *libertaire* de Londres.

(2) Le *Révolté* du 23 juillet 1881.

(3) Voici cette déclaration solennelle de principes, qui fut, pour ainsi dire, la charte de l'Internationale : « Considérant que l'émancipation doit être l'œuvre des travailleurs

mentaire. Quiconque adopte et défend les principes de l'Association pourra en être reçu membre. Chaque groupe adhérent aura le droit de correspondre directement avec tous les autres groupes et fédérations qui pourront lui donner leurs adresses. Cependant, pour faciliter les relations, il sera institué un bureau international de *renseignements*. Ce bureau sera composé de trois

eux-mêmes; que les efforts des travailleurs pour conquérir leur émancipation ne doivent pas tendre à constituer de nouveaux privilèges, mais à établir pour tous les mêmes droits et les mêmes devoirs; que l'assujettissement du travailleur au capital est la source de toute servitude politique, morale et matérielle; que pour cette raison, l'émancipation économique des travailleurs est le grand but auquel doit être subordonné tout mouvement politique; que tous les efforts faits jusqu'ici ont échoué, faute de solidarité entre les ouvriers des diverses professions dans chaque pays, et d'une union fraternelle entre les travailleurs des diverses contrées; que l'émancipation des travailleurs n'est pas un fait purement local ou national, qu'au contraire ce problème intéresse toutes les nations civilisées, sa solution étant nécessairement subordonnée à leur concours théorique et pratique; que le mouvement qui s'accomplit parmi les ouvriers des pays les plus industrieux, en faisant naître de nouvelles espérances, donne un solennel avertissement de ne pas retomber dans les vieilles erreurs, et conseille de combiner tous les efforts isolés; pour ces raisons, le congrès de l'Association internationale des travailleurs tenu à Genève le 3 septembre 1866, déclare que cette association, ainsi que toutes les sociétés ou individus y adhérant, reconnaîtront comme devant être la base de leur conduite envers tous les hommes : la vérité, la justice, la morale, sans distinction de couleur, de croyance ou de nationalité. Le congrès considère comme un devoir de réclamer les droits

membres. Le Congrès international se réunira, selon les décisions des groupes et des fédérations adhérentes.

« Le Congrès émet le vœu que les organisations adhérentes veuillent bien tenir compte des propositions suivantes : Il est de stricte nécessité de faire tous les efforts possibles pour propager par des actes l'idée révolutionnaire et l'esprit de révolte dans cette grande fraction de la masse populaire qui ne prend pas encore part au mouvement, et se fait des illusions sur la moralité et l'efficacité des moyens légaux. En sortant du terrain légal sur lequel on est généralement resté jusqu'à aujourd'hui, pour porter notre action sur le terrain de l'illégalité qui est la seule voie menant à la révolution, il est nécessaire d'avoir recours à des moyens qui soient en conformité avec ce but... Il est absolument nécessaire de diriger nos efforts de ce côté, en se souvenant que le plus simple fait, dirigé contre les institutions actuelles, parle mieux aux masses que des milliers d'imprimés et des flots de parole, et que la propagande par le fait dans les campagnes a encore plus d'importance que dans les villes. Le congrès recommande aux

d'homme et de citoyen, non seulement pour les membres de l'Association, mais encore pour quiconque accomplit ses devoirs. Pas de devoirs sans droits; pas de droits sans devoirs. »

organisations et individus faisant partie de l'association internationale des travailleurs, de donner un grand poids à l'étude des sciences techniques et chimiques, comme moyen de défense et d'attaque. »

Et pour joindre à ces deux résolutions principales, le congrès ajoutait : « Le congrès ne se reconnaissant pas d'autre droit que celui d'indiquer les lignes générales de ce qui lui paraît être la meilleure organisation socialiste révolutionnaire, s'en rapporte à l'initiative des groupes pour les organisations secrètes et autres qui leur sembleraient utiles au triomphe de la révolution sociale. » Et de peur que quelqu'un n'attribuât au congrès quelque parcelle de cette autorité qu'il refusait si explicitement, le numéro du *Révolté* qui publiait ces résolutions prenait soin d'inscrire en tête du journal les lignes suivantes : « L'union si longtemps méditée des socialistes des deux mondes s'est enfin accomplie dans le congrès de Londres. Il est bien entendu que les délégués des organisations qui se sont fait représenter à Londres n'ont pas pu prendre de résolutions définitives. Ce sera aux groupes et fédérations à décider définitivement si elles acceptent ces résolutions (1). »

(1) Cette réserve est exprimée de nouveau au numéro du 6 août et cette fois elle émane du congrès même.

6

Nous avions bien raison de qualifier le congrès de Londres de congrès anarchiste : ce sont les doctrines anarchistes qu'il proclame, c'est l'organisation imaginée par l'Alliance de Paris qu'il propose, et jusqu'à ce soin de s'effacer et de respecter l'indépendance des groupes, tout témoigne de ses convictions anarchistes.

Mais, s'il est facile de déterminer ses tendances, il est plus difficile de préciser la portée de son œuvre. Etait-ce la réorganisation de l'Internationale? Non, puisque l'Internationale n'avais jamais cessé d'exister, et qu'au surplus on ne changeait rien aux statuts primitifs; non, puisque divers orateurs proposaient de s'y *rattacher*. Etait-ce l'organisation d'une association nouvelle ? Non, puisqu'avec les mêmes statuts, on adoptait le même nom. Bien plus, quelle que fût l'œuvre du congrès, cette œuvre n'était pas définitive, puisque les groupes n'étaient pas engagés. D'ailleurs les résolutions votées étaient toutes d'ordre doctrinal ; la seule mesure pratique était la création d'un bureau de renseignements, et ce bureau, si je ne me trompe, n'a jamais donné signe de vie. Le congrès de Londres n'a été, pour employer une expression que les anarchistes appliquent volontiers à leurs adversaires, qu'une parlotte parlementaire ; mais cette parlotte n'en a pas moins produit « un excellent effet sur les diffé-

rentes organisations de la France », et « elle
porta ses fruits (1). »

Le parti anarchiste se trouve enfin constitué :
il a des groupes dans un grand nombre de villes ;
il dispose de plusieurs organes de publicité, *le
Bulletin des groupes anarchistes*, publié par les
groupes de Paris, *le Révolté* à Genève, à Lyon *la Révolution sociale*, à laquelle succède le *Droit social*,
puis *l'Étendard révolutionnaire*, puis *la Lutte,
le Drapeau noir*, etc. ; il a des chefs quoiqu'il
en dise. Tous ces éléments sont en relations con-
stantes les uns avec les autres ; les correspon-
dances sont actives : les placards imprimés ou
manuscrits circulent de groupe en groupe ; les
communications d'intérêt plus général se font par
la voie de la presse ; des réunions publiques ou
privées sont convoquées dans tous les centres
industriels ; on cherche à créer une caisse
spéciale pour subvenir aux frais de la propagande.
A Lyon, on organise une association des groupes
anarchistes sous le nom de Fédération révolutionnaire lyonnaise, laquelle joue, conformément à
la théorie anarchiste, un rôle assez effacé, et laisse
aux groupes leur indépendance absolue. A Paris,
on rêve d'une institution analogue, mais plus
générale (2).

(1) V. le *Révolté*, 7 janvier 1882 et 30 août 1881.
(2) V. le *Droit social* du 18 juin 1882.

C'est à ce moment que le parti attira l'attention publique, et que le parquet intenta contre les journaux ou les orateurs de réunions publiques diverses poursuites aboutissant à des condamnations sévères. Chacune de ces décisions judiciaires servit de prétexte à une propagande plus ardente et plus haineuse. Les anarchistes ne s'occupent plus de rompre des lances avec les collectivistes : ils assistent aux querelles de Guesde avec Brousse et Malon sans y prendre part, mais non sans se réjouir de divisions qui affaiblissent leurs rivaux (1). Le parti anarchique s'est fait une personnalité distincte. Toutefois il craint encore, tant il est fier de lui-même, qu'on puisse le confondre avec quelqu'une des sectes qui travaillent le monde ouvrier, et il organise pour le mois d'août 1882 un congrès international à Genève, auquel on donne pour ordre du jour : « De la séparation complète du parti anarchiste d'avec les partis politiques de quelque titre qu'ils se décorent. »

La première idée de cette réunion, à laquelle étaient convoquées toutes les sections révolu-

(1) Au cinquième congrès ouvrier, tenu à Reims en septembre 1881, le parti collectiviste se scinde en deux fractions : les guesdistes, qui croient à la possibilité de faire triompher la révolution par les voies légales et admettent les candidatures ouvrières ; les broussistes, plus nombreux, qui ne comptent que sur la violence, et diffèrent

tionnaires d'Europe, fut émise au mois de juin 1882 au congrès régional de la Fédération jurassienne à Lausanne. La Fédération jurassienne avait couvé l'œuf de l'anarchie ; elle voulut avoir l'honneur de le faire éclore et d'en annoncer la bonne nouvelle au monde révolutionnaire. On choisit pour date de la réunion le 12 août, parce que, à cette époque, avait lieu à Genève un concours international d'orphéons, et que les compagnies de chemins de fer promettaient des trains à tarifs réduits, dont les délégués socialistes pourraient profiter.

Le congrès fut franchement anarchiste : les groupes de Lyon s'étaient fait représenter par douze délégués ; Vienne (Isère) et Saint-Etienne par trois ; Paris par deux ; Villefranche (Rhône), Bordeaux, Cette, Montceau et les groupes d'Italie chacun par un délégué (1). On discuta tout d'abord la question de la séparation du parti

des anarchistes seulement par les idées politiques et la conception de l'Etat. Les guesdistes ont pour journaux attitrés : *le Citoyen* et *l'Egalité* ; les broussistes ont *le Prolétaire* et *la Bataille*. En mai 1882, les broussistes expulsent les guesdistes du congrès ouvrier tenu à Paris. En septembre 1882, au sixième congrès ouvrier tenu à Saint-Etienne, mêmes querelles : les guesdistes sont vaincus, et, conformément à l'usage, ils se retirent et vont tenir à Roanne un autre sixième congrès ouvrier. Les anarchistes s'étaient fait représenter au congrès de Saint-Etienne, et leurs doctrines y avaient été vivement applaudies.

(1) V. le *Révolté* des 5 et 19 août 1882; l'*Etendard révolu-*

d'avec tous les autres. Tous les orateurs furent
unanimes à déclarer que de fait cette séparation
existait, et qu'elle était nettement tranchée.
Quelques-uns jugeaient que cette constatation
suffisait à les satisfaire. Mais la majorité fut d'avis
qu'il était bon de l'affirmer par une notification
solennelle; le public s'y trompait encore, et il
était de l'honneur de tous de prévenir une telle
confusion. On décida par conséquent qu'un manifeste serait rédigé par le congrès, qu'il serait
soumis à l'approbation des groupes, et, ensuite
de leur adhésion, officiellement publié.

Voici ce manifeste, qui fut favorablement ac-
cueilli de tous les intéressés (1): « Les anarchistes
réunis à Genève se sont trouvés d'accord sur les
principes suivants et qu'ils croient de leur devoir
d'exposer à leurs compagnons :

« Notre ennemi, c'est notre maître. Anarchistes, c'est-à-dire, hommes sans chefs, nous com-
battons tous ceux qui se sont emparés d'un
pouvoir quelconque, ou veulent s'en emparer.

« Notre ennemi, c'est le propriétaire, qui

----

tionnaire, du 14 août 1882. Le délégué de Lyon déclare que
dans cette ville il y a environ trois cents anarchistes affiliés à
des groupes, et douze à quinze cents adhérents platoniques.
Le délégué de Paris accuse une dizaine de groupes, comptant
chacun un petit nombre de membres; le délégué de
Vienne déclare deux groupes nombreux; celui de Villefranche, un groupe.

(1) V. le *Révolté* du 19 août 1882.

détient le sol et fait travailler le paysan à son profit ; notre ennemi, c'est le patron qui possède l'usine et qui l'a remplie des serfs du salariat ; notre ennemi, c'est l'Etat, monarchique, oligarchique, démocratique, ouvrier, avec ses fonctionnaires, et ses états-majors d'officiers, de magistrats et de mouchards. Notre ennemi, c'est toute abstraction de l'autorité, qu'on l'appelle Diable ou Bon Dieu, au nom de laquelle les prêtres ont si longtemps gouverné les bonnes âmes. Notre ennemi, c'est la loi, toujours faite pour l'oppression du faible par le fort, et pour la justification et la consécration du crime.

« Mais si le propriétaire, le patron, les chefs d'Etat, les prêtres et la loi sont nos ennemis, nous sommes aussi les leurs et nous nous redressons contre eux.

« Nous voulons reconquérir le sol et l'usine sur le propriétaire et le patron ; nous voulons abolir l'Etat, sous quelque nom qu'il se cache, et reprendre notre liberté morale contre le prêtre et la loi. Dans la mesure de nos forces nous travaillons à la destruction de toutes les institutions officielles, et nous nous déclarons solidaires de tout homme, groupe ou société qui nie la loi par un acte révolutionnaire.

« Nous écartons tous les moyens légaux, parce qu'ils sont la négation même de notre droit ; nous

repoussons le suffrage dit universel, ne pouvant
nous départir de notre souveraineté individuelle
et nous rendre complices de crimes commis par
de prétendus mandataires. Entre nous anarchistes
et tout parti politique, conservateur ou modéré,
combattant toute liberté ou la concédant par
doses, la scission est complète. Nous voulons rester. nos propres maîtres, et celui d'entre nous qui
viserait à devenir un chef est traître à notre cause.

« Toutefois nous savons que la liberté individuelle ne peut exister sans association avec
d'autres compagnons libres. Nous vivons les uns
par les autres ; c'est la vie sociale qui nous a
faits, c'est le travail de tous qui donne à chacun
le sentiment de son droit et la force de le défendre.
Tout produit social est une œuvre collective à
laquelle tous ont également droit. Nous sommes
donc communistes ; nous reconnaissons que,
sans la destruction des bornes patrimoniales,
communales, provinciales, nationales, l'œuvre
serait toujours à refaire. A nous de conquérir et
de défendre la propriété commune, quelles que
soient notre langue et l'étiquette des gouvernements à renverser. »

Telle est l'histoire du parti anarchiste depuis
sa naissance jusqu'à sa constitution définitive.
Si on cherche la loi de son développement et la
cause de son succès, on constate que, par des

scissions répétées, les esprits les plus avancés se
sont à chaque fois séparés de l'association qu'ils
agitaient, pour fonder quelque association rivale.
Dans ces nouveaux groupes, le même phénomène
se reproduisait, si bien que tous ces groupements
successifs, faisant, pour ainsi dire, l'office d'un
blutoir intellectuel, ont enfin, par une série de
sélections, mis à part les révolutionnaires
extrêmes, ceux dont il parait difficile de dépasser
la violence.

C'est précisément cette violence qui assure le
recrutement du parti anarchiste : il n'a pas d'autre
raison d'être ; né dans la violence et dans l'indiscipline, il vit de la violence et de l'indiscipline.

Il en vit, mais il en périra. Tout d'abord il
est par cela même condamné à l'émiettement
de ses forces. Ses groupes n'ont d'autre lien
entre eux qu'une apparente communauté d'idées.
Vainement le comité de l'Alliance cherche à
former un faisceau de ces unités éparses. Ses
efforts resteront fatalement inutiles : organiser le
parti anarchiste, lui imposer une hiérarchie,
soumettre à une direction supérieure ce qui par
principe répugne à toute obéissance, c'est tenter la conciliation des contraires. Les anarchistes se disent les soldats de la révolution :
ils ne sont ni soldats, puisqu'ils ne souffrent pas
d'ordres, ni chefs, puisqu'ils ne trouveraient
point de subordonnés. Ils sont des enfants perdus,

lancés au hasard, fiers d'être à l'avant-garde et
mettant leur gloire à ne se laisser devancer par
personne.

Les groupes se multiplient, parce que chacun
a souci de sa personnalité et entend ne point se
confondre et s'effacer dans une réunion trop
nombreuse. C'est ainsi que certains groupes
décorés de noms horrifiques, ne comptent que
deux ou trois adhérents (1). Cette multiplicité
entretient une émulation à la fois profitable et
funeste au parti. L'activité en est surexcitée ; mais
volontiers l'émulation se change en rivalité. Nous
avons vu de combien de jalousies et de querelles
de personnes sont travaillées les factions ouvrières : la discorde y règne à l'état permanent.
Si ce vice intérieur a fini par avoir raison de
l'Internationale, c'est à dire du corps révolutionnaire le mieux organisé qu'on ait jamais vu, je
laisse à penser l'avenir d'un parti qui prétend
puiser sa force en ce qui a fait périr un organisme
autrement puissant et solide. L'ambition d'être
toujours à la tête des plus avancés condamne les
anarchistes à exagérer de jour en jour leurs doc-

(1) A ce propos, il y a même eu, un jour, parmi les anarchistes, une querelle assez byzantine : Combien faut-il d'adhérents pour constituer un groupe ? — C'était *l'argument de
l'homme chauve* renversé. On sembla se mettre d'accord
pour concéder le titre de groupe à une réunion de deux
personnes ; quelques-uns pensaient toutefois qu'à la rigueur
une seule suffirait.

trines. Un fou trouve toujours un plus fou qui le dépasse : la course à travers l'absurde n'a pas de terme.

Mais elle ne tente pas tous les esprits. Les anarchistes sont peu nombreux. Au début, ils n'étaient que quelques-uns. Combien sont-ils maintenant ? La réponse est difficile. Emile Gautier, le grand meneur des anarchistes parisiens, s'écriait, il y a deux ans : « Nous sommes quelques milliers de par le monde, quelques millions peut-être.» — « Nous sommes cinq mille dans le bassin du Rhône, écrivait Kropotkine, plus modeste.» — « Nous sommes tous pris » disait un un des soixante-six prévenus du procès de Lyon. Les ardents se multiplient, ils font illusion sur le nombre. Au mois de janvier 1883, à Paris, dans une élection législative, 847 voix se portaient sur le candidat extrême, tandis que 3500 se groupaient sur les candidats moins avancés du parti ouvrier. J'entends bien qu'on repousse l'argument, en alléguant que les anarchistes prêchent l'abstention et la pratiquent, et que ce n'est pas au scrutin qu'on peut les compter. Cela est vrai. Mais nous constatons, dans cette même élection, que le candidat collectiviste n'a pu réunir que 487 suffrages ; d'autre part, nous savons, depuis le congrès du Centre, que les collectivistes sont au moins aussi nombreux que les anarchistes. Il est permis d'en conclure que les anarchistes

sont une bien faible minorité, et qu'une modération relative règne dans le monde ouvrier.
L'élection législative du 21 juillet 1883, à Narbonne, est venue dresser le dénombrement des
divers partis. Cette élection présente, à notre
point de vue, un double intérêt; elle a lieu dans
un centre ouvrier et dans le Midi, où les anarchistes sont plus en faveur que dans le Nord. En
outre, les candidats représentaient toutes les
nuances des opinions avancées. Voici le tableau
des suffrages :

Candidat conservateur...... 4150
— opportuniste....... 3802
— répub. radical..... 5567
— candidat ouvrier... 63
— révolutionnaire.... 2318
— anarchiste (1)...... 1790

L'élection de Narbonne, tout en révélant
l'avance considérable de l'opinion républicaine
radicale sur tous les partis extrêmes, semblait
indiquer que les anarchistes gagnaient du terrain.
Ils étaient encore à la période d'accroisse-
ment; aujourd'hui le prosélytisme fait moins
d'adeptes. Bientôt peut-être on touchera à la

(1) On peut s'étonner de trouver une candidature anarchiste, étant donné que les anarchistes prêchent l'abstention.
Je ne cherche pas à expliquer cette contradiction.

décadence. Un autre parti conquerra la faveur populaire, et quelque autre folie naîtra au jour. Il y a dans le monde ouvrier un certain nombre d'esprits inquiets qui, de génération en génération, se recrute sans augmenter, et à qui il faut l'agitation des utopies réformatrices. Selon les temps, les idées se tournent dans un sens ou dans l'autre; les sociétés secrètes, les devoirs, le compagnonnage, la franc-maçonnerie, le socialisme, l'Internationale, le collectivisme et l'anarchie, ont à tour de rôle bénéficié de ce besoin égaré de progrès, et ont été les diverses manifestations des mêmes activités. La forme actuelle paraît toujours aux contemporains la plus redoutable. Quand les batailles des devoirs rivaux, les grèves, les émeutes, les insurrections ensanglantaient les rues, nos pères ne pensaient-ils pas que le jour était proche et que la Révolution allait éclater? Voilà longtemps qu'on promet pour le lendemain la terrible liquidation sociale. Et pendant que les sectaires brandissent leurs menaces sur la tête de la société, la société continue paisiblement sa marche et la liquidation se fait peu à peu. Sera-t-elle jamais définitive? Que Dieu nous en garde! le progrès indéfini est au prix de ces efforts constants. Chaque jour enfante de nouveaux problèmes, et l'organisme social est soumis aux mêmes lois que l'organisme humain; les éléments inutiles ou mauvais s'éliminent ; cependant le travail bienfaisant de la vie use à son tour des matériaux, qu'il faut, sous peine de périr, éliminer encore et remplacer par d'autres. C'est la tâche magnifique à quoi répond l'organisation des peuples civilisés : l'expérience des siècles passés facilite l'œuvre des temps présents, et le travail se poursuit sans que les cris ou les tentatives des violents en puissent hâter ni retarder la marche. Ne craignons donc rien des ardeurs anarchistes ; ces réformateurs sont ce que d'autres ont été avant eux ; ils passeront comme leurs devanciers, et laissant une marque moins profonde dans l'histoire de la civilisation.

II

EXPOSÉ DES DOCTRINES ANARCHISTES

Les anarchistes prêchent une réforme générale de la Société : leurs doctrines sont à la fois sociales et politiques. La religion, la famille, la propriété, le gouvernement, toutes les institutions qui sont le fondement de l'état de choses actuel, doivent subir une transformation radicale, et il est facile de se rendre compte que cette transformation nécessiterait et amènerait comme conséquence, jusque dans le jeu des moindres ressorts sociaux, des modifications sensibles. Mais les doctrines anarchistes ne sont pas encore asséz complètement constituées, ellés ne sont pas formulées par des hommes assez instruits pour que ces extrêmes conséquences aient été prévues ou réglées. On n'en est qu'aux grandes lignes, si même il est possible de distinguer de grandes lignes dans ces projets mal digérés.

I. LA RELIGION

En ce qui concerne la religion, la réforme est simple : plus de religion, parce qu'il n'y a pas de Dieu, ou tout au moins parce que les problèmes de la métaphysique et de la théodicée sont insolubles pour l'esprit humain. C'est l'athéisme matérialiste ou l'irréligion positiviste, selon la tournure d'esprit de chacun. « Si Dieu existait, dit Bakounine, il faudrait l'abolir (1). »

Cette haine contre l'idée de Dieu ne peut s'expliquer par le simple développement d'une conviction philosophique. La grande majorité de ceux qui la professent est incapable de raisonner philosophiquement sur l'existence de Dieu.

Quelle en est donc l'origine ?

Elle me paraît tenir à deux causes.

Une première est indiquée par Bakounine : « L'idée de Dieu implique l'abdication de la raison et de la justice humaines : elle est la négation la plus décisive de la liberté humaine, et aboutit nécessairement à l'esclavage des

(1) Bakounine, *Dieu et l'Etat*, p. 24. Genève. Imprimerie Jurassienne 1882. En Angleterre dès 1867 le *National Reformer*, dirigé par M. Bradlaugh, surnommé l'iconoclaste, et qui n'était alors qu'un petit clerc d'avoué fort jeune, prêchait l'athéisme, le malthusianisme, la *démolition générale*.

hommes, tant en théorie qu'en pratique (1). » Et ailleurs : « Ils (les déistes) veulent Dieu et ils veulent l'humanité. Ils s'obstinent à mettre ensemble deux termes qui, une fois séparés, ne peuvent plus se rencontrer que pour s'entre-détruire. Ils disent d'une seule haleine : Dieu est la liberté des hommes, Dieu est la dignité, la justice, l'égalité, la fraternité, la prospérité des hommes, — sans se soucier de la logique fatale, en vertu de laquelle, si Dieu existe, tout cela est condamné à ne pas exister. Car, si Dieu est, il est nécessairement le maître éternel, suprême et absolu, et si ce maître existe, l'homme est esclave ; or, s'il est esclave, il n'y a ni justice, ni égalité, ni fraternité, ni prospérité possibles. Ils auront beau, contrairement au bon sens et à toutes les expériences de l'histoire, se représenter leur Dieu animé du plus tendre amour pour la liberté humaine ; un maître, quoiqu'il fasse, et quelque libéral qu'il veuille se montrer, n'en reste pas moins toujours un maître. Son existence implique nécessairement l'esclavage de tout ce qui se trouve au-dessous de lui (2). »

Si Dieu est, l'homme est esclave ; or, l'homme peut et doit être libre ; par conséquent Dieu n'existe pas.

(1) Bakounine, *Dieu et l'Etat*, p. 21.

(2) Bakounine, *Dieu et l'Etat*, p. 24.

Le premier motif, allégué par les anarchistes, est donc l'incompatibilité de l'autorité divine et de la liberté humaine. Le problème n'est pas nouveau, et posé dans d'autres termes, il a souvent agité l'école. De grands esprits l'ont abordé, et pour le résoudre, les croyants ont dû faire appel à la foi. A tout le moins, il méritait mieux que l'exposé brutal de Bakounine, et c'est s'en tirer à bon marché qu'ajouter en manière de conclusion :

« La sévère logique qui me dicte ces paroles est par trop évidente pour que j'aie besoin de développer cette argumentation ».

La logique est plus dans la forme que dans le fond du raisonnement ; et telle de ces propositions demanderait, je pense, à être démontrée.

A vrai dire, ces affirmations syllogistiques suffisent à saisir les esprits de ceux qui connaissent mal, et ne peuvent approfondir la difficulté. Les lecteurs, et plus encore les auditeurs, se plaisent parfois à un langage au-dessus de leur portée ; moins ils comprennent, plus ils s'enorgueillissent de monter haut dans la sphère des spéculations métaphysiques. Je ne suppose pourtant pas qu'un raisonnement philosophique, quelque simple qu'il soit, prenne jamais une véritable influence sur la foule.

La haine de la religion provient bien plus directement d'une seconde cause qui n'est pas avouée, mais qu'on surprend à bien des signes, et qui est d'autant plus puissante qu'elle s'adresse non au raisonnement pur, mais au sentiment.

Aux yeux des anarchistes, l'athéisme est l'antithèse du catholicisme : c'était une raison pour l'adopter. Je dirais volontiers que la lutte contre le catholicisme est la conclusion logique des doctrines sociales. Le catholicisme est, dans tous les pays où l'anarchie a pris naissance, la religion dominante : c'est elle qui prêche avec le plus d'ardeur le renoncement, le désintéressement, le mépris des richesses et du bien-être, la vanité de toute chose terrestre. Les anarchistes, comme toutes les sectes qui depuis le commencement du siècle ont rêvé la réforme de la société, prêchent au contraire la jouissance et l'amélioration de l'existence matérielle. Ce criant désaccord devait se traduire par des anathèmes réciproques, et cela n'a pas manqué (1).

Le catholicisme est en outre tout particulièrement désigné par ses tendances politiques à l'animadversion des socialistes. On ne peut nier que le catholicisme répugne à une refonte géné-

---

(1) Il existe en Allemagne un parti assez remuant de catholiques socialistes. Mais il s'occupe à moraliser les masses, et rêve de conquérir une influence politique plutôt que de préparer une révolution ou une réforme sociale. V. E. de Laveleye, *Le socialisme contemporain*, Chap. VII. *Les socialistes catholiques*, p. 184.

rale de la société. Ce n'est certes pas un crime :
il partage cette répugnance avec tous les économistes sérieux, aussi bien qu'avec la grande
majorité de ceux qui ont une opinion sur ce sujet.
Chez les catholiques toutefois cette répugnance
est presque d'ordre religieux. Le catholicisme est
essentiellement conservateur, parce qu'il est
essentiellement traditionaliste et que sa force
sociale est surtout un héritage du passé. Il a si
fortement imprégné de son esprit l'organisation
de l'ancien monde, qu'il a pour cette organisation
le faible de l'ouvrier pour son œuvre. On dit, à
tort ou à raison, que le clergé catholique est légi-
timiste : je ne sais si cela est, mais cela doit être.
Il y a entre la royauté de droit divin et la religion
catholique des affinités de principe qui expliquent
et justifient la sympathie : de part et d'autre,
l'édifice a pour fondement l'autorité préconstituée,
et se développe selon l'ordonnance d'une hiérarchie pyramidale dont le sommet est le pouvoir
personnel. A côté de cette identité de caractères,
une alliance de l'Église et la royauté, qui s'est
perpétuée durant tant de siècles et qui a laissé
des traces si profondes et si diverses dans l'histoire, les souvenirs d'un si long échange de
dévouement et de fidélité, un héritage commun
d'efforts, de revers ou de gloire ont cimenté pour
jamais l'amitié et en ont fait une parenté véritable.

Or, la mémoire du passé est en horreur aux anarchistes : l'organisation hiérarchique de la société, le pouvoir absolu, l'Eglise constituée en corps social et politique, tout cela c'est l'ennemi, et le catholicisme, accusé de conserver des regrets et de nourrir des espérances, se trouve être marqué pour la première exécution (1).

Lorsque les doctrines socialistes ne sont plus restées le domaine de quelques intelligences supérieures, lorsqu'elles ont été soutenues et prêchées par des esprits moins accoutumés à la modération de la controverse et à la tolérance, lorsque les Karl Marx, les Lassalle, les Schœffle, les Robertus-Jagetzow ont fait place aux orateurs de réunions publiques, c'était une nécessité fatale que la lutte contre le catholicisme se transformât en une guerre contre l'idée de Dieu.

La transformation est opérée, et les anarchistes répètent volontiers, comme résumé de leur opinion religieuse, la profession de foi de Proudhon : « Dieu, c'est sottise et lâcheté ; Dieu, c'est hypocrisie et mensonge ; Dieu, c'est tyrannie et misère ; Dieu, c'est le mal (2). »

_____

(1) E. de Laveleye, *Le socialisme contemporain.* — V. dans l'introduction, un rapprochement ingénieux du socialisme et du christianisme.

(2) Proudhon, *Système des contradictions économiques.* Chap. VIII.

II. LA FAMILLE

La famille est moins directement atteinte que la religion. Elle se trouverait seulement menacée par contre-coup. Le changement de régime de la propriété entrainerait sans doute l'abolition de l'hérédité. La suppression de l'Etat modifierait, je suppose, les conditions de formation du mariage. Le principe de l'indépendance personnelle absolue exigerait une atténuation considérable de la puissance paternelle, et celui de l'égalité des sexes entrainerait la suppression de l'autorité maritale. De telle sorte que la doctrine anarchiste, tendant à l'exaltation de l'individu, nous apparait comme essentiellement dissolvante de cette entité morale, sur laquelle jusqu'à présent les économistes avaient fait reposer toute l'organisation sociale, et parfois même l'organisation politique.

Pourquoi les anarchistes, qui d'ordinaire ne reculent pas devant les théories les plus audacieuses, se montrent-ils ici plus réservés ?

Au début les réformes avaient été formulées hardiment. L'Alliance de la démocratie socialiste avait inscrit dans ses statuts qu'il fallait obtenir avant tout « l'abolition définitive et entière des classes, l'égalisation politique, économique et sociale des individus des deux sexes » (1) et selon le programme publié dans le n° du 27 mai 1869 de l'*Internationale*, journal édité à Bruxelles, « le mariage devait être aboli en tant qu'institution politique, religieuse, juridique et civile (2). »

Aujourd'hui les anarchistes relèguent plus volontiers au second plan la partie de leurs doctrines qui concerne la famille. Elisée Reclus a bien, dit-on, prêché d'exemple : il n'a pas trouvé d'imitateurs. On parle beaucoup de mariage purement civil, mais non de mariage libre.

Peut-être les anarchistes se rendent-ils compte que s'attaquer à la famille, c'est se mesurer à trop forte partie. De tous les rouages de la société, c'est le plus inébranlable, parce qu'il repose plus directement qu'aucun autre sur le fond même de notre propre nature, et le réformateur qui prêcherait la refonte totale de la famille, se heurterait, non pas seulement à la résistance des intérêts les plus respectables, mais à la révolte des sentiments les moins dociles.

Toutefois dans l'organisation actuelle, qui n'a été obtenue que par des transformations succes-

(1) Statuts de l'Alliance de la démocratie socialiste. Art. 2.

(2) « Le concubinage est le seul mariage de l'homme d'honneur », s'écriait un orateur de réunion publique, à la salle du Pré-aux-Clercs, à Paris, le 17 novembre 1880.

sives et de lentes améliorations, tout n'est pas
d'égale importance et de même invariabilité.
Telle ou telle réforme de détail pourrait être
légitimement réclamée. Les anarchistes essaient
à peine ces critiques modérées, et la réformation
de la famille n'apparaît comme une conséquence
de leurs doctrines qu'à ceux qui réfléchissent,
et qui sont convaincus que tous les phénomènes
sociaux sont entre eux dans des rapports constants
et obéissent, dans leur développement respectif,
à des lois immuables.

En examinant les choses de plus près, je me
suis demandé si cette réserve ne serait pas
simplement une mesure de tactique. On a pu, il
y a cinquante ans, faire une observation analogue
au moment de la propagande Saint-Simonienne.
Les Saints-Simoniens laissèrent tout d'abord
dans l'ombre la réforme de la famille, et ce fut
cette question qui provoqua plus tard la scission
entre Enfantin et Bazard. Les ouvriers socialistes
usent de la même prudence ; même ils témoignent
en général d'un attachement profond envers la
famille. Dans tous les congrès ouvriers, le respect de la femme, la tendresse pour l'enfant, le
souci des devoirs et de la dignité du foyer se
manifestent avec une évidente complaisance : les
orateurs, au sortir des récriminations amères,
semblent éprouver comme une satisfaction à se
retremper dans l'atmosphère apaisante de ces

sentiments élevés. « C'est par le culte positif de la famille, par la fidélité à cette source des affections, de la dignité, du dévouement, de la solidarité, de la force saine et de la morale vraie, que le prolétariat développera sa vitalité sociale, et ménagera du crédit à son influence grandissante. (1) » Prêcher la réforme de la famille au public ouvrier, c'est contredire à ce sentimentalisme, d'autant plus impressionable et susceptible qu'il a quelque chose d'artificiel.

La transformation de la famille n'est pas d'ailleurs une de ces questions qui peuvent soulever la foule et conquérir des adeptes. S'il est facile de faire accroire aux déshérités que leur misère tient au régime actuel de la propriété et à la constitution de l'Etat, s'il n'est pas impossible de les persuader que l'anéantissement de la religion les délivrera d'une lourde contrainte, c'est chose au contraire plus malaisée que de leur montrer, dans l'union libre et dans l'abolition de l'autorité paternelle ou de l'autorité maritale, les conditions essentielles du bien-être futur. A quoi bon alors tenter sur ce sujet une infructueuse propagande, et risquer même d'écarter les adhésions! Ne vaut-il pas mieux laisser de côté la question quelle qu'en soit l'importance, et, conservant dans le

(1) Tonim, *La question sociale et le Congrès ouvrier de Paris*, p. 333. Paris 1877. M. Blanc, éditeur, 51, rue Dombasle,

for intérieur l'espoir inavoué que la famille s'écroulera au jour de l'écroulement général, se contenter d'exploiter les doctrines qui ont chance de succès ?

Telle est bien, si je ne me trompe, la ligne de conduite des anarchistes. Une remarque achève de le démontrer. Le régime des successions est une dépendance de l'organisation de la famille, mais il touche en même temps à la question de la propriété. Sur ce point la prudence est moins grande, mais on constate qu'on n'aborde jamais la question des successions que par le côté qui touche à la propriété ; on ne parle ni de la filiation, ni de la parenté, ni des droits et des obligations de la famille ; on insiste seulement sur l'appropriation, sur la transmission des biens, c'est-à-dire qu'on matérialise le plus possible la difficulté, parce que c'est la manière de mieux faire accepter la réforme.

C'est à ce point de vue que se plaçait le congrès de Bâle, lorsqu'il prenait la résolution suivante : (1) « Considérant que le droit d'héritage, qui est un élément inséparable de la propriété individuelle, contribue à aliéner la propriété foncière et la richesse sociale au profit de quelques-uns et au détriment du plus grand nombre ; que le droit d'héritage constitue un privilège dont le plus ou

(1) V. le *Mirabeau* du 7 novembre 1869, journal de l'Internationale qui se publiait à Verviers.

moins d'importance ne détruit pas l'iniquité en fait qui est une menace permanente au droit social ; le congrès reconnait que le droit d'héritage doit être complètement et radicalement aboli, que cette abolition est une condition des plus indispensables à l'affranchissement du travail (1). »

Le congrès collectiviste du Hâvre, en 1880, réclamait, dans son programme économique, la suppression de l'héritage en ligne indirecte et de tout héritage en ligne directe dépassant vingt mille francs.

La suppression de l'héritage est une des réformes les plus souvent proposées par les socialistes. A les entendre, il semble qu'un article de loi suffise à la tâche.

Il n'y aurait pourtant pas de prescription qui se pût plus facilement éluder. Si le droit de propriété privée est conservé, je n'imagine pas de combinaisons assez complexes pour prévenir, ni d'inquisitions assez adroites pour surprendre les fraudes innombrables qui se produiront : dona-

---

(1) Il ne faut pas oublier que l'abolition de l'héritage a été prêchée par Saint-Simon : « Ils nous disent que le fils a toujours hérité de son père, comme un païen aurait dit que l'homme libre avait toujours eu des esclaves ; mais l'humanité l'a proclamé par Jésus : « Plus d'esclavage ! » Par Saint-Simon, elle s'écrie : « A chacun selon son esprit, à chaque capacité selon ses œuvres : plus d'héritage ! » *Exposé de la doctrine* (1829), p. 41.

tions manuelles, fidéicommis, dissimulations, mille moyens seront mis en œuvre pour satisfaire à ce besoin naturel de réserver à ses enfants des biens dont on est propriétaire, et dont, à ce titre, on se sent le droit de logiquemment disposer même après décès. Si au contraire les socialistes ont auparavant aboli le droit de propriété, à quoi bon proscrire l'héritage? L'héritage n'aura-t-il pas du même coup perdu toute importance, lorsqu'il aura été réduit à des objets de consommation ou même, comme le propose M. Schœffle, à des moyens de consommation, à des bons de travail (1).

La suppression de l'hérédité est donc en réalité une réforme ou impraticable ou inutile, et sans nous attarder à en montrer les lamentables conséquences arrivons à la question qui prime toutes les autres, la réforme du régime de la propriété.

III. LA PROPRIÉTÉ

C'est là le grand sujet de préoccupation des anarchistes ; ç'a été celui des socialistes de tous les temps.

La question du régime de la propriété est en effet de toutes les questions d'économie sociale, celle qui passionne le plus la foule, parce

(1) V. P. Leroy-Beaulieu. *Le Collectivisme*, p. 384.

que, aux yeux des travailleurs, un meilleur aménagement de la propriété adoucirait leur sort.

Toutes les diverses sectes avancées du parti ouvrier s'accordent à réclamer la communauté des biens. Mais si toutes la veulent, toutes ne l'entendent pas de même.

Les socialistes paraissent, du moins, actuellement d'accord pour renier le vieux communisme classique, le communisme selon lequel l'Etat, devenu seul propriétaire, absorbant tous les droits et tous les devoirs, distribue le travail, en recueille les fruits, et assure l'existence de chacun. C'était là la doctrine de Karl Marx, mais sur laquelle, dans la première période de l'*Internationale*, on ne s'était pas appesanti (1).

L'entente ne va pas plus loin, et le désaccord s'affirme quand il s'agit de déterminer quel communisme est préférable.

Les uns tiennent pour le communisme individualiste. Une liquidation générale est nécessaire ; on opérera un partage égal de toutes les richesses sociales entre tous les membres de la société. J'avoue n'avoir pas bien compris ce qui arrivera au lendemain de cette liquidation. Blanqui me dit bien que « vingt-quatre heures après la

---

(1) Quelques-uns des premiers et des plus ardents propagateurs de l'Internationale, Coullery notamment, qui fonda un grand nombre de sections dans la région du Jura, étaient partisans de la propriété individuelle.

révolution, il faut que le peuple ait goûté les bienfaits du nouvel ordre de choses. » Mais, comment chacun devient-il propriétaire incommutable ? Par quel procédé frappe-t-on d'inaliénabilité tous les biens sous toutes les formes ? Supprime-t-on les translations de propriété, les ventes, les échanges, les donations, les successions, etc. ? Supprime-t-on le commerce, l'industrie, les milles relations de la vie, afin de figer, dans une immobilité éternelle, un état social qu'on a eu tant de peine à organiser ? Ou bien, renouvelant ce qui se pratiquait chez les Hébreux, procédera-t-on, tous les cinquante ans, à un nouvel inventaire, une nouvelle liquidation et un nouveau partage ?

Le communisme individualiste compte actuellement peu de partisans. La théorie la plus en faveur dans le monde ouvrier est le collectivisme, avec ses diverses nuances.

Le collectivisme est d'importation russe.

Il fit son apparition au fameux Congrès de la Paix et de la Liberté, à Berne, en 1868, et au Congrès ouvrier de Bruxelles tenu la même année. Il toucha à son apogée, en 1869, au Congrès de Bâle, dans lequel, en dépit de l'opposition de MM. Tolain et Langlois, il fut acclamé par 53 voix contre 8 opposants et 10 abstentions.

Ce fut Bakounine qui fonda la nouvelle doctrine, qui s'en fit le grand prêtre et l'apôtre. Mais

le collectivisme ne sortit pas tel qu'il est, tout
armé de son cerveau, et, avant de revêtir la
forme qu'il affecte aujourd'hui, il subit de nombreuses transformations. Il servit, tout d'abord,
de machine de guerre contre l'omnipotence de
Karl Marx ; on peut même supposer qu'il fut
inventé dans cette intention, et qu'il n'eut, au
début, pas d'autre raison d'être. Karl Marx était
accusé de tenir pour le communisme d'État ; le
collectivisme prit l'allure d'une protestation.
« Je suis collectiviste, et non pas communiste,
s'écriait Bakounine au Congrès de Bâle, et, si je
demande l'abolition de l'hérédité, c'est pour
arriver rapidement à l'organisation sociale (1). »
Les partisans de Bakounine qui, dans la même
séance, se succédèrent à la tribune, quoique
moins prudents que lui, évitèrent de prononcer
le mot de communisme.

Les premiers collectivistes, qu'on a appelés les
collectivistes russes, attribuaient le droit de propriété aux communes : c'était un souvenir plus
ou moins fidèle de l'état social régnant en
Russie, et qui est une des phases qu'à traver-

---

(1) V. le discours de Bakounine au Congrès de la paix à
Berne. *Mémoire présenté par la fédération jurassienne
de l'Association internationale des travailleurs à toutes
les fédérations de l'Internationale.* Sonvilliers, au Siège
du Comité fédéral Jurassien 1873. Pièces justificatives, n° IV,
page 20 et suivantes.

sées dans presque tous les pays le développement de la propriété.

En Russie la commune est propriétaire de toute la terre qui n'appartient ni à la couronne ni aux seigneurs : ce patrimoine se nomme le *mir*. Autrefois, ces immenses domaines restaient indivis et étaient cultivés en commun. Depuis quelques années, par suite de cette tendance naturelle qui a présidé à la transformation des régimes successifs de la propriété en les portant toujours vers l'appropriation privée, on partage périodiquement le sol, et chaque habitant mâle et majeur a droit à une part égale. Bien plus, les époques de répartition s'espacent de plus en plus : autrefois, le partage revenait tous les ans ou tous les deux ans ; actuellement il a lieu dans certaines communes tous les trois ans, ailleurs, tous les six ans, ou tous les neuf, ou même tous les douze ans seulement (1).

Les manifestations les plus expressives du collectivisme communaliste furent la commune de Paris, en 1871, et l'insurrection fédéraliste d'Espagne, en 1873. Ces expériences désordonnées n'étaient point faites pour encourager les socialistes sérieux. Elles avaient au surplus mis en

(1) V. sur le Mir russe, A. Leroy Beaulieu, *L'empire des tzars et les russes*, t. I, p. 529. V. aussi Laveleye, *Les formes primitives de la propriété*, ce qui est dit des *Hauscommunionen*, 2ᵉ édit., p. 201.

lumière, aux yeux mêmes des collectivistes, le vice radical de la théorie : par un détour on revenait assez vite au communisme autoritaire ; la Commune allait remplacer l'Etat : c'était tout, et c'était peu.

Beaucoup avaient prévu cette déviation, et au sein même de la Fédération jurassienne la doctrine russe était entrée dès les premières années en voie de transformation. La défiance qui avait éloigné les esprits du communisme d'Etat les mettait en garde contre le communisme communaliste.

Et alors la théorie anarchiste apparut dans sa brutale simplicité : la propriété ne repose plus ni entre les mains de l'Etat, ni entre celles de la commune : elle appartient à tous indivisément. A tous, sans acception de frontières, ou de régions. Les collectivistes disaient encore la *nationalisation* du sol ; les anarchistes disent l'*universalisation* (1). L'Esquimau sera chez lui à l'Equateur ; l'Américain ou le Chinois sera propriétaire en Champagne, et le Bourguignon pourra se flatter d'avoir des vignes au Japon. La terre appartient à tous indivisément : en réalité cela revient à dire qu'elle n'appartient plus à personne.

Ainsi la théorie de la propriété avait suivi une progression régulière: d'abord le communisme

(1) V. P. Leroy Beaulieu. *Le Collectivisme*, p 79.

d'Etat, puis le communisme communaliste, puis enfin la théorie anarchiste de la propriété. C'était la limite extrême à laquelle la conception de la propriété pût atteindre. Les anarchistes avaient la gloire d'innover, mais au dépens du bon sens ; ils allaient plus loin que tous les réformateurs, mais ils se lançaient en plein domaine de l'absurde.

Le collectivisme établissait du moins une distinction entre les objets de consommation et les moyens de production : il mettait en commun, il nationalisait les moyens de production, mais non pas les produits (1).

Les anarchistes ont plus d'audace, ou mieux, ils ont plus de logique. La distinction entre les objets de production et les objets de consommation m'a toujours, en effet, paru artificielle et arbitraire, et les collectivistes qui prennent cette distinction pour base de leur réforme de la propriété, se heurteraient à toutes sortes de difficultés et d'incertitudes. Le pain, diront-ils, est un objet de consommation ? — Fort bien. Et la houille ? — Ici, ils seront déjà plus embarrassés. C'est un objet de consommation répondront les uns : il se consomme par l'usage. C'est un objet de production, penseront les autres : c'est la

(1) V. Schœffle, *La quintessence du socialisme.* Traduction de B. Malon, p. 17 et 18.

houille qui produit la force motrice. — Et la
machine demanderais-je, est-ce un objet de production ou de consommation ? L'industriel la
consomme : car elle se détruit par l'usage. Mais
d'un autre côté, il s'en sert pour produire. La
machine serait-elle une exception, un objet hybride
à la fois agent de production et objet de consommation, selon le côté par où on l'envisage ? Non
certes, toute chose en réalité, joue ce double rôle:
le pain soutient ma vie et me donne des forces ;
je le consomme et il produit ; rien de ce qui se
consomme, ne se consomme sans produire, et à
l'inverse, rien de ce qui est produit n'est produit
sans une consommation. Il n'y a jamais consommation absolue, ni production gratuite : il n'y a
que des transformations.

Faudra-t-il établir la distinction à l'aide d'un
autre critérium, et dire : l'objet est de consommation lorsqu'il est destiné à l'usage personnel ;
il est de production lorsqu'il est destiné à un
usage industriel ou commercial ? Cette considération ne répond à rien de réel : il n'y a scientifiquement aucune différence entre ces deux modes
d'emploi. La houille que l'industriel brûle dans
son appartement pour se chauffer, et celle qu'il
brûle dans son usine pour animer ses machines
sont consommées toutes deux pour produire de
la chaleur et pour la produire à l'avantage de
l'industriel. Fonder toute l'organisation sociale sur

une distinction qui procède d'une observation absolument superficielle et pour tout dire, d'une véritable erreur scientifique, est une entreprise chimérique et ne résisterait pas à l'expérience d'un instant.

Les anarchistes ont donc rejeté le tempérament équivoque des collectivistes. Le congrès de la Chaux-de-Fonds, en 1870, après avoir entendu la lecture d'un rapport présenté par la section de Courtelary et l'avoir discuté, vota la résolution suivante :

« Nous voulons le collectivisme avec toutes ses conséquences logiques, non seulement au point de vue de l'appropriation collective des moyens de production, mais aussi de la jouissance et de la consommation collective des produits. »

C'est là une fière déclaration. Quel en est le sens ? Je comprends ce qu'on entend par l'appropriation générale des moyens de production. Je comprends encore la jouissance collective, si cette jouissance porte sur des objets non consommables : un jardin public, par exemple, est actuellement soumis à la jouissance commune. Demain, il en serait sans doute de même de tous les immeubles, bien que la pratique en soit quelque peu difficile. Mais, que signifie la consommation collective ? Nous mettrons-nous deux ou plusieurs pour porter à la fois le même habit, pour boire à

la fois la même gorgée de vin, pour consommer
en commun ?

Assurément non. Que signifie donc ce mot
magique ? Il signifie que, puisque rien n'appartient à personne, chacun a le droit de s'asseoir à
la table de tous, et par conséquent tous à la table
de chacun. Le pain que j'aurai pétri ne m'appartiendra pas ; un voisin en viendra prendre sa
part, conforme à son appétit, sans autre règle
que sa discrétion : « *Impius hæc tam culta novalia
miles habebit.* » Ce droit du plus fort devient la
loi de consommation, et sous prétexte qu'aujour-
d'hui les petits pâtissent parce qu'ils n'ont pas
le pouvoir de se défendre, on organise une société
dans laquelle les faibles n'ont plus même le droit
de résister.

« Tout être humain, qu'il soit faible ou fort,
sans distinction d'âge, de sexe, d'origine ou de
nationalité, a droit à l'existence, droit au complet
développement de toutes ses facultés. Il a droit,
par conséquent, comme les camarades, à une
part du capital social proportionnelle à ses propres besoins, droit de s'asseoir au banquet de la
vie, et d'y consommer de tout à sa convenance,
sans autres limites que son appétit, les besoins
de ses semblables et les impossibilités naturelles.

« Fruit de la collaboration de tous, la richesse
appartient à tous. Que chacun donne donc tout
ce qu'il pourra donner de dévouement et de

travail, et prenne au tas des produits tout ce qui lui sera nécessaire : car telle est la stricte justice.

« Et il n'est pas, pour cela, besoin de capitalistes ni de propriétaires : tant qu'il y aura de la terre, des matières premières, des cerveaux et des bras, ne soyons pas en peine du sort de l'humanité.

« De chacun selon ses facultés, à chacun selon ses besoins (1). »

Saint-Simon, Fourrier, Louis Blanc et Cabet ont dû tressaillir dans leurs tombes ; eux aussi avaient donné leurs formules, qui jusqu'à présent n'ont remédié à rien (2).

Comment cette transformation de la propriété privée en propriété collective ou universelle, comment cette gigantesque réforme s'accomplira-t-elle ? Les anarchistes paraissent compter sur une révolution violente ; quelques-uns sur le progrès pacifique. C'est qu'en effet supprimant l'Etat, répudiant toute autorité, ils n'ont point sous la main comme les collectivistes, un *Deus ex machinâ* qui les tire de peine.

---

(1) *L'Anarchie*, manifeste attribué à Emile Gautier.

(2) Formule de Proudhon : « De chacun selon ses forces, à chacun selon ses besoins ». — Formule de Louis Blanc : « De chacun suivant ses facultés, à chacun selon ses besoins ». — Formule de Cabet : « Chacun produit suivant ses forces, à chacun suivant ses besoins ». — Fourier répartit « selon le capital, le travail et le talent ». — Formule de Saint-Simon : « A chacun selon sa capacité ; et à chacune des capacités selon ses œuvres. »

Karl Marx, Proudhon, Schœffle, Stuart Mill,
MM. de Laveleye, Henri George, Gide, tous les
esprits sérieux qui ont rêvé avant les anarchistes
une transformation radicale de la propriété
exigeant la dépossession des détenteurs actuels
attendent de l'intervention de l'Etat la réalisation
de leur réforme. C'est qu'en effet, ils admettent
l'obligation d'indemniser les propriétaires dépos-
sédés, et par conséquent il leur est permis de
croire que la réforme s'opérera légalement par
la voie du contrat accepté ou imposé. Ils ne sont
pas d'accord sur les procédés. Celui-ci propose
que l'Etat fasse un emprunt gigantesque et achète
d'un coup toutes les propriétés foncières. Celui-là
demande que la propriété soit tout d'abord
frappée d'un impôt énorme, absorbant tout le
revenu de la terre, sauf ce qu'on peut considérer
comme le revenu des dépenses productives faites
dans la propriété par le détenteur actuel ou ses
ayants-cause. Ce revenu réservé sera calculé sur
le taux de 3 0/0 des dépenses productives, et
augmenté d'une quantité qui amène en trente
années l'amortissement de ces dépenses. Après
trente ans, l'Etat sera devenu propriétaire :
« Admettons qu'une terre rapporte 5.000 francs
nets, c'est-à-dire qu'elle puisse s'affermer ce prix :
l'impôt sera de 5.000 francs. Si le propriétaire
peut justifier de dépenses faites jusqu'à concurrence de 50.000 francs, on déduira 2.550 francs

représentant l'intérêt (1.500 fr.) à 3 0/0 et l'amortissement (1.050 fr.) pendant trente ans des capitaux avancés, et pendant ce laps de temps l'impôt sera réduit à 2.450 francs » (1). Proudhon, qui ne pensait pas à la *nationalisation* ou à *l'universalisation* du sol, et qui rêvait seulement une meilleure distribution de la propriété avait imaginé un mécanisme analogue : Le fermier continuait à payer son loyer de ferme comme par le passé ; mais chaque terme payé lui assurait un droit immobilier que Proudhon comparait au droit hypothécaire, et qui finissait par absorber la propriété tout entière : au bout de vingt ans le fermier serait devenu propriétaire (2).

Le résultat, de ce système, on pourrait le croire, serait d'amener simplement un chassé-croisé entre le propriétaire et le fermier, et il arriverait que la France aurait fait une révolution sociale pour le plaisir de faire porter des sabots aux propriétaires actuels et des bottes vernies aux paysans (3). Mais il ne faut pas oublier que les fermiers devenus propriétaires, grâce à la nouvelle

---

(1) V. M. Charles Gide, *De quelques nouvelles doctrines sur la propriété foncière*, p. 10. — Le système résumé dans ce passage est celui que M. Henri George expose dans son ouvrage *Progress and Poverty*.

(2) Proudhon, *Idée générale de la Révolution*, p. 238.

(3) M. Bénard, *Le Socialisme d'hier et celui d'aujourd'hui*, Paris, Guillaumin et Cⁱᵉ, 1870.

organisation de la propriété, n'auront pas le droit de vivre en capitalistes vulgaires : ils seront tenus de livrer les fruits de leur travail à prix coûtant, c'est-à-dire sans y comprendre la rente de la terre, et en ne faisant entrer en compte que le montant exact de leurs débours et le coût de leur entretien personnel. Dans l'esprit de Proud'hon, cette acquisition lente, ce transfert mécanique de la propriété n'était qu'une mesure provisoire destinée à amener le monde sans secousse trop dure au nouvel ordre économique : c'était un des rouages de la « liquidation sociale » qu'il voulait organiser, afin d'éviter la « révolution sociale ».

Schœffle admet qu'on servirait pendant 99 ans aux propriétaires une rente égale à ce qu'ils retiraient de leurs propriétés. M. Gide pense que l'État pourrait acheter les terres comptant, livrables dans 99 ans. D'autres enfin, se débarrassant des difficultés de chiffres estiment qu'en supprimant immédiatement quelques degrés dans l'ordre de successibilité, on viendrait assez vite à bout de la propriété privée, par la seule augmentation des déshérences. Semblables à ce savant qui demandait à Dieu seulement une chiquenaude pour mettre le monde en branle, et qui ensuite se passait de lui, les socialistes accepteraient de l'État actuel une loi sur les successions qui les mènerait peu à peu au nouvel ordre social, dans lequel on se passerait d'Etat (1).

Ainsi cette métamorphose de la propriété privée qui est pour tous les réformateurs la base de leurs systèmes d'organisation sociale, cette transformation, qui, au dire des anarchistes, s'accomplira fatalement, nous en sommes réduits, faute de rencontrer aucun moyen pratique, juste et pacifique, à l'attendre d'une révolution violente, qui, si elle pouvait éclater, serait le plus effroyable bouleversement qu'eût jamais vu la terre.

Supposons cependant que cette réforme est accomplie : la propriété est universalisée. Il faudra, dans la nouvelle société comme dans l'ancienne, que les richesses naturelles soient mises en œuvre et qu'elles satisfassent aux besoins de la consommation. Quel mécanisme se substituera pour régler ce phénomène à ce que nous appelons aujourd'hui l'appropriation ?

C'est ici qu'intervient un ressort nouveau, auquel la théorie anarchique de la propriété semble attribuer, de jour en jour, plus de force et d'importance : je veux dire les Associations ouvrières, agricoles et industrielles.

Dans le premier programme de l'Alliance, qui

—————————

(1) V. la discussion de ces divers systèmes. P. Leroy Beaulieu, *Le Collectivisme*, p. 143, 167 et suiv.

a servi, pour ainsi dire, de transition entre le communisme communaliste et la théorie anarchique de la propriété, je constate qu'on se donne avant tout pour but « l'égalisation sociale des classes et des individus des deux sexes, en commençant par l'abolition du droit d'héritage, afin qu'à l'avenir la jouissance soit égale à la production de chacun, et que la terre, les instruments de travail, comme tout autre capital, devenant la propriété collective de la société tout entière, ne puissent être utilisés que par les travailleurs, c'est-à-dire par *les associations agricoles et industrielles*. »

Au Congrès de Bruxelles, la doctrine s'affirma. La quatrième question du programme était celle-ci : « De la propriété foncière (sol arable et forêts, usines et houillères, canaux et chemins de fer, etc.) » et voici la décision adoptée : « Les carrières, houillères et autres mines, ainsi que les chemins de fer, dans une société normale, appartiennent à la collectivité sociale, représentée par l'Etat régénéré, et soumis lui-même à la loi de justice. Les carrières, houillères, chemins de fer, doivent être concédés par la société, non à des capitalistes comme aujourd'hui, mais à des compagnies ouvrières, et ce, moyennant un double contrat : l'un donnant l'investiture à la compagnie ouvrière, et garantissant à la société l'exploitation scientifique et rationnelle de la concession, les corvées au plus proche du prix de revient, le droit de vérifier les comptes de la compagnie, et par conséquent l'impossibilité de la reconstitution du monopole ; l'autre, garantissant les droits mutuels de chaque membre de l'association ouvrière, vis-à-vis de ses collègues... L'évolution économique fera de l'entrée du sol arable à la propriété collective une nécessité sociale. Le sol sera concédé aux compagnies agricoles, comme les mines aux compagnies minières et les chemins de fer aux compagnies ouvrières, et ce, avec des conditions de garantie pour la société, et pour les cultivateurs analogues à celles nécessaires pour les mines et les chemins de fer. »

Il est intéressant de prendre note du rôle important dévolu aux associations ouvrières. Cette constatation nous permet d'affirmer que les anarchistes qui s'en défendent aujourd'hui (car au Congrès du centre, en 1880, ils ont définitivement rompu avec les collectivistes, comme les collectivistes avaient autrefois rompu avec l'Internationale), professent en grande partie les mêmes doctrines que les collectivistes.

On retrouve, en effet, l'organisation des associations ouvrières présentée, dans divers manifestes anarchistes comme une question primordiale. Je la vois discutée au Congrès de l'Internationale, tenu à Berne en 1876 (1), dans lequel sont déjà formellement et pour ainsi dire officiellement exprimées les doctrines anarchistes : « L'idéal à réaliser, s'écriait un délégué du club socialiste de Genève, c'est la fédération des groupes producteurs : ces fédérations formeront ensuite entre elles des fédérations plus vastes, déterminées par les affinités de mœurs, de langages, d'intérêts économiques. »

Qu'est-ce donc que ces associations ? De quel droits sont-elles investies dans l'organisation du régime de la propriété ? Sont-elles propriétaires ? Nouvelles idoles, se sont-elles substituées à l'État ou à la commune ?

Bien qu'on en parle à tout instant, bien que les orateurs de réunions publiques et les auteurs de brochures présentent l'association comme une panacée sociale ; bien que dans chaque Congrès, à Bâle, au Hâvre, à Paris, à Marseille, à Saint-Étienne, le sujet figure à l'ordre du jour, il est difficile de répondre à ces questions : les apôtres de l'association, sont comme tous les apôtres, dithyrambiques, mais nuageux, abon-

---

(1) Le Congrès faisait de cette question un des articles du programme du futur Congrès universel, qu'on cherchait à organiser. *Compte-rendu officiel du VIIIᵉ Congrès général de l'Association Internationale des travailleurs.* Berne 1876, sans nom d'imprimeur.

dants en affirmations de principes, mais discrets dans les détails de l'application.

C'est dans un mémoire présenté au Congrès Jurassien (tenu à la Chaux-de-Fonds, en 1870), par la fédération ouvrière du district de Courtelary, que la théorie est exposée avec le plus de soin (1).

L'auteur se présente comme un ouvrier manuel. Je suppose qu'il y a, dans cette qualification, une feinte littéraire ; car, si on sent parfois une plume inhabile, on trouve dans cette brochure une recherche de la précision, un souci de la logique, un effort de méthode qui trahissent un homme habitué à penser et à écrire. L'auteur a compris que ce n'était pas tout de se payer de mots, et qu'il fallait entrer dans le détail matériel. « Le peuple, dit-il, n'est pas un être abstrait : c'est un composé de groupes et d'individualités. Ces groupes, ces individus travaillent : l'un est horloger, l'autre mécanicien, cordonnier, agriculteur, etc.; suivant le développement plus ou moins avancé de chacune de ces industries, le travail y prend un caractère collectif plus ou moins prononcé. Ces collectivités concernant le travail ont pris dans l'histoire le nom de corps de métier. Chaque corps de métier

---

(1) Ce mémoire émane d'un collectiviste, mais les anarchistes paraissent avoir conservé sur ce point la doctrine collectiviste.

a pris possession de l'outillage, des matières premières, du capital nécessaire au fonctionnement du travail spécial à chaque métier. Nous devons ici bien déterminer le caractère de cette *prise de possession*. Nous employons ce dernier terme pour établir qu'il ne peut s'agir d'une appropriation absolue, mais d'une simple prise de possession conditionnelle. En effet la propriété en faveur d'un groupe est aussi inadmissible devant la science économique que la propriété individuelle elle-même. La propriété doit s'universaliser, c'est à-dire perdre tout caractère privé, tant en ce qui concerne l'individu qu'en ce qui concerne le groupe, la commune, la fédération. Elle doit prendre place parmi les faits physiques ayant un caractère d'universalité. Seuls, les rapports extérieurs concernant son utilisation peuvent faire l'objet de contrats entre les groupes, les communes et les fédérations. Ce caractère universel de la propriété n'est pas seulement une conception théorique de notre part, mais la prévision de la marche inévitable des faits dans une civilisation avancée (1).

(1) Voici pour se rendre compte de la différence des points de vue un passage du rapport d'un des délégués du bronze à l'Exposition universelle de Londres en 1862 : « Le véritable remède, c'est la possession en commun des instruments de travail par les travailleurs : autrement, c'est l'association dans la production remplaçant l'antago-

« Tous les corps de métiers de la Commune se constituent librement. Les attributions des corps de métier consistent essentiellement dans l'organisation de tous les détails de travail spécial au métier : entretien et fonctionnement de l'outillage, usage des locaux, répartition et rétribution du travail, hygiène et sécurité du travailleur dans l'établissement industriel, perfectionnement des procédés, utilisation des découvertes et arbitrage en cas de conflit. »

Cette conception du rôle dévolu, dans l'avenir, aux associations agricoles et industrielles, qui rappelle singulièrement celui des jurandes, fut formulé dans le programme de la fédération Jurassienne.

En résumé selon cette théorie, la propriété individuelle a fait place à la propriété collective, les corps de métiers deviennent possesseurs, et les individus ne sont plus que de simples détenteurs.

Mais à quel titre les associations posséderont-elles les biens de la communauté ? Sera-ce à titre gratuit ? Les concessions leur seront-elles attribuées comme des libéralités, sans que pour les obtenir il y ait d'autre peine à prendre que

nisme par la solidarité des intérêts. » (Rapport des délégués, p. 675). Les termes sont presque identiques à ceux du rapport de Courtelary, mais l'idée est bien différente : la propriété n'est pas mise en question, on n'attribue pas à l'association le rôle de régulateur suprême dont les anarchistes l'investissent.

de les solliciter ? Faudra-t-il que les associations présentent certaines garanties ? Mais qui en sera juge ? Lorsque toutes les concessions auront été remises aux associations ouvrières, sera-t-il interdit de fonder de nouvelles associations, ou reprendra-t-on sur les lots antérieurement distribués pour investir les nouvelles venues ?

La plupart des collectivistes décident que les concessions seront mises aux enchères, et que les associations deviendront fermières des biens de la communauté (1). Quel bénéfice retirera l'humanité de cette modification ? Il n'y aura plus de bourgeois propriétaire. Fort bien, cela peut paraître un avantage à ceux qui haïssent la bourgeoisie ; mais, du même coup, n'aura-t-on pas dépossédé ces millions de paysans, petits propriétaires tout comme le bourgeois, plus jaloux que le bourgeois, et attachés à leur terre, selon l'expression de Proudhon, comme un amant à sa maîtresse ? D'ailleurs, s'il n'y a plus de propriétaire, il y aura toujours des fermiers ; au-dessous des fermiers, il y aura toujours des salariés : ces associations ne seront jamais assez vastes, assez extensibles, pour recevoir toute la population dans leur sein, assez élastique pour se

_____

(1) V. Leroy-Beaulieu, *Le Collectivisme*, p. 156, 164 et suiv. — V. E. de Laveleye, *Les formes primitives de la propriété*, p. 360.

13

prêter aux modifications incessantes qu'elles auront à subir si elles respectent la liberté individuelle.

Quelle en sera l'organisation? Comment se constitueront-elles? Nulle part je n'ai trouvé de renseignements à cet égard (1).

Je ne suppose pas qu'on veuille ramener le prolétariat au régime des maîtrises, des corps d'état fermés. Une semblable organisation serait incompatible avec le dogme de la liberté individuelle, qui est le fondement de l'anarchie.

Les ouvriers se grouperont librement, me dit-on, en sociétés coopératives de production. Comment les fondera-t-on, ces associations? D'où proviendra le capital? La réponse est simple : il sera fourni par l'expropriation générale de tous les propriétaires.

Mais, comment fonctionneront-elles? Elles ne seront plus dirigées et administrées par l'Etat, comme l'enseignait Louis Blanc ; elles ne seront plus commanditées et protégées par l'Etat, comme l'enseignait Lassalle. Elles auront leur liberté propre, et la lutte, la concurrence, les difficultés qui pèsent aujourd'hui sur chaque ouvrier monteront d'un échelon dans la hiérarchie sociale et porteront sur les associations.

(1) Tonim, *La question sociale, et le congrès ouvrier de Paris*. Blanc, éditeur. L'auteur étudie avec développement les formes de l'association coopérative. Je ne sais si les anarchistes partagent ses idées.

Faut-il compter, comme M. Tonim, sur la transformation des mœurs commerciales ? « Les Associations, dit-il, ne devront comprendre qu'un petit nombre de membres et affecter l'allure familiale. Elles seront plus libres par cette condition ; elles auront mieux souci de leur responsabilité ; la concurrence pacifique se substituera à la lutte meurtrière et imbécile ; l'équilibre des valeurs individuelles et la balance des dignités personnelles est le but de la démocratie. L'unité d'association, forme tyrannique, sera remplacée par l'union des associations, forme équitable et féconde (1). »

Faudra-t-il, pour éviter les effets de cette lutte, recourir comme le proposent les collectivistes (2), à une autorité supérieure qui règlera, fixera, répartira la production ? Ces comités directeurs constitués je ne sais trop par quel mécanisme, pourraient-ils suffire à la tâche surhumaine d'assurer le juste équilibre de la production et de la consommation dans l'univers entier, de distribuer exactement les tâches selon les facultés de chaque association, selon les régions et les natures du sol, de veiller au progrès, et, sans y nuire, de protéger en même temps les faibles ou les maladroits contre les forts et les habiles?

(1) Tonim, *La question sociale*, p. 217.
(2) V. Schœffle, *La quintessence du socialisme*, p. 66. — P. Leroy-Beaulieu, *Le collectivisme* p. 323.

Et l'individu, pour qui en réalité les socialistes travaillent, gagnera-t-il quelque chose à cette gigantesque réforme ? Il est difficile, en supputant les pouvoirs des comités directeurs et les attributions des corps d'état telles qu'elles sont indiquées dans le rapport de la fédération de Courtelary, de ne pas se demander si la liberté individuelle sera véritablement respectée. Accorder à la corporation le pouvoir de réglementer le travail, de le répartir entre les ouvriers, de l'organiser dans tous ses détails, d'utiliser les découvertes, de fixer les tarifs, c'est exproprier l'individu du droit d'apprécier et de sauvegarder ses intérêts, c'est à dire de se gouverner soi-même. Je sais bien qu'on a la pensée de constituer ainsi une force protectrice de l'individu. Mais est-il sage de compter sur la puissance d'une collectivité anonyme, plus que sur la volonté de l'individu excitée par l'intérêt ? J'ai toujours vu l'effort s'affaiblir à mesure que la responsabilité se divise. Sans doute, l'union fait la force, mais à condition que l'union soit formée de volontés librement engagées, et non pas d'unités purement passives. Or, je crains bien que la substitution de la tutelle obligatoire de tous à l'initiative individuelle n'ait pour effet, sinon immédiat, du moins assuré après quelque temps, de substituer l'inertie à l'activité. Enfin, n'est-il pas singulier que des réformateurs, qui

maudissent la société actuelle, et déclarent une
guerre sans merci au régime de l'Etat autoritaire,
conservent précisément de l'organisation qu'ils
combattent le défaut le plus apparent. Il y a longtemps qu'on reproche au Français de s'endormir
sur l'oreiller du gouvernement, et de compter sur
l'administration plus que sur soi-même : on a
fait souvent à ce point de vue, un parallèle entre
la France et l'Angleterre, et on n'a pas eu assez
de railleries pour les lisières légales dont nous
prenons nous-mêmes la précaution de nous
entourer, au risque d'y perdre notre propre
liberté d'action. Et voici que les anarchistes font
de même, et renchérissent encore.

Cette critique était facile à prévoir, ils n'y ont
pourtant pas répondu. Ils disent bien : « Dans
cette organisation des fédérations, le principe
de libre groupement sera observé dans toute sa
rigueur, de façon à ne pas retomber dans
l'erreur de l'ancienne organisation centralisée ». (1)

Et ailleurs : « L'élan révolutionnaire effacera
sûrement les susceptibilités qui pouvaient précé-
demment exister entre divers groupes de même
métier. Il se peut qu'il en soit autrement, et
que diverses organisations surgissent dans le
même métier : ceci ne présente aucune difficulté

(1) *Mémoire du district de Courtelary*, p. 29.

et n'est qu'une application du principe d'autonomie (1). »

C'est se payer de mots. La seule liberté
laissée à l'individu est celle de choisir le groupe
dont il veut faire partie, c'est-à-dire de choisir
sa prison.

Et en réalité cette liberté même n'est pas assurée. M. Schœffle, qui est un collectiviste convaincu, mais qui n'est qu'un collectiviste, n'ose
pas se prononcer. « Le libre choix du domicile,
la liberté industrielle, écrit-il, pourraient *peut-
être* se conserver. » C'est qu'en effet, le domicile
sera fourni par la communauté, puisqu'il n'y
aura plus de propriété privée. D'autre part nous
savons que le loyer disparaîtra ; le logement
sera gratuit : « Le louage des logements serait
supprimé, attendu que dans l'Etat socialiste
toute perception de rente sur les terres et les
maisons devrait être absolument supprimée,
comme on l'a déjà proclamé à Bâle il y a dix
ans, et qu'on ne pourrait mettre de l'ordre et de
la stabilité en matière de domiciles que lorsque
le peuple serait exempt des charges usuraires
des loyers, et que les logements seraient *organi-
quement et systématiquement inhérents au lieu*

(1) *Mémoire du district de Courtelary* p. 25.

(2) Schœffle. *Quintessence du socialisme*, trad. Malon.
p. 84.

de l'occupation professionnelle. (1) » Ainsi le travailleur entrant dans une association aura droit à son logement, mais à un certain logement, et non pas à un certain autre : le choix ne peut être abandonné à l'individu, car tous les choix se porteraient sur les meilleurs. S'il veut changer, il faudra qu'il trouve un échangiste ; peut-être faudra-t-il que l'association y consente. S'il veut sortir de l'association, il devra sans doute abandonner son logement. La situation sociale et le logement semblent liés l'un à l'autre, et dépendre de volontés étrangères. M. P. Leroy-Beaulieu résume ainsi la question : « Si on veut se rendre compte au juste de ce que deviendrait la liberté de domicile, voici un exemple qui en fournira une exacte idée. Dans notre organisation militaire française, quand un soldat d'un régiment veut changer de corps ou de garnison, il faut d'abord qu'il obtienne la permission de son colonel, ensuite qu'il cherche un permutant, c'est-à-dire un soldat de bonne volonté dans le corps ou le lieu où il voudrait se rendre. Si les deux colonels approuvent le changement, la permutation s'effectue. De même sous le régime collectiviste, l'homme logé par l'état dans telle localité et qui en voudrait changer, devrait obtenir le consen-

---

(1) Sch-effle, *Qintessence du Socialisme.* p. 63. Cité, par P. Leroy-Beaulieu, p. 391.

tement d'un permutant logé dans la localité désirée, et tous les deux avec l'agrément des autorités administratives ou professionnelles, pourraient changer de domicile. » (1)

Voilà enfin, tant bien que mal, les associations de productions constituées. Elles entrent en travail et fonctionnent. Que va-t-il se passer ?

Les produits de leur travail seront communs : mais on ne peut cependant les livrer sans règle au premier venu, et les laisser à la disposition du public.

« Les produits seraient livrés par la société contre des certificats, que la comptabilité de l'administaation du travail social tirerait sur la comptabilité de l'administration des magasins, comme un avoir sur le travail accompli, ou comme une avance sur les gains futurs du travail.

« L'administration de production collective et les consommateurs devraient régler leurs comptes entre eux... par un système de compensation entre les administrations économiques et les maisons de liquidation. » (2).

Il faut avouer que pour des gens qui sont jaloux de leur indépendance, ces réformateurs ne

---

(1) P. Leroy-Beaulieu, *Le Collectivisme*, p. 391.

(2) Nous verrons plus bas comment les travailleurs seraient rémunérés.

se font pourtant pas faute de créer des autorités : associations, comités directeurs, administrations diverses.... Le pouvoir politique est aboli, mais il est largement remplacé par un pouvoir économique.

C'est ainsi que, dans ces systèmes de réorganisation générale, les difficultés apparaissent, lorsqu'on s'abaisse aux détails, et qu'on entre dans l'étude de la pratique. Ces ressorts imaginés en dehors de toute expérience, s'engrènent mal.

Tandis que, dans la société actuelle, le problème de la consommation ne se pose pas à titre de question économique, parce que le principe de la propriété individuelle suffit à régler, par un équilibre naturel et nécessaire, le jeu de la production et de la consommation, dans la société anarchique, au contraire, l'activité individuelle n'étant pas tenue en éveil par l'intérêt et la responsabilité, il faut veiller à ce que la consommation se fasse équitablement, qu'elle soit suffisante et non excessive ; il faut assurer la production de chacun, la rendre conforme au pouvoir producteur de l'individu. Et, pour résoudre cet insoluble problème, dans lequel, si on cherche la solution en dehors de la responsabilité, doit nécessairement sombrer la liberté individuelle, les théoriciens anarchistes n'ont trouvé qu'une vaine formule : « De chacun selon ses facultés, à chacun selon ses besoins. » Formule

séduisante pour tous ceux qui ont plus de besoins que d'activité; formule désolante pour
tous ceux qui se sentent au cœur l'énergie créa-
trice, et qui se plient courageusement au devoir
du travail. Sans doute, le labeur accompli porte
en soi, comme récompense, une sainte et apaisante volupté; mais toutes les âmes ne sont pas
faites pour en subir le charme, et c'est étrange-
ment méconnaître notre pauvre nature humaine
que de dédaigner comme inutile l'aiguillon de
l'intérêt. Formule enfin souverainement dissolvante et anti-sociale, parce qu'elle consacre une
double et perpétuelle injustice, et détourne ou
décourage du travail.

Cette question du régime de la propriété a, de
tout temps, passionné les socialistes ouvriers;
mais il est une face spéciale du problème
qu'ils abordent actuellement avec une prédilec-
tion marquée, que les moindres théoriciens
d'entre eux exposent, discutent, critiquent, ré-
forment, sans paraître s'embarrasser des difficultés de la tâche.

Il s'agit du revenu de la propriété, ou, pour
prendre la langue économique, de la rente et du
capital. Il semblerait que cette question dût laisser
les anarchistes indifférents : puisqu'ils suppri-
ment le capital, à quoi bon s'occuper du revenu?
Du jour où rien ne sera plus à personne, où la
propriété ne s'accumulera plus entre les mains

de l'individu, où en un mot le capital ne pourra plus se former, le problème de la rente sera résolu. Et cependant les anarchistes s'en alarment, et je ne sache pas de sujet qui les passionne davantage.

C'est qu'en effet ils arrivent à l'abolition de la propriété comme conclusion de leurs études sur la rente : la rente est injuste ; mais la rente n'est qu'un effet. Pour supprimer l'effet, il faut supprimer la cause. Il eût été plus simple et plus philosophique de leur part d'examiner d'abord le droit de propriété au point de vue de sa nature et de son origine ; d'en montrer l'illégitimité et de balayer ainsi par avance de leurs études ces interminables controverses sur la rente. Ils ont en général préféré la marche inverse : il leur eût semblé sans doute faillir à leur devoir de réformateurs, s'ils n'avaient pas eux aussi abordé la question sur laquelle avaient pâli tous les socialistes leurs devanciers.

Ils ont hérité de Proudhon sa haine contre la rente. La formule célèbre, « la propriété, c'est le vol », n'était pas une profession de foi communiste, et ne doit pas s'entendre d'une façon générale. Proudhon la restreint lui même à la propriété immobilière, à la propriété de l'instrument de production que la nature a donné à tous les hommes. Le revenu de la propriété est un vol fait par le rentier sur le consom-

mateur, sur l'acheteur des produits. Le grand
vol de la propriété, c'en est la productivit´

C'est Ricardo qui a le mieux exposé cette éo-
rie. Suivant lui, le produit de la terre es. .û à
deux causes différentes. Le travail et les dépenses du possesseur ou de ses auteurs sont un
premier élément, élément personnel, et dont la
rémunération est légitime. Mais un élément im-
personnel intervient aussi, dont la rétribution
est injustement monopolisée au profit du possesseur : cet agent, c'est la fécondité, la vertu productive du sol. Quand vous achetez un boisseau
de pommes de terre, vous ne reconnaissez pas
seulement le travail et les dépenses de la culture;
une part de votre prix rémunère les forces naturelles, et c'est au propriétaire que vous payez
cette rétribution. C'est un prélèvement odieux sur
le consommateur, car « la terre n'est à personne :
les vertus du sol ne sont pas plus suscep-
tibles d'appropriation que l'air et le soleil. »

Et ce prélèvement ira toujours en croissant, à
mesure que la population se développera, et que
la valeur de la terre augmentera. Ce serait, selon
l'expression de M. F. Passy, un impôt progressif
sur la faim. « Lorsque des hommes font un premier établissement dans une contrée riche et fertile, disait Ricardo, il n'y a pas de rente (c'est-à-
dire, dans la terminologie adoptée par lui, pas de
rémunération des forces naturelles). Qui songe-

rait à acheter le droit de cultiver un terrain, alors
que toutes les terres restent sans maître, et sont
par conséquent, à la disposition de qui voudra
les cultiver? » Mais, peu à peu, les terres sont
appropriées; les meilleures d'abord, puis les
médiocres, puis les moindres et les pires.
Celles-ci demandant plus de travail et de soins,
leurs produits devront se vendre plus cher :
cette plus-value s'étendra aux fruits des terres
supérieures, et c'est ainsi que la rente s'établira, que la valeur des bonnes terres haus-
sera, et que la force productrice donnera un loyer
au possesseur.

Voilà la doctrine désolante qui condamne l'humanité à la fois à l'injustice et à la souffrance, et
qu'on retrouve au fond de toutes les théories
qui combattent la propriété individuelle.

Je me suis promis de ne pas m'arrêter à réfuter les erreurs économiques que je rencontrerais
sur ma route dans cette étude. Nous sommes
pourtant ici en face d'une doctrine si répétée, si
admise comme indiscutable par les socialistes,
qu'un mot est nécessaire.

D'abord pourquoi n'appliquer qu'à la propriété
foncière le raisonnement des forces naturelles,
et de la rente qu'elles donnent au propriétaire?
N'y a-t-il donc que l'agriculture qui profite des
forces naturelles? L'industriel qui emploie une
chûte d'eau ne fait-il pas de même? Celui qui

brûle de la houille pour produire de la vapeur, n'emploie-t-il pas des forces naturelles? N'ont-ils pas acheté, ne se sont-ils pas approprié l'eau et la houille? Pourquoi donc ne récrimine-t-on pas? Le meunier, dont la rivière fait tourner le moulin, le batelier dont le bateau descend au cours du fleuve, le pêcheur, qui établit son parc au bord de l'océan, de manière que le flux apporte les poissons, et que le reflux lui permette de les recueillir, tous ne mettent-ils pas à profit les forces naturelles? Le menuisier qui fait un meuble, le tisserand qui fait une étoffe, le sculpteur qui fait une statue, n'ont-ils pas eu besoin du bois, du lin, du marbre, du fer? Tous, enfin, ne respirons-nous pas, ne nous emparons-nous pas, pour vivre, de l'air qui nous entoure? ·

Dans le plus simple comme dans le plus complexe des actes de la vie individuelle ou de la vie économique, nous retrouvons l'intervention des forces naturelles : l'homme ne peut rien sans la matière ; la matière est la condition de la vie ; mais la matière a été domptée : c'est à la fois notre tyran et notre esclave, et le génie humain a su tourner à son avantage la brutalité qui l'entourait et qui menaçait de l'écraser.

Reste toujours à savoir si la rétribution qu'elle exige est légitime dans sa totalité. C'est là le point en discussion avec les anarchistes. Oui, elle est légitime, parce que les forces naturelles ne produiraient rien d'utile sans le travail de l'homme. « La terre ne produit rien, dit M. F. Passy, qui ne doive à l'homme même la valeur qui peut venir s'y incorporer. Certes, elle a ses créations spontanées, mais ces produits mêmes, de quelque utilité qu'ils puissent devenir, n'acquièrent de valeur qu'autant que l'homme est parvenu à s'en saisir; et, ce qu'ils en acquièrent, n'est qu'un effet des fatigues, des peines d'esprit et de corps qu'il a fallu supporter pour en obtenir la possession et l'usage. » Que produirait la chute d'eau, sans la turbine, la vapeur sans la machine, la mer sans le filet, le cours de la rivière sans le bateau ou le moulin, que produirait le sol sans la culture? L'homme a su tirer parti de ces instruments de production que la nature lui fournit. Il a su se mettre dans des conditions telles, que les forces naturelles deviennent ses auxiliaires. Il l'a su parce qu'il l'a dû, et que la lutte pour la vie lui en a fait une nécessité. Il se sert de la nature; mais il peine et il a peiné pour l'utiliser. Ces forces brutales ne produisent que grâce à sa force intelligente : rien n'est donc plus légitime que le profit qu'il en tire.

M. P. Leroy Beaulieu, à écrit a ce propos, mais en se plaçant à un autre point de vue, une page convaincante : « Robinson a fait laborieusement une brouette ; cela lui a coûté trente ou quarante

heures de travail qui n'ont eu aucune rénumé-
ration imédiate, pendant lesquelles il a dû se pri-
ver et de loisirs et des consommations qu'il eût
pu se procurer momentanément plus abondantes
en ne créant pas de capital pour l'avenir. Ayant
sa brouette, son travail ultérieur est facilité et
devient plus productif. Arrivent ensuite dans
l'île, des Anglais et des Espagnols. Ils ont besoin
de s'installer, de remuer des terres. Ils demandent à Robinson de leur prêter sa brouette. Ils
lui disent qu'ils la lui rendront en bon état, qu'ils
se chargent de la réparer. Cela ne suffit pas, dit
Robinson ; avec cette brouette vous ferez deux
fois plus de travail dans le même temps que si
vous n'aviez que vos bras ; le surcroît de productivité de votre travail, c'est ma brouette et
c'est moi son fabricant qui en sommes les vrais
auteurs ; nous avons donc droit à y participer.
Partageons ce surcroît de productivité que ma
brouette ajoute à votre travail. Vous me don-
nerez la moitié ou les deux tiers de ce surcroît, et
vous y gagnerez encore, sinon, faites une brouette
vous-mêmes. Qui peut dire que Robinson commet
une extorsion ? Sans doute s'il voulait faire de la
générosité ou de la charité, il pourrait prêter sa
brouette pour rien. Mais s'il tient à se maintenir
sur le terrain de la justice, qui doit être celui
de la généralité des rapports sociaux, il a le
droit incontestable de demander, à celui qui use

de sa brouette, une participation dans le surcroît
de productivité que l'emploi de la brouette donne
aux bras. Le produit du travail de l'homme aidé
de la brouette empruntée n'est pas le produit de
cet homme seul; c'est le produit commun de
lui et de Robinson, fabricant et prêteur de la
brouette. Sous des formes infiniment plus com-
pliquées, toute machine, tout approvisionnement,
tout capital est dans le cas de cette brouette. »

L'homme qui a fait sa machine, ou celui qui
l'a achetée et qui est l'ayant cause de celui qui
l'a faite, a le droit, pour prendre le style de Karl
Marx, de retirer de cette machine sa valeur en
usage. Or sa valeur en usage c'est d'accroître la
productivité du travail de l'ouvrier, c'est par
conséquent d'engendrer un avantage auquel on
donne le nom d'intérêt ou de profit. « Supposez,
ajoute M. P. Leroy-Beaulieu (et c'est là que
je voulais arriver, car ce qui suit s'applique avec
une parfaite propriété aux forces naturelles),
« supposez que la machine au lieu d'être un être
inerte fût un être animé, s'appartenant à lui-
même, personne à coup sûr ne lui refuserait une
part dans l'excédant de productivité qu'elle
aurait donné au travail de l'ouvrier. La brouette
en la supposant vivante, s'adressant à celui qui
l'aurait empruntée, lui dirait : « Avec mon concours volontaire, (car ce n'est pas toi qui m'as
faite), tu as pu en six heures achever un travail

qui sans moi t'en aurait demandé douze. Tu as
donc été, grâce à moi, en gain de six heures. Partageons cet excédant que tu ne dois qu'à moi,
donne moi la moitié ou les deux tiers, c'est-à-
dire donne moi, pour ma peine, un produit qui
corresponde à trois ou quatre heures de travail :
tu seras en bénéfice. Cette brouette animée ne
trouverait pas un tribunal pour lui refuser satisfaction. Celui qui a fait la brouette, ou celui qui
l'a achetée et la possède, est absolument dans
le même cas où elle serait elle-même, si elle
avait âme, intelligence et volonté. »

Au surplus il ne faut pas oublier que le profit
n'est pas un prélèvement sur le consommateur.
L'emploi des forces naturelles décuple la production, économise le travail humain, ne fait pas
hausser, mais bien baisser le prix des choses.
Ricardo commet une erreur, en disant que la
nécessité pour les arrivants de mettre en œuvre
des terres moins fertiles, ou, plus généralement,
que les conditions moins favorables de production au fur et à mesure que la production augmente, tendent à élever les prix et à constituer la
rente pour les plus favorisés. Outre qu'il n'est pas
vrai que les derniers venus soient dans des conditions pires que leurs prédécesseurs, puisqu'ils
profitent des expériences et des améliorations
antérieures ; outre que, autant qu'on a pu le constater en Amérique, les terres maigres, légères et

faciles à travailler sont d'abord préférées aux
terres plus fortes, qui rendent davantage, mais
exigent plus de travail, la concurrence n'a jamais
eu pour effet de faire monter les prix. Les derniers, sous peine de ne pouvoir écouler leurs
produits, devront les donner aux mêmes prix que
les autres, et c'est ainsi que la production augmente, que la consommation et l'épargne aug-
mentent avec elle, et que la civilisation se forme
peu à peu.

N'y aurait-t-il pas pourtant une réfutation plus
simple de la théorie de Ricardo ?

Les qualités personnelles de l'individu, l'intelligence ou la force sont des avantages qui se tra-
duisent par des bénéfices proportionnés. Je sais
bien que certains réformateurs veulent soumettre tous les hommes à l'égalité de salaire :
Proudhon, en y regardant de près, ne serait
pas ennemi de ce régime tyrannique. En dépit
de toute réglementation, la différence des
aptitudes et des talents engendrera toujours l'inégalité des conditions. Cela n'est pas injuste,
puisqu'à des services plus grands doivent répondre des rémunérations plus avantageuses.
Ce qui peut paraître injuste, c'est l'inégalité des
natures : à cela, personne ne peut rien, et les
discussions sont superflues. Mais l'inégalité des
rémunérations est juste et légitime : elle est,
en même temps, un encouragement au dévelop-

pement physique et moral de l'individu, et, par
suite, un agent de la civilisation.

Or, s'il n'est pas injuste que mes qualités
natives obtiennent une rétribution, pourquoi les
qualités de la chose qui est ma propriété ne me
profiteraient-elles pas?

Par cette objection, nous forçons ainsi les
disciples de Ricardo à porter la discussion sur
un terrain nouveau, et à discuter la légitimité de
la propriété. S'ils disent que les avantages de
tel ou tel sol ne doivent pas profiter au propriétaire, mais à l'humanité : après leur en avoir demandé la raison, (et la question seule sera un
argument irréfutable), nous ferons observer que
ces avantages profitent en vérité à la masse, en
facilitant la production et en faisant baisser les
prix. Nous répondrons surtout, que le départ du
prix de mes produits en deux lots, l'un rému-
nérant le travail, l'autre rétribuant les forces
naturelles est purement artificiel; qu'en tous cas,
c'est affaire à moi, qui ne regarde personne. Ce
que je vends, c'est un produit; on le paie ce qu'il
vaut; peu importe à l'acheteur ce qu'il m'a coûté
de sueur. Peut-être Raphaël n'avait-il pas plus
de peine à faire un chef-d'œuvre, que tel bar-
bouilleur une enseigne. Faut-il payer les deux
tableaux au même prix ? Et si on tentait d'éliminer les forces naturelles et d'apprécier les
choses seulement d'après le travail qu'elles ont

demandé de combien d'autres coefficients ne
faudrait-il débarrasser la valeur des produits ?
Mille causes diverses dont le propriétaire n'a,
non plus que de la fertilité de la terre, ni ne le
mérite ni la responsabilité influent sur la valeur,
et la font constamment varier (1).

En réalité, l'organisation actuelle tient admi-
rablement compte, sans réglementation systématique, de ces divers éléments. Le propriétaire
d'un terrain fertile l'a payé plus cher ; ce qu'il
économise en travail, il l'a dépensé en capital, et,
d'échelons en échelons, on arrive ainsi à celui
qui, le premier, s'est approprié cette partie favorisée du sol. C'est en ce sens qu'on a pu dire :
« La rente, c'est le prix du choix d'une terre » (2).

Je crois pourtant qu'il serait plus exact de
dire : « La rente, c'est le prix des améliorations
antérieures de la terre » (3). Je soupçonne fort
qu'à l'origine de l'institution de la propriété, dans
l'état *quem Graii dixere chaos*, lorsque tout était en
friche, toutes les terres se valaient sensiblement.
C'est par le travail, que tel ou tel sol est devenu
productif. Si je transforme une lande en terre

(1) V. P. Leroy Beaulieu, *Le collectivisme* p. 55 et 62.

(2) Voir M. Le Hardy de Beaulieu, *La propriété et sa
rente*, — et la lettre de M. Quéjano, citée à la fin de l'ouvrage.

(3) V. P. Leroy-Beaulieu. *Essai sur la répartition des
richesses*. Chap. III.

fertile, je ferai payer à mon acquéreur le prix de cette transformation. Si l'un des propriétaires se repose sur la fertilité et laisse péricliter le fonds, il ne trouvera plus le prix qu'il aura payé d'abord, et la terre perdra de sa valeur.

Les faits donnent raison à cette manière de voir. Si on compare, dans les divers pays, la rente du sol et la rémunération du travail, (le métayage ou le fermage opère cette répartition), on constate que, là où la culture est moindre, la rente absorbe une proportion plus grande des produits. En Algérie, la rente est de 80 0/0 des produits ; dans le sud de l'Italie, elle est de 75 0/0; en Corse, 65 0/0 ; dans le midi de la France, 50 0/0 ; dans le Lot-et-Garonne, 33 0/0 ; dans le Nord, 25 0/0. Pour les terrains maraîchers des environs de Paris, la rente n'est plus que de 10 0/0 (1).

La théorie de Ricardo offrait la singularité de n'aboutir à aucune conclusion pratique. « La propriété foncière, disait-il, est un monopole dont l'effet est de rendre le riche toujours plus riche, et le pauvre toujours plus pauvre : c'est un monopole injuste, mais nécessaire. »

Les anarchistes ont la logique plus audacieuse. Ils ont adopté tous les raisonnements sur l'illé-

---

(1) V. Communication de M. Passy au Congrès de 1882 de l'Association française pour l'avancement des sciences p. 1049.

gitimité de la rente, et ils ont conclu, comme nous l'avons vu, à la suppression de la propriété.

Cette conclusion ils la proclament hautement ; ils l'inscrivent en tête de leur programme ; c'est un article de foi en dehors de toute discussion. Mais faute de pouvoir appliquer la théorie supérieure de l'universalisation de la propriété, ils ne dédaignent pas d'essayer en pratique leurs conceptions sur l'illégitimité de la rente. « Tout propriétaire qui veut louer son immeuble prouve par cela même qu'il n'en a pas besoin : qu'on l'exproprie ! » s'écriait un orateur du nom de Tartaret, au congrès de Bâle de 1869. Briosne allait même jusqu'à demander que le propriétaire, au lieu de recevoir un loyer, payât son locataire, par cette raison que celui-ci empêche l'immeuble inoccupé de se dégrader. Depuis ce temps les mœurs ne se sont pas adoucies. L'un des condamnés de Lyon avait constitué une *ligue contre les propriétaires*. « Payer un loyer est une erreur ou une lâcheté. » Pour en faire partie, il suffisait de s'engager à ne pas payer son prix de bail. C'était simple, et à la portée de tous les locataires. Par malheur, le procès de Lyon est venu entraver le développement de la société, et n'a pas permis aux économistes et aux propriétaires d'en apprécier les résultats.

Dans l'affirmation de leurs théories relatives à la propriété, les anarchistes ne se départent pas

d'une certaine impassibilité : l'universalisation
leur paraît la forme idéale à laquelle nécessairement, fatalement, doit arriver le régime de la
propriété. Cela est sûr ; cela doit être ; cela sera.
Pas n'est besoin de s'animer à cet égard. Si les
propriétaires résistent à ce mouvement de métamorphose, peut-être faudra-t-il les convaincre
par une révolution : mais de gré ou de force, la
réforme se fera, et les réformateurs, assurés par
avance du succès, se reposent avec une fierté
confiante, dans cette certitude scientifique.

Au contraire, lorsqu'il s'agit du capital, c'est-
à-dire des objets possédés pour servir à la production, ou selon une formule peut-être trop
compréhensive mais plus philosophique, de la
propriété dans ses relations avec le travail, leur
colère s'exalte : elle est faite, et c'est là son
excuse, de tous les froissements, de toutes les
aigreurs, de toutes les privations qui accompagnent la vie quotidienne du travailleur, et beaucoup de ces souffrances naissent, il faut le reconnaître, des rapports mêmes du travail avec le
capital. Elle s'exhale alors en imprécations, et
en blasphèmes :

« Ah ! ma langue, pourquoi ne me fournis-tu
pas d'expressions assez énergiques pour flagel-
ler, comme ils le méritent, ces ignobles bourgeois, qui, rampant devant une idole dont ils se
disent les ministres, mais dont ils ne sont que

les laquais, les lèche-bottes, veulent nous cour-
ber aussi, nous, hommes conscients et fiers,
devant la matière vile, aux pieds de laquelle ils
rampent, plats, sanguinaires, ivres, hideux !...
Ah! ignobles, horribles, dégoûtantes brutes !...
Quoi ! vous niez que la matière, le capital est
votre Dieu, votre vrai Dieu ! » (1) Et cette haine
du bourgeois se confond, après deux pages de
développements, avec l'anathème au capital, et
sert de préface à un chapitre intitulé : *Les droits
négatifs du travail et du capital*, dans lequel on
lit ce qui suit : « Seuls, les gens de mauvaise foi
peuvent soutenir encore la légitimité de la rente,
la légitimité du capital.. .(2) Le capital n'a droit à
rien pour prix de ses services. On ne *doit* ni rentes ni intérêts. » (3) Et la brochure se termine par
ces mots : « Oui, lâches, mille fois lâches, ceux
qui payent des rentes ; oui, lâches, ceux qui
payent des intérêts Je dis même plus : lâche,
mille fois lâche celui qui paye même sa dette,

(1) *Menace à la Bourgeoisie*, par Adolphe Bonthoux,
ouvrier tisseur. Lyon, Imprim.-typogr. A Pastel, 10, Petite
rue de Cuire, 1882, p. 13. Broch. de 82 pages, vendue 0,10.
— Je dois ajouter que Bonthoux, bien qu'ancien gérant d'un
journal anarchiste qui se publiait à Lyon, déclare qu'il n'a
jamais été anarchiste, qu'il est seulement collectiviste.

(2) *Ibid.* p. 82. — Voir aussi du même auteur, *La répartition des produits du travail*. Lyon, Impr.-typogr,
H. Albert, 6, quai de la Guillotière, 1881, brochure de 88
pages, vendue 0.50 c.

(3) *Ibid.* p. 19.

quand ce n'est pas rendre service à un ami : car, dans ce cas seulement, il est bien de payer ses dettes. Un ami vous a prêté quand vous aviez besoin. Il a besoin : vous lui prêtez, si vous pouvez le faire, c'est juste ; mais la justice ne va pas plus loin ; et je voudrais bien voir, moi, quelqu'un qui, sous prétexte de m'avoir rendu service, viendrait me mettre à la misère ! (1) Oh ! oui, je le répète, lâche, mille fois lâche, celui qui paie quoi que ce soit, quand ce n'est pas utile à lui-même, ou nécessaire à ses amis.

« Mais, je crie encore bien plus fort à vous tous, sbires, qu'on nomme ignominieusement pouss
culs, huissiers, gens d'armes, argousins, gens de police, tartuffes des tribunaux, rhéteurs, forbans et frocards, porte sabres et porte-plumes, gens de robe et gens d'épée, gouvernants, exploiteurs, suceurs insatiables de tout acabit, de tout système, et de tout lieu, de la mine, de l'usine, de l'agio, ou du mercantilisme : vous n'êtes que de vils laquais du capital, bons à écraser sous la botte d'un prolétaire, à la première occasion. » (2)

(1) *Ibid.* p. 22.
(2) « Les dettes de tout Français qui devient membre de la Communauté nationale envers un autre Français sont éteintes. La république se charge des dettes des membres de la Communauté envers les étrangers. *Toute fraude à cet égard est punie de l'esclavage perpétuel.* » — *Décret de Babœuf sur les dettes.*

J'ai tenu à citer quelques passages de cette brochure, pour montrer à quel ton se monte la discussion en un pareil sujet. Mais, si on veut connaître les arguments, ce n'est plus à Bonthoux qu'il faut s'adresser. Il est bon de lire un livre déjà ancien, (il date de 1864), dont la verve et l'incomparable puissance d'ironie ont eu, tout d'abord en Allemagne, un profond retentissement, et qui, vulgarisé par diverses traductions, a exercé une sérieuse influence sur les idées socialistes.

Je veux parler du pamphlet que Ferdinand Lassalle, le grand agitateur prussien, adresse à M. Schulze, professeur. Lassalle ne demande pas l'abolition de l'intérêt, (1) mais il met tant d'âpreté à attaquer le capital, et à en diminuer l'importance, que la conclusion apparaît nécessaire, et qu'il éprouve lui-même le besoin de s'en défendre.

Le travail, à ses yeux, est exploité avec la cruauté la plus cynique par le capital. « En tout genre de travail, avait dit autrefois Turgot, il doit arriver, et il arrive en effet, que le salaire de l'ouvrier se borne à ce qui lui est nécessaire

---

(1) V. p 150: *Capital et Travail, ou M. Bastiat Schulze (de Delitzch)*, traduit par B. Malon. Paris, librairie du Progrès, 11, rue Berlin-Poirée, 1880. — M. Schulze a été le fondateur des Banques de crédit au travail, en Allemagne.

pour se procurer sa subsistance. » Adam Smith, Ricardo, John Stuart, Mill, Robertus-Jagetzow avaient adopté la même opinion. (1) Mais c'est à Lassalle qu'était réservée la triste gloire de lancer cette théorie irritante dans le monde ouvrier : il la baptisa du nom de « loi d'airain » et, sous cette appellation, il sut si bien la vulgariser qu'on la rencontre citée souvent dans les discours et les brochures anarchistes, et constamment comme une vérité scientifiquement démontrée.

Mieux encore lorsqu'on veut étudier cette question de l'intérêt, il faut lire Proudhon, Proudhon auquel on aboutit presque toujours, lorsqu'on recherche l'origine des doctrines anarchistes, et lorsqu'on en demande un exposé philosophique.

On pourrait dire que cette révolution sociale, que Proudhon prêchait comme inévitable et nécessaire, consistait principalement et presque uniquement, à ses yeux, dans l'abolition de l'in-

(1) Necker, dans son livre sur la *Législation des grains*, avait déjà écrit à propos du conflit du travail et du capital : « Combat obscur et terrible où le fort opprime le faible à l'abri des lois, où la propriété accable le travail du poids de sa prérogative. Les propriétaires ont le pouvoir de ne donner en échange du travail que le plus petit salaire possible. Les uns imposent la loi : les autres sont contraints de la recevoir. » M. P. Leroy-Beaulieu a réfuté cette théorie, dans son *Essai sur la répartition des richesses*. Il démontre que le salaire, que Turgot et les économistes anglais appellent le *salaire naturel*, est, sauf exception, le salaire minimum. — V. aussi É. de Laveleye. *Le Socialisme Contemporain*, p. 67.

térêt du capital. L'intérêt du capital, le profit
du commerce, et le gain plus élevé de talent lui
semblent l'usurpation par quelques-uns au détriment du plus grand nombre, de ce qui est le
produit de la force collective.

Malheureusement, les anarchistes, qui ont
hérité de ses haines, n'ont pas hérité de sa
vigueur et de sa richesse de démonstration.

Tout à l'heure, quand il s'agissait de la propriété foncière, ils disaient : « Le fonds a par
soi-même une vertu productive : mais c'est là
une force naturelle, qui ne mérite aucune rémunération. » Lorsqu'il s'agit du capital mobilier,
ils aboutissent à une conclusion identique par un
autre chemin. « Le capital, disent-ils, est impro-
ductif ; un amas de pièces d'or ne s'accroîtra pas
spontanément d'une seule pièce ; c'est un instrument indirect de production, dont la valeur dé-
pend de la manière de s'en servir : la même
somme d'argent ne donnera pas, entre les mains
de celui-ci, le même produit qu'entre le mains de
celui-là. La force productive ne repose donc pas
dans le capital, mais dans le travail. Le travail
par conséquent, doit seul être rémunéré, et le
capital n'a droit à aucun profit. » (1)

Voilà le seul argument qu'on trouve dans

(1) « Par lui-même, écrit Marx, le capital est inerte : c'est
du travail mort qui ne peut se revivifier qu'en suçant,
comme le vampire, du travail vivant, et qui vit et s'en-

toutes ces nombreuses récriminations. Mais, cet argument a cet avantage de pouvoir être présenté de diverses sortes, et habillé à la mode du jour, ou au goût de chacun.

Georges Duchêne affectant un langage mathématique, écrivait dans la *Voix du Peuple* du 7 janvier 1850 : « Nous ne vivons que d'échange. Si tous les producteurs exigent, en sus du prix de revient, un bénéfice, ils se volent réciproquement. Mais un vol réciproque ne profite à personne : ce que je prends à celui-ci, je suis forcé de le rendre à celui-là. Exemple : la somme de mon salaire est de 1000 fr. pour un an. J'y ajoute, en spéculant sur mes produits, en les vendant plus qu'il ne coûtent, un bénéfice de 10 0/0. Me voilà plus riche de 100 fr. peut-être ? — Point du tout : sur tous mes acheteurs, j'ai profité d'un dixième ; en revanche, tous mes vendeurs ont bénéficié d'une même quantité sur ce qu'ils m'ont fourni. D'un côté, j'ai fait payer 1100 fr. ce qui n'en valait que 1000 ; de l'autre, je n'ai eu que pour 1000 fr. de valeurs avec mes 1100 fr. Où est le bénéfice ? — Nulle part. »

Proudhon avait dit plus nettement : « La définition du commerce est l'art d'acheter trois francs ce qui en vaut dix, et de vendre six francs ce qui en vaut trois. Entre le commerce ainsi défini et

graisse d'autant plus vigoureusement qu'il en absorbe davantage ».

le vol à l'américaine, toute la différence est dans la proportion relative des valeurs échangées ; en un mot, dans la grandeur du bénéfice. »

Autre manière de présenter la même idée : Proudhon dont la langue nerveuse et la dialectique apparente ont l'art des formules, vient d'avancer cette proposition : « Pour que le producteur vive, il faut que son salaire puisse racheter son produit. » Tout d'abord cela paraît une vérité de bon sens et de justice ; en réalité, cela est faux, parce que la formule est trop compréhensive, et que, dans sa généralité, elle s'applique notamment à l'ouvrier subventionné par le capital d'autrui (et c'est le cas le plus fréquent). Mais il fallait précisément qu'elle embrassât, dans son affirmation absolue, même cette hypothèse, pour permettre à Prudhon d'en tirer parti ; « Si l'ouvrier reçoit pour son travail une moyenne de trois francs par jour, pour que le bourgeois qui l'occupe gagne en sus de ses appointements quelque chose, ne fût-ce que l'intérêt de son matériel, il faut qu'en revendant, sous forme de marchandises, la journée de son ouvrier, il en tire plus de trois francs. L'ouvrier ne peut donc racheter ce qu'il produit au compte du maître. Il est, en France, vingt millions de travailleurs répandus dans toutes les branches de la science, de l'art et de l'industrie, produisant toutes les choses utiles à la vie de l'homme ; la somme de leurs journées égale chaque année, par hypothèse, vingt milliards ; mais à cause du droit de propriété et de la multitude des aubaines, primes, dîmes, intérêts, pots de vin, profits, fermages, loyers, rentes, bénéfices de toute nature et de toute couleur, les produits sont estimés par les propriétaires et patrons à vingt-cinq milliards. Qu'est-ce que cela veut dire ? Que les travailleurs qui, sont obligés de racheter ces mêmes produits pour vivre, doivent payer cinq ce qu'ils ont produit quatre, ou jeûner de cinq jours l'un. » (1)

Et ailleurs : « Par la fiction de la productivité du capital, et par les prérogatives sans nombre que s'arroge le monopoleur, il arrive toujours et nécessairement l'une de ces deux choses : ou bien, c'est le monopoleur qui enlève au salarié partie de son capital social ; A, B, C, D, E, F, G, I, K, L, ont produit dans l'année comme dix et ils n'ont consommé que comme neuf ; en d'autres termes, le capitaliste a mangé un travailleur.. ; ou bien, c'est le travailleur qui, ne pouvant donner de son produit le prix qu'il en a lui-même reçu, pousse le monopoleur à la baisse, et, par conséquent, le met à découvert de tout le montant des intérêts, loyers, et bénéfices, dont l'exercice de la propriété lui faisait un droit et une né-

(1) Proudhon. *Qu'est-ce que la propriété ?* Edition 1849, p. 162. Le sophisme est renversé par cette seule observation, que l'homme produit plus qu'il ne consomme.

cessité. On est donc amené à reconnaître que le crédit, dans le système de l'intérêt, a pour résultat inévitable la spoliation du travailleur, et, pour correctif non moins inévitable, la banqueroute de l'entrepreneur, la ruine du capitaliste propriétaire. L'intérêt est comme une épée à deux tranchants ; de quelque côté qu'il frappe, il tue. » (1)

Karl Marx a consacré près de la moitié de son ouvrage *das Kapital* à la démonstration de la même théorie. Au fond, il reproduit les idées exposées par Proudhon, mais il les reproduit sous une forme dogmatique, avec un tel appareil de raisonnements syllogistiques, une telle richesse d'exemples et de considérations, que le lecteur, circonvenu et enlacé, en éprouve comme une oppression pénible. Le bon sens se rend compte qu'il est le jouet d'une dialectique captieuse ; mais les fils sont si bien liés que le bon sens seul ne suffit pas à déchirer la toile ; il se révolte, mais en vain ; il sent son impuissance et, ne peut qu'en souffrir.

Je laisse de côté toute la partie critique de l'ouvrage, celle où Karl Marx fait le procès de la

(1) *Organisation du crédit et de la circulation*, discours prononcé par Proudhon à l'Assemblée Nationale le 31 juillet 1848. — V. aussi *Banque du peuple*. Garnier père 1849. — *De la justice dans la Révolution et dans l'Église*. 3e Étude. — *De la capacité des classes ouvrières*. Chap. XII. — *11e lettre à Bastiat — Système des contradictions économiques*. Chap. III.

17

société actuelle, et montre, avec une âpreté parfois éloquente, la production envahie par les machines, les machines détenues par les capitalistes, les ouvriers asservis, réduits à se donner en location à des suceurs de travail vivant, et, au dessus de toutes ces injustices qu'il engendre et dont il vit, planant dans une royale apothéose, le profit industriel.

Ce qu'il importe de rappeler ici, c'est le raisonnement au moyen duquel Karl Marx s'efforce de démontrer que le profit du capitaliste n'est rien autre chose que du travail non payé. (1)

En quoi consiste le commerce ou l'industrie? En une série incessante d'échanges, échange d'argent en matière et en travail, échange de produits en argent.

Une condition essentielle de la justice dans l'échange, c'est que les deux termes soient égaux.

S'il en était toujours ainsi, il n'y aurait point de profit : la série d'échanges de termes égaux laisserait tous les échangistes dans des situations invariables. Or il y a profit : donc il y a quelque part échange de termes inégaux, et par conséquent injustice.

(1) V. dans *Le socialisme contemporain*, de E. Laveleye, le très remarquable exposé du système de Karl Marx, p. 20 et suiv. p. 70 et suiv.

Sans m'attacher à discuter cette première base du raisonnement, je veux faire observer que Karl Marx oublie les variations de valeur qui peuvent intervenir entre deux échanges successifs, et résultent d'une infinité de circonstances. Un commerçant achète du coton bon marché : trois mois après il le revend cher ; ou bien il a acheté le coton en Amérique, où il était bon marché, t le revend en France, où il est cher : ce son bien deux échanges d'égalités ; mais, entre les deux échanges, la valeur de la marchandise a varié.

Karl Marx pense au contraire qu'à un certain moment, il doit y avoir échange d'inégalités; et il surprend cette inégalité dans l'échange du travail contre de l'argent, c'est-à-dire dans le salaire.

L'industriel capitaliste paie la *valeur en échange* du travail, et il consomme la *valeur en usage*. Ceci demande une explication.

Qu'est-ce que la *valeur en échange* ? C'est la valeur mesurée par la somme d'argent nécessaire pour l'obtenir, par le salaire. Or le salaire est déterminé par les besoins mêmes du travailleur : c'est la somme d'argent nécessaire à la vie de l'ouvrier. La *valeur en usage*, c'est au contraire la valeur produite par le travail. En prenant des chiffres, Karl Marx dira que la *valeur en échange* est de quatre ou cinq francs par jour en moyenne, tandis que la *valeur en usage* est de six, sept, dix ou quinze francs ; ou en comparant à un autre point de vue, la *valeur en échange* peut être représentée par un travail de six heures, c'est-à-dire que l'homme travaillant six heures par jour subviendra à tous ses besoins, et cependant lorsqu'il loue son travail, lorsqu'il en vend la *valeur en usage*, l'ouvrier fournit dix ou douze heures.

Le capitaliste paie donc moins qu'il ne reçoit. Là est la source de son profit : le profit est du travail non payé.

Il ajoute que le capitaliste sait encore augmenter l'inégalité à son avantage, en augmentant la *valeur en usage* par l'aménagement du travail : l'emploi des machines, des femmes et des enfants, dont les besoins sont moindres et les salaires par suite inférieurs, la répartition des fonctions, la division du travail, l'association des ouvriers multiplie la productivité du travailleur. Cette plus value qui résulte de ce que Karl Marx appelle la *productivité sociale* profite au patron, pour lequel l'ouvrier produit, non plus six francs, mais peut-être dix ou quinze, sans profiter à l'ouvrier qui ne reçoit toujours que quatre ou cinq francs. Bien plus, cette production nuit à l'ouvrier : elle réduit le prix des produits, permet la vie à meilleur marché, diminue les frais d'entretien de l'ouvrier, fait par conséquent baisser la *valeur en échange* du travail, c'est-à-dire le salaire, et, par un retour doublement inique, exagère encore l'inégalité, et enrichit d'autant le capitaliste.

Faut-il répondre à cette argumentation? Presque tous les termes du raisonnement sont inexacts.

D'abord, la comparaison de la valeur en échange du travail et de sa valeur en usage : Senior et Wilson ont démontré que le gain du patron était environ de un dixième, ou de un neuvième au plus de la journée de l'ouvrier. L'inégalité serait donc moindre que ne le signale Karl Marx.

L'homme pourrait-il vivre en ne travaillant que six heures par jour? Cela paraît douteux.

Le salaire est-il fixé seulement par les frais d'entretien du travailleur? La loi de l'offre et de la demande entre bien aussi en ligne de compte. Il n'est pas complètement vrai de dire que les ouvriers, attendant leur vie de leur travail, deviennent les victimes de leur propre et nécessaire concurrence, et soient à la merci du patron : la concurrence des patrons fait contrepoids; car si l'ouvrier ne peut vivre sans son travail, le patron ne peut pas vivre sans le travail de l'ouvrier.

« La productivité sociale profite au patron seul. » C'est une erreur. D'abord l'emploi des machines a diminué le labeur; les journées de

travail sont moins longues, et, à ce point de vue,
l'ouvrier bénéficie de l'aménagement du travail. D'ailleurs les ouvriers ont-ils plus de
droit que le patron à la plus value résultant de
la productivité sociale ? Dix ouvriers enrégi-
mentés produisent comme quinze disséminés.
Mais chacun d'eux a travaillé une journée seulement ; à chacun d'eux a été payé le salaire
d'une journée : chacun a reçu exactement le prix
de tout ce qu'il a donné. La plus value de la
production est extrinsèque à chacun des ouvriers. Il n'y a pas de raison pour qu'aucun
d'eux en profite. Le patron, qui a pris soin d'as-
sembler les ouvriers, de diviser le travail, de
créer par l'aménagement la productivité sociale,
a, somme toute, plus de droit que l'ouvrier au
surplus de sa production. — En réalité, c'est le
consommateur, c'est-à-dire la société qui profite
de la productivité sociale.

« La substitution des femmes et des enfants ! »
Les femmes ne travaillaient-elles pas autrefois?
La femme de l'ouvrier, qui restait à la maison, ne
cherchait-elle pas ordinairement par divers emplois à coopérer à l'entretien du ménage ? Si les
enfants travaillent n'est-ce pas un surcroît de
revenus pour la famille ? D'ailleurs, si dans de
rares industries les femmes ont depuis quelques
années pris rang à côté des hommes; dans beaucoup d'autres, dans la filature, dans les grands

magasins, les hommes ont supplanté les femmes.

« La baisse du prix des produits amène la baisse des salaires. » Cela est faux. Comme consommateur, l'ouvrier dépense proportionnellement moins ; comme producteur, il est payé davantage.

Au surplus, si la théorie de Marx était exacte, la fortune des patrons serait assurée, et les faillites sont là pour démontrer qu'il n'en est rien. (1)

La non productivité du capital, l'injustice du profit, et comme conséquence la gratuité du crédit sont cependant des doctrines couramment admises dans le monde révolutionnaire. En dépit des prédications de Lassalle et des tentatives de Proudhon, qui consuma infructueusement sa prodigieuse puissance d'effort à constituer une banque d'échange, elles n'ont jamais encore pu passer dans la pratique. (2)

(1) V. sur cette question la discussion de M. P. Leroy-Beaulieu, *Le Collectivisme*, p. 238 et suiv.

(2) Les diverses associations coopératives de crédit, appelées *Crédit Mutuel*, *Crédit Populaire*, *Crédit ouvrier*, organisées en Prusse, en Italie, en France, sous l'inspiration de Schulze-Delitsch, de Francesco Vigano, de divers économistes philanthropes n'ont pu réussir qu'à condition de répondre imparfaitement à l'idéal de gratuité que quelques rêveurs leur proposaient pour modèle. Les sociétés de Crédit mutuel ont eu, vers 1850, d'obscurs débuts en Allemagne. En 1863 on comptait 515 sociétés, comprenant 173.511 associés, dont l'avoir (en caisse et fonds de réserves compris) s'élevait à 18.750 427. Elles ont prêté, en 1865, à leurs socié-

L'origine de cette haine du capital, et la cause du succès de ces théories apparaissent évidentes à la seule lecture des passages cités plus haut. La misère des classes travailleuses, comparée à l'aisance de la bourgeoisie, voilà le ferment d'envie qui soulève les ouvriers, et les rend dociles aux prédications contre le capital. Assurément, il est plus facile de gagner cent mille francs, lorsqu'on est millionnaire, que d'amasser mille francs quand on n'a rien. Assurément encore, les fortunes rapides, nées de la spéculation, sont une insulte au travail et à l'économie, et ceux qui ont vu à Lyon la fièvre financière de 1881, ne pouvaient s'empêcher de faire de douloureuses réflexions, et de se demander si le scandale et le luxe impudent des heureux de la Bourse n'étaient pas pour quelque chose dans le développement des doctrines anarchiques. Mais un tour de roue vient toujours venger l'honnêteté publique, et donner une éclatante consécration au mot de Franklin : « Ceux qui vous diront qu'on peut s'enrichir autrement que par le travail et l'économie, ne les croyez pas, ce sont des imposteurs et des ambitieux. »

Ce n'est pas tout que de critiquer : ce n'est pas tout que de tailler, il faut coudre. Qu'est-ce que les socialistes proposent à la place du salaire ?

taires environ 230 millions. En France, le mouvement date de 1857 et s'est propagé beaucoup plus lentement.

Qu'ont-ils imaginé pour s'opposer à la naissance du profit ?

Il n'y a plus de salariés, disent-ils ; tout le monde est co-propriétaire par l'universalisation de la propriété ; tout le monde est co-patron par l'association. Il n'y a donc plus de salaire ; il n'y a plus de revenus ni de dividendes, car ces mots contiennent l'idée de profit : il n'y a plus que des indemnités sociales.

J'admets, quoique cela me paraisse impossible, qu'on puisse supprimer le salariat. Mais l'autre côté de la question me préoccupe. Ces indemnités sociales (qui, cela soit dit en passant, devront être payées au jour le jour pour répondre aux besoins quotidiens, qui devront présenter une certaine invariabilité, et dès lors ressembleront singulièrement à des salaires), ces indemnités, dis-je, ne vont-elles pas reconstituer des capitaux, et créer des capitalistes ? De telle sorte que tous les efforts faits pour extirper le salariat seront vains, parce que, du jour où il y aura un capitaliste sur terre, naîtra à ses côtés un salarié.

Les collectivistes ont prévu la difficulté, et je suppose que les anarchistes acceptent le remède qu'ils ont proposé.

L'exposition du système collectiviste est assez délicate ; je veux, pour éviter toute erreur, l'emprunter à l'ouvrage déjà souvent cité de M. Schœffle, *Quintessence du Socialisme*. Il résume sur ce point la doctrine de Karl Marx, qui, mettant en œuvre les idées de A. Smith et de Ricardo, enseigne que la meilleure commune mesure de la valeur des produits est non pas le numéraire, mais le travail de production. Robertus–Jagestow, (1) ministre de l'agriculture en Prusse en 1848, et ancêtre des socialistes actuels, avait émis la même théorie, dans une série de lettres, à von Kirchmann, insérées en diverses revues, et qui ont été réunies et réimprimées en 1875, sous le titre *Zur Beleuchtung der socialen Frage*. Proudhon, s'efforçant de constituer sa fameuse Banque d'échange, procédait encore des mêmes principes.

« La *substance de la valeur des produits* est dans le *travail socialement nécessaire par lequel le produit se réalise*. Les produits sont désignés comme travail cristallisé. Mais ce n'est pas le premier travail venu qui peut déterminer la valeur, c'est seulement le travail *socialement nécessaire*, c'est-à-dire le travail qui, d'après l'état donné de la technique sociale, en rapport avec une unité des besoins publics, doit être employé en moyenne à la confection du produit dans toute son étendue sociale. Quand, par exemple, — c'est ainsi qu'on peut

(1) V. sur Robertus-Jagestow, Ed. Laveleye, *Le Socialisme contemporain*. p. 16.

rendre l'idée de Marx,— un pays a besoin de deux
cent mille hectolitres de froment, et que, pour
leur production, il doit être employé cent mille
journées de travail socialement organisé, chaque
hectolitre vaudra cinq journées de travail
socialement organisé. Cette valeur aurait cours
quand même des individus isolés auraient été
assez négligents pour mettre dix ou vingt journées de travail individuel à la production d'un
hectolitre de froment.

« Qu'on se figure tous les genres de produits
constamment fabriqués, estimés d'après la
dépense de travail social expérimentalement
nécessaire, et on trouvera par l'addition tout le
temps de travail socialement nécessaire pour la
production sociale de l'ensemble des besoins
publics. Nous admettons que cette somme com-
porte trois cent millions de journées socialement
organisées, qui, si la journée est de huit heures,
représenteront deux milliards quatre cent millions
d'heures sociales de travail. La somme totale de
toutes les richesses sociales nécessaires, produites sous une direction publique unitaire,
et actuellement exécutées sous la direction de
capitalistes concurrents, aurait également pour
valeur totale deux milliards quatre cent millions
d'heures de travail : exactement autant d'heures
de travail qu'il en serait réellement fait pendant
une année par un million de travailleurs.

« L'heure de travail, soit $\frac{1}{2.400.000.000}$ du travail collectif annuel de tous, serait la mesure de la valeur générale, et deux milliards quatre cent millions d'unités nominales de valeur pourraient ou devraient être délivrées aux travailleurs en certificats, bons ou chèques de travail, afin que ces mêmes travailleurs pussent racheter aux magasins publics le produit total du travail collectif valant également deux milliards quatre cent millions d'heures de travail.

« La somme totale de travail d'une période serait toujours égale, au moins en général, à la valeur totale de la masse des produits de la même période.

« Les administrations économiques créditeraient le travail fait, fixeraient la valeur du produit d'après la mesure connue des frais de production en temps de travail, délivreraient des chèques sur le travail enregistré, et consigneraient contre ces chèques les produits au taux des frais du travail spécial.

« Rien ne paraît plus évident que l'harmonie entre cette théorie de la valeur et les principaux efforts des socialistes pour que la jouissance soit proportionnelle au travail, pour que chacun puisse avoir comme revenu privé, comme légitime propriété privée, l'équivalent du produit intégral de son travail, pour baser ainsi la propriété et le revenu sur le travail individuel, et enfin pour interdire à un tiers de s'approprier, comme cela a lieu aujourd'hui, la plus-value, c'est-à-dire une part du travail d'autrui. » (1)

Si j'ai bien compris, le projet de réforme peut se résumer en deux mots : le travail à la tâche est définitivement substitué au travail à la journée; et le taux du salaire est déterminé par l'autorité supérieure, en considération de la somme de travail socialement nécessaire à la tâche.

C'est fort simple sur le papier. Mais combien l'application serait difficile. Comment fixer cette somme de travail socialement nécessaire ? Pour faire ressortir cette quantité type, quelle analyse délicate ! Il y a tant d'éléments qui peuvent influer sur la productivité de travail ; à côté des vertus du sol, de la qualité des matières premières, de la variété des machines, de l'habileté des ouvriers, de la diversité des méthodes, une foule de circonstances en apparence étrangères à la productivité humaine, viennent, par contre-coup, en facilitant ou en gênant la production, influer sur la quantité de travail nécessaire : la construction d'un chemin de fer, l'établissement d'une route, la proximité d'un centre de population, le déplacement d'une industrie alliée, tout, jusqu'à la température, à la pluie,

(1) Schœffle, *Quintessence du socialisme*, p. 74 et suiv.

et au soleil, tout a une action sur l'atmosphère économique dans laquelle se développe le travail. Et il faudra qu'une autorité quelconque ait la charge de tenir la balance, et d'apprécier, non pas, je pense, une fois pour toutes, la somme de travail socialement nécessaire, mais chaque année, chaque saison, presque chaque jour ? Et il faudra que cette appréciation se renouvelle constamment pour tous les corps d'état : non pas seulement pour ceux dont la production est matérielle; l'investigation devra pénétrer dans le monde des idées pures: le médecin, l'avocat, l'artiste, le poète, tous passeront sous le couperet du temps socialement nécessaire. A quel corps assez savant, assez instruit, assez attentif, assez laborieux, assez impartial, confiera-t-on ces fonctions prodigieusement importantes ? Je ne peux croire que les anarchistes, si jaloux de l'indépendance, aient la naïveté de créer de leurs propres mains une autorité si despotique, et de substituer à l'autorité de l'Etat politique qu'ils combattent d'autre part avec violence, un tyran, dont la tyrannie se ferait sentir à toutes les minutes; car il n'est pas un seul rouage du monde économique sur lequel il n'aurait le doigt.

IV. — L'ÉTAT.

Jusqu'au point de cette étude où nous sommes arrivés, il ne semble pas que les anarchistes

aient mis en circulation aucune idée neuve : ils
ont accepté, des diverses sectes socialistes qui
les ont précédés, un bagage de théories toutes
faites, et c'est à peine si, à propos du régime de la
propriété, ils ont fait preuve de quelques vues
personnelles.

Mais voici la question par laquelle ils sollicitent
plus particulièrement l'attention publique : il
s'agit de l'organisation de l'Etat.

Non pas que là encore les anarchistes ne
comptent, dans l'histoire des faits et dans celle
des idées, des devanciers qui ne peuvent passer
inaperçus. En 1525, les Anabaptistes publiaient
la profession de foi de Zolicone, et proclamaient
que les magistrats sont inutiles dans une société
de véritables fidèles. Au XVIIᵉ siècle, Harrington
cherchait quel était le plus haut point de liberté
auquel un état pouvait être porté. La Constitution
de l'an II appliquait, ou plutôt codifiait, (puisqu'elle ne fut jamais mise en pratique,) les principes anarchistes. Enfin, de nos jours, en laissant
de côté bien des anneaux de cette chaîne,
J.-B. Say réduisait le rôle de l'Etat à un minimum
d'action, et, citant pour modèle l'administration
du cardinal Fleury, il disait que cette administration insignifiante prouve qu'à la tête du
gouvernement, c'est déjà faire beaucoup de bien
que de ne pas faire de mal. Plus récemment
encore, Bastiat pouvait résumer sa doctrine

politique à peu près en ces termes : foi systématique à la libre activité de l'individu, défiance
systématique à l'égard de l'Etat conçu abstraite-
ment. C'est enfin la même idée qui domine dans
les ouvrages d'Herber Spencer. (1)

Ces principes contiennent en germe la doctrine
politique de l'anarchie. Mais, ce n'est pas de ces
économistes que les anarchistes procèdent directement, nous le verrons tout à l'heure. Cette
manière d'envisager le rôle de l'Etat se conciliait
chez les théoriciens avec le gouvernement con-
stitutionnel, et même avec la monarchie. Il leur
paraissait logique d'espérer que, par voie de
réformes pacifiques et de progrès libéral, le
gouvernement se désintéresserait peu à peu des
questions qui peuvent se résoudre en dehors de
son intervention.

Les anarchistes sont plus rigoureux.

« Ce qui caractérise les nouveaux anarchistes,
lisons-nous dans un de leurs manifestes, (2) c'est
qu'ils ne veulent plus de gouvernement d'aucune sorte ; c'est qu'ils déclarent la guerre non
pas seulement aux dirigeants de l'heure présente, à telle ou telle forme gouvernementale, à

(1) *Lettres sur la sphère propre du gouvernement* (1843).
— *Statique sociale* (1850).

(2) *L'Anarchie*, manifeste publié par le groupe parisien
de propagande anarchiste. Impr. Adolphe Reiss, 9, place du
Collège de France, 1882. Ce factum est attribué à E. Gautier.

tel ou tel Etat en particulier, mais à tous les dirigeants présents ou futurs, à tous les Etats, à tous les pouvoirs établis ; c'est qu'ils s'en prennent directement au principe même d'autorité. Ils ne veulent plus être gouvernés! Le but qu'ils se proposent, c'est le remplacement partout, dans la production, dans le travail, dans la consommation, dans l'éducation, dans les relations sociales, etc., de la réglementation par la liberté.

« A l'organisation autoritaire mettant le fonctionnement de la machine sociale aux mains d'un homme, d'une coterie, ou d'une classe, qui peuvent à leur guise accélérer, suspendre, ou transformer le mouvement, qui ont le droit et le pouvoir de répartir arbitrairement entre le reste des citoyens, condamnés à l'obéissance passive, les places, les fonctions et les tâches, les châtiments et les récompenses, les avantages et les inconvénients, les jouissances et les corvées, les anarchistes se proposent de substituer l'organisation volontaire, le libre contrat spontanément formé et perpétuellement dissoluble, ne liant les hommes que par la communauté des intérêts, par la réciprocité des convenances, des affinités et des sympathies...

« Ce qui est mauvais, ce qui est haïssable, c'est le pouvoir même, parce que le pouvoir en soi est inconciliable : 1° avec l'égalité, car il suppose la

19

division de la société en deux castes inégales,
ceux qui commandent, et ceux qui doivent obéir;
2°. avec la liberté, car ceux-ci sont fatalement
à la merci de ceux-là. » (1)

Voilà la théorie. On voit immédiatement
l'immense différence qui la distingue des
conceptions de ceux que j'appelais tout à l'heure
d'un terme excessif les devanciers des anarchistes. Nous sortons du domaine de la spéculation; nous avons sous les yeux un plan de
réformes qu'il faut exécuter à bref délai. Il ne
s'agit plus de progrès à réaliser, en utilisant
les rouages actuels. Le mécanisme même est à
jeter brutalement au rebut. Enfin, ce n'est plus
la modération du philosophe ou de l'économiste,
qui, au nom de la science, exprime des desiderata,
c'est le cri du réformateur fanatique qui formule
ses exigences. Mais la violence de ce cri a
réveillé plus d'échos dans l'opinion publique que
ne l'eussent fait des études abstraites, et c'est
ainsi que, les premiers, les anarchistes ont jeté
dans le commerce des idées la doctrine audacieuse de l'abolition de l'Etat.

Toutefois le système qui attire l'attention
aujourd'hui n'est pas même une nouveauté:
Proudhon l'avait créé de toute pièces, il y a trente

---

(1) V. aussi dans le *Révolté* du 20 janvier et du 3 février
1883 la déclaration signée par un certain nombre d'anarchistes et présentée par eux au tribunal dans le procès de Lyon.

ans ; il lui avait donné l'apparence de solidité
que sa dialectique passionnée savait imprimer à
toutes les œuvres de son génie ; il avait inventé
la chose, et il avait créé le nom ; mais l'*anarchie*
n'attira pas trop l'attention publique ; il avait si
souvent, selon son expression, « tiré des coups de
pistolet pour ameuter la foule, » que, de sa part,
on s'attendait à tout, et qu'après quelques années
on ne prit plus guère au sérieux ses théories
extravagantes. L'*anarchie* passa inaperçue au
milieu de toutes ses autres utopies, et ce qui
aujourd'hui semble dangereux, laissa alors le
public indifférent.

Pourtant, mieux que les anarchistes actuels, il
menait un raisonnement, et, mieux que tous, il
avait su concevoir et expliquer le mécanisme du
nouveau système ; et lorsque, fatigué du vague
de toutes les déclamations de réunions publiques,
on veut serrer la question de plus près, et chercher comment va fonctionner le monde nouveau,
c'est à Proudhon qu'il faut recourir.

L'anarchie est une théorie sociale où l'idée de
contrat remplace celle d'autorité. La politique
est absorbée par l'économie sociale, et le gouvernement dans l'administration. La justice commu-
tative, s'étendant à tous les faits sociaux, et
produisant toutes ses conséquences, réalise
l'ordre par la liberté même, et remplace complètement le régime féodal, gouvernemental et

militaire, expression de la justice distributive. Les diverses catégories des services publics, enseignement, finances, constituent autant de fonctions indépendantes, centralisées de bas en haut, et se gouvernant chacune par elle même : au sommet, un grand jury, législature ou assemblée nationale, nommé directement par tout le pays, et chargé de vérifier les comptes, de faire les lois, de fixer le budget, de juger les différends entre ces administrations séparées. Ainsi, le gouvernement n'existe plus, puisque, par le progrès de leur séparation, les facultés, qu'il rassemblait autrefois, échappent à son initiative; de l'anarchie sortira l'ordre.

« L'équilibre des forces est substitué à l'équilibre des pouvoirs, l'unité économique à la centralisation politique. » (1)

Et ailleurs : « Le gouvernement, au lieu d'être l'autorité représente le rapport de tous les intérêts. Au fond, le gouvernement a pour emblème, et peut être défini un assignat. Mais supposons que ce gouvernement au lieu d'être considéré comme la représentation du rapport social, devienne ce rapport même, dès ce moment, comme tout rapport est idéal, le gouvernement cesse. Donc, qui dit gouvernement,

(1) Proudhon, *Idée générale de la Révolution au XIX* *siècle.*

dit rapport des intérêts, c'est-à-dire une formule algébrique, n'ayant pas de représentant ; qui dit rapport des intérêts, dit absence du gouvernement... » (1)

Tout cela sans doute est un peu plus clair ; est-ce toutefois bien clair? Ce grand jury, ce législateur, n'est-ce pas un véritable gouvernement, et, lorsque ce nouveau pouvoir sera appelé à trancher un conflit entre les différentes entités économiques, entre les diverses administrations indépendantes, quelle force aura sa décision, si on ne reconnaît au grand jury une autorité supérieure, et s'il n'a pas les moyens d'imposer cette autorité ?

Et pourtant, cette autorité est nécessaire. Proudhon le comprenait bien; il sentait que les administrations avaient besoin d'un modérateur suprême : les divers intérêts ne peuvent pas se régler, se limiter réciproquement, et, qu'on me permette ce mot trivial, se tasser comme des noix dans un sac, par leur simple mouvement, et par le seul exercice de leur liberté. Il faut un lien : ce lien, qu'on le veuille ou non, constituera un gouvernement.

Cette doctrine, si nettement exposée par Proudhon, ne fut tout d'abord ni bien comprise, ni adoptée par les socialistes. Bakounine, au

(1) Proudhon. *La Révolution sociale démontrée par le coup d'État.*

début, n'osait pas la faire sienne. « Il n'y a que
deux moyens de convaincre les masses en la
bonté d'une institution sociale quelconque : le
premier, le seul réel, mais aussi le plus difficile
à employer, — parce qu'il implique la dissolution
de l'Etat, c'est-à-dire l'abolition de l' xploitation
publique organisée, de la majorité, par une
minorité, — ce serait la satisfaction directe et
complète des besoins et des aspirations du
peuple, ce qui équivaudrait à la liquidation de
l'existence de la classe bourgeoise ; encore une
fois, à l'abolition de l'Etat. Il est donc inutile d'en
parler. » (1)

Peu à peu, les esprits se sont accoutumés à
cette audace. « L'importance donnée aux questions sociales est toujours à l'inverse des préoccupations politiques, » a dit Renan. (2) A force de
répéter qu'il ne s'agissait plus d'une révolution
politique, mais d'une révolution sociale, que le
XVIII° siècle avait accompli la première, et que la
seconde était réservée au XIX°, on en est venu à
penser que les formes politiques étaient sans
importance ; mais, avant de proclamer cette formule et d'adopter le mot d'anarchie, comme un
programme, les doctrines politiques des travail-

(1) Bakounine, *Dieu et l'Etat.*

(2) Renan, *Conférences d'Angleterre.* Première conférence, *Rome et le Christianisme.*

leurs ont traversé une série d'évolutions analogues à celles qui ont marqué la constitution de
leurs doctrines sociales.

Au début, nous l'avons dit, l'Internationale se
préoccupait peu des questions politiques. En 1867,
l'action politique est conseillée aux sections
simplement comme un moyen propre à hâter la
transformation sociale ; en 1871, la Conférence
de Londres, agissant sous l'inspiration de Marx,
faisait un pas de plus, et attribuait à l'action
politique une importance égale à celle du mouvement économique, et la maxime célèbre qui
résumait la doctrine des socialistes allemands,
« la conquête du pouvoir politique est le premier
devoir de la classe ouvrière, » figure pour la
première fois dans une résolution émanant du
pouvoir constituant de l'Association. Quelle
serait la forme politique où devrait s'acheminer
ainsi le parti ouvrier, le quatrième état, comme
disaient les Allemands ? La chose n'était pas
élucidée, mais on soupçonnait Karl Marx de
rêver quelque organisation autoritaire, où il
prendrait une influence prépondérante.

Après cette première période d'hésitation, on
devint fédéraliste. Le fédéralisme était, en
matière de constitution politique, l'expression
des idées qui, en ce qui touche l'organisation de
la propriété, avaient donné naissance au collectivisme communaliste. La commune était comme

la cellule des nouveaux physiologistes politiques.
Le corps politique était une agrégation de communes, chaque commune gardant sa vie propre,
son organisation personnelle, et se fondant, sans
se perdre, dans la vie générale. (1)

(1) L'insurrection de la Commune de Paris et la Révolution espagnole de 1873, furent l'expression de cette doctrine.
Douze membres de la Commune faisaient partie de l'Internationale ; mais l'Internationale ne prit directement aucune
part au mouvement, elle y fut même hostile. Les doctrines
de la Commune étaient, en matière politique, opposées à
celles de l'Internationale, et on a pu expliquer son impuissance par cette considération que les membres de la Commune
étaient en majorité ennemis de l'Etat et de l'intervention de
l'Etat. V. de Molinari, *Le mouvement socialiste et les
réunions publiques*, p. 205. — O. Gnocchi-Viani, *L'Internationale nella Commune di Parigi*. Milan, 1879. V. aussi
une brochure : *La Commune*. Londres 1872, par Arnould,
Cournet, Dereure, Rouvier et Vaillant, ex-membres du
conseil général de l'Internationale. Le mouvement insurrectionnel de Lyon, qui éclata le 28 septembre 1870, adopta
un programme beaucoup plus avancé : il l'avait trouvé dans
une brochure publiée quelques jours auparavant par
Bakounine, sous le titre de *Lettres à un Français*, et
répandue à profusion dans le midi de la France par les Internationalistes. Bakounine était venu à Lyon pour organiser
le mouvement révolutionnaire. Voici l'affiche qui fut placardée
à Lyon, le 26 septembre, et au bas de laquelle figure,
entr'autres, la signature de Bakounine : « République française. Fédération révolutionnaire des communes. — La
situation désastreuse dans laquelle se trouve le pays,
l'impuissance des pouvoirs officiels et l'indifférence des
classes privilégiées, ont mis la nation française sur le bord
de l'abîme. Si le peuple, organisé révolutionnairement, ne
se hâte pas d'agir, son avenir est perdu, tout est perdu.
S'inspirant de l'immensité du danger, et considérant que

Mais, de même que la haine de l'appropriation avait battu en brèche le communisme d'état, puis le communisme communaliste, la haine de l'autorité détourna les esprits de la conception de l'Etat autoritaire, puis de l'Etat fédératif.

« A quoi bon, lisons-nous dans le *Manifeste électoral* publié par les groupes anarchistes de Paris en 1882 (1), à quoi bon, en effet, combattre l'autorité centralisée, pour en arriver tout

l'action désespérée du peuple ne saurait être retardée d'un seul instant, les délégués des comités fédérés du Salut de la France, réunis en comité central, proposent d'adopter immédiatement les résolutions suivantes : Article premier. La machine administrative et gouvernementale est abolie; le peuple de France rentre en pleine possession de lui-même. — Art. 2. Tous les tribunaux criminels et civils sont suspendus, et remplacés par la justice du peuple. — Art. 3. Le paiement de l'impôt et des hypothèques est suspendu. L'impôt est remplacé par les contributions des communes fédérées, prélevées sur les classes riches, proportionnellement aux besoins du salut de la France. — Art. 4. L'Etat étant déchu ne pourra plus intervenir dans le paiement des dettes privées. — Art. 5. Toutes les organisations municipales existantes sont cassées, et remplacées dans toutes les communes fédérées par des comités du salut de la France. — Art. 7. Cette convention se réunira immédiatement à l'hôtel de ville de Lyon, comme étant la seconde ville de France, et la plus à portée de pourvoir énergiquement à la défense du pays. Cette convention, appuyée par le peuple entier, sauvera la France. — Aux armes ! »

(1) *Manifeste électoral*, publié par les groupes anarchistes de Paris. Imp. Raff, 9, place du Collège de France, 1881 ou 1882.

simplement à décentraliser l'autorité ! A quoi bon détruire l'Etat pour lui substituer trente-six mille Etats nouveaux, la menue monnaie de l'ancien ? »

Cette doctrine avait été déjà indiquée dans le programme de l'Alliance fondée en 1868, mais avec une certaine timidité : on acceptait encore des gouvernements, mais on comptait qu'ils devaient disparaître. « Ennemie de tout despotisme, ne reconnaissant d'autre forme politique que la forme républicaine, et rejetant absolument toute alliance réactionnaire (1), l'association repousse aussi toute action politique qui n'aurait pas pour but immédiat et direct le triomphe de la cause du travailleur contre le capital. Elle reconnaît que tous les pouvoirs politiques et autoritaires actuellement existants, se réduisant de plus en plus aux simples fonctions administratives des services publics dans leurs pays respectifs, devront disparaître dans l'union universelle des libres associations tant agricoles qu'industrielles (2). » L'Alliance enseignait par conséquent l'indifférence et l'abstention en matière politique, et cette tactique fut bientôt recommandée par le journal de la Fédération

(1) Ceci faisait allusion à certaines coalitions de politique locale qui avaient, à propos d'élections, associé des sections de l'Internationale au parti conservateur.

(2) Statuts de l'Alliance, §4 et § 5. *Mémoire de la Fédération jurassienne*, pièces justificatives, p. 10.

normande l'*Egalité*, qui tout d'abord avait pris
part pour la doctrine Marxiste du « parti ouvrier ».

Tels sont, autant qu'il est possible de les préciser, les principaux points de la doctrine anarchiste : la religion abolie, les liens de la famille
relâchés, la propriété anéantie, l'État supprimé.

Quant aux rapports du capital et du travail,
ils sont, ainsi qu'on l'a pu voir, assez confusément organisés. Faute d'avcir à cet égard trouvé
dans les publications anarchistes aucune étude
spéciale et complète (1), nous avons dû en traiter
à propos du régime de la propriété, et emprunter
aux systèmes voisins, notamment au collectivisme, les indications nécessaires pour éviter
une trop visible lacune. N'est-il pas singulier que
les préoccupations mêmes, qui ont évidemment
engendré le mouvement anarchiste, et ont présidé à son développement dans le monde ouvrier,
n'aient point donné naissance à une théorie spéciale de l'organisation du travail ?

(1) La brochure de Bontoux, *Capital et travail*, que
j'ai citée plus haut, ne mérite pas le nom d'étude.

III

IMPUISSANCE DES DOCTRINES ANARCHISTES

La double étude qui précède était nécessaire : après avoir fait l'historique du parti, et avoir exposé les doctrines, nous pouvons enfin aborder la question vraiment intéressante du sujet : l'anarchie constitue-t-elle un danger social?

Au premier examen, ces théories paraissent redoutables, on ne le peut nier. A les entendre professer en paroles violentes par des hommes d'autant plus aigris, qu'ils ont, en général, des tendances intellectuelles supérieures à leur situation, on se laisse surprendre par une instinctive inquiétude.

La réflexion fait vite justice de cette impression première.

Pour moi, j'ai pénétré dans l'antre du lion; j'en ai fouillé, non sans peine, les obscurités. Je n'en suis pas revenu pâle et épouvanté; je sors de la caverne de Galgachus, et je connais encore le sourire.

Non pas que cette étude n'ait ses tristesses :
« Le communisme, a dit Proudhon (1), est la religion de la misère, » et rien qu'à lire ces projets
de réformes, rien qu'à entendre ces récriminations douloureuses, rien qu'à voir un instant
monter dans le ciel de l'utopie tous ces nuagés
de rêves, on devine, si on ne le sait déjà, ce qu'ils
contiennent de souffrances accumulées, d'efforts
lassés et d'espérances déçues.

Mais, si on revient de cette étude l'âme pleine
de pitié, on en revient l'âme exempte de crainte.

C'est qu'un peu, bien peu de bon sens suffit à se
défendre contre l'épouvantail de cette logomachie.

Je ne veux certes pas entreprendre une réfutation, ni montrer les conséquences de l'anarchie.

Pour répondre à ces prétendues doctrines, ce
n'est pas à une discussion, mais à un enseignement qu'il faudrait avoir recours (2).

Ce travail, quelque facile qu'il soit, me mènerait trop loin ; et à vrai dire, les doctrines anarchistes ne méritent pas cet excès d'honneur. Les
principes élémentaires de l'économie politique
suffisent à les réfuter, et, si on cherche une application plus particulière au sujet qui nous occupe,
je renverrai le lecteur au savant ouvrage de
M. Paul Leroy-Beaulieu, *Le Collectivisme*; à

(1) *Idée générale de la Révolution.*
(2) A. Rondelet, *Les Réunions publiques et les Congrès
ouvriers.* — Lecoffre. Paris, 1869, p. 80.

l'ouvrage de M. Th. Bénard, intitulé : *Le Socialisme d'hier et celui d'aujourd'hui ;* aux études classiques de Reybaud, sur *les Réformateurs modernes*, et au travail si consciencieux de M. Sudre, sur *le communisme* (1).

Ces ouvrages, qui ne visent pas spécialement l'anarchie et dont quelques-uns sont anciens déjà, s'appliquent pourtant, avec une singulière propriété, aux doctrines actuelles.

On a dit que l'erreur, par cela même qu'elle était l'erreur, était essentiellement variable et multiple; que le champ où elle s'agitait était une étendue vague et sans bornes, tandis que le domaine de la vérité était étroit, stable et limité. Je douterais presque, aujourd'hui, de cet axiôme banal : oui, l'erreur est variable, mais elle tourne autour de la vérité dans un cercle restreint. Elle est condamnée à cet éternel circuit, sous peine de s'écarter tellement de la vérité, qu'elle perd toute apparence, et se montre immédiatement absurde. C'est ce qui explique que ces théories subversives ne soient jamais que des rénovations. Sans

---

(1) *Le collectivisme, examen critique du nouveau socialime.* P. Leroy-Beaulieu, membre de l'Institut, Paris, Guillaumin et Cⁱᵉ, 1884. — *Le Socialisme d'hier et celui d'aujourd'hui*, par Th. B. Bénard. Paris, Guillaumin et Cⁱᵉ, éditeurs, 1870. — *Études sur les réformateurs*, par L. Reybaud. Guillaumin, 1864, septième édition. — *Histoire du communisme*, par A. Sudre. Guillaumin, 1856, cinquième édition.

doute, de tout ce brassage d'idées, ressort parfois quelque rapprochement nouveau, digne qu'on s'y arrête. Mais, je le déclare, après une étude pour laquelle je m'étais débarrassé de tout parti pris, et que j'ai abordée avec cette bonne foi que réclamait Rousseau de ses contradicteurs (1), je n'ai rien trouvé dans le système anarchiste qui résistât à une analyse consciencieuse, faite à la lumière des vérités essentielles et indiscutables de la science économique.

Ce qui m'a frappé tout d'abord, (et je n'entends parler que des caractères extérieurs), c'est le vague des doctrines anarchistes. Rien n'est précis, rien n'est préparé pour l'application. Il semble que, de la devise adoptée par Owen, « *Destruam et ædificabo,* » les anarchistes n'aient gardé que le premier terme. Quelques-uns s'en tirent à bon compte et proclament, comme le faisait un délégué au Congrès de Berne, en 1876, « que les détails concernant l'organisation intérieure de cette société future seront l'affaire de la postérité, et que vouloir les traiter aujourd'hui serait s'exposer à tomber dans le ridicule. » (2)

(1) Lettre à M..., édit. in-18 de 1793, t. XXXIII, p. 261.

(2) VIII° Congrès, p. 56. — « Nous voulons détruire l'Etat, disait le délégué italien Malatesta. Comment s'organisera ensuite la société? Nous ne pouvons pas le savoir. Nous nous défions de toutes les solutions utopiques. Nous ne voulons plus du socialisme artificiel, fantastique, anti-scientifique, du socialisme de cabinet, et nous le combat-

L'auteur de cette méthode à la portée de toutes les intelligences fut, il est vrai, vivement relevé de son péché de paresse intellectuelle. Pour se défendre, il eût pu invoquer l'autorité de Proudhon : « Le vulgaire croit, écrivait cet auteur, qu'une révolution doit amener nécessairement et immédiatement des améliorations : c'est une erreur, puisque toute révolution est essentiellement négative. La révolution sape et détruit de fond en comble : c'est son œuvre ; au temps et aux hommes incombe le soin de réédifier sur de nouvelles bases. Il est donc absurde de demander à une révolution des progrès immédiats, un corps de doctrine, un programme. » Et ailleurs : « Tout ce qu'on peut faire dans les temps de révolution, c'est de nier fortement le passé, et jusqu'à un certain point l'actualité ; puis de marquer le but idéal. Le plus fort des hommes ne fera jamais que cela, et à peine. » (1)

Toutefois les sérieux du parti anarchiste pensent au contraire qu'il faut s'occuper sérieusement de construire l'avenir, et cela, non-seulement en général, mais encore en indiquant d'une

trons comme réactionnaire. Notre seul but doit être de détruire l'État. Ce sera au fonctionnement libre et fécond des lois naturelles de la société à accomplir les destinées de l'humanité. »

(1) Proudhon. *La Révolution démontrée par le coup d'état.*

façon spéciale les voies de transition sur lesquelles l'action immédiate doit être dirigée. (1)

Combien je voudrais que ce programme eût été suivi ! Combien j'aurais désiré trouver quelque part un projet de constitution bien net, bien précis, bien terre à terre, chapitre par chapitre, article par article, s'arrêtant aux détails, organisant le jeu des institutions nouvelles et me ramenant du rêve à la réalité. (2) J'ai cru un instant avoir découvert cette étude toute faite : c'était un petit placard, émanant du cercle d'études sociales de la Croix-Rousse (Lyon). Par malheur, cette constitution, en dépit de sa simplicité absolue et miraculeuse, n'était pas une constitution tout à fait anarchiste. J'ai lu bien des brochures, bien des livres ; et, à chaque fois que j'entrais dans le vif de la question, et que je croyais enfin, sinon trancher, du moins saisir le nœud gordien, je me voyais incontinent ramené dans le champ sans limites de la critique générale, et j'obtenais, au lieu de conclusions, des déclarations de principes.

Les réformateurs se perdent parmi les consi-

(1) Dühring. *Histoire critique de l'économie sociale et du socialisme.*

(2) M. Schœffle a publié sous le titre de *Quintessence du socialisme* un résumé de la doctrine collectiviste dont il est un des apôtres les plus autorisés. M. Malon a traduit cette brochure en français. L'ouvrage de M. P. Leroy-Beaulieu contient une réfutation en règle du traité de M. Schœffle.

dérations théoriques qui prêtent à la déclamation et au sentiment, et oublient de descendre aux faits, aux preuves, aux spécialisations, aux détails matériels.

Un autre caractère des doctrines anarchistes, bien apparent, et pour ainsi dire bien symptomatique, est la variabilité et la diversité selon les individus et selon les temps. Toutes ces espèces différentes diffèrent cependant peu les unes des autres ; elles se meuvent, comme je le disais, dans un cercle étroit d'hypothèses et d'inductions, mais l'unité fait absolument défaut. On a dit, par allusion aux effets du libre examen : « Il y a autant de protestantismes que de protestants. » Je peux dire qu'il y a autant d'anarchies que d'anarchistes. Il y en a même davantage ; car certains anarchistes ont professé successivement diverses opinions. Tout cela est conséquent aux principes. Dans un parti dont la liberté individuelle est le dogme fondamental, chacun pense, et conclut à sa guise ; des gens qui répudient toute autorité ne peuvent se soumettre à la règle *magister dixit.*

C'est là, en vérité, la raison d'être du parti.

Le protestantisme, en son temps, a de même

Malgré que le collectivisme confine à l'anarchie, et que sur bien des points les doctrines se confondent, on ne peut considérer le travail de M. Schœffle comme un *exposé* de la théorie anarchiste.

bénéficié d'un immense besoin d'indépendance, comprimé, depuis des siècles, dans l'ordre philosophique et religieux : l'essor des études spéculatives se retrempant dans l'antiquité ; le réveil des esprits étonnés de voir que tout avait été mis autrefois en question, que les solutions les plus contradictoires avaient répondu au même problème, et que le doute antique n'avait rien respecté de ce qui, depuis lors, avait été admis pendant tant de générations, comme d'indiscutables vérités ; le spectacle des désordres qui minaient alors la hiérarchie ecclésiastique ; tout avait concouru à favoriser le développement d'une doctrine fondée sur le libre exercice de la raison individuelle.

Nous assistons dans l'ordre économique à une crise analogue. Mêlés, comme nous le sommes, aux événements de cette évolution, nous en apprécions imparfaitement la marche. Quand nous étudions le XVIᵉ siècle, nous embrassons d'un regard le mouvement général des esprits : les détails disparaissent, et nous jugeons de l'ensemble. Les détails d'aujourd'hui troublent au contraire nos études : les petits faits s'accusent à nos yeux par autant de saillie que les événements considérables, et il faut que le temps vienne mettre ce tableau à la distance convenable, pour que tout y prenne sa place, et se réduise aux proportions relatives. Je ne crois

pas cependant me tromper en disant, qu'avant
qu'il soit longtemps, la seconde partie du xix°
siècle apparaîtra comme une nouvelle époque
d'émancipation sociale.

Voyez quelle place tiennent dans nos préoccupations les faits de la vie économique, avec
quelle attention nous suivons tous les mouvements du commerce, de l'industrie, des finances ;
admirez combien rapide et puissant a été le
développement de ces agents de la civilisation ;
songez à tous les efforts faits pour améliorer
l'organisation du travail ; et comparez enfin
notre activité avec l'indifférence de nos devanciers en pareille matière. Les discussions religieuses, les querelles de dogmes nous laissent
impassibles, mais comme la moindre question
sociale nous passionne ! L'économie politique
date de cent ans, de soixante ans à peine :
peut-être n'est-elle pas encore constituée à l'état
de science ; et voici qu'elle est déjà contestée.
Nous sommes plus précoces ou moins prudents
que nos aïeux du xvi° siècle, et nous ébranlons
l'édifice avant de l'avoir achevé. C'est ainsi
que le développement de la liberté politique a
favorisé l'essor des réformateurs sociaux, de
même qu'autre fois la renaissance philosophique
encourageait les réformateurs religieux. Ce n'est
plus l'autorité de l'Eglise et de la scholastique
qu'il s'agit d'attaquer ; c'est l'autorité de l'Etat

et de l'ordre établi, — et il faut avouer que les démolisseurs d'aujourd'hui travaillent du même courage que leurs prédécesseurs d'il y a deux siècles.

Mais, s'il est impossible d'imposer à cette œuvre ardente le frein d'une direction critique, et illogique de demander l'unité de conviction à ceux qui posent en principe la liberté individuelle absolue, n'est-il pas cependant permis de leur rappeler qu'il y a une autorité à laquelle tout penseur s'honore d'obéir : celle de la raison, du bon sens, de la vérité, de l'évidence. Comment donc se fait-il que les anarchistes s'épuisent en un tumulte d'affirmations contradictoires ? Comment se fait-il qu'il n'y ait pas une théorie franchement adoptée, sinon par tous, au moins par une grande majorité ? N'y en aurait-il donc, parmi toutes ces théories, pas une seule fondée sur la vérité ? « On cherche vainement
« un parti, une école : il n'y a que des atòmes
« d'école et de parti. Il suffit qu'un chef s'élève,
« pour qu'il soit à l'instant désavoué. Une témé-
« rité, quelque grande qu'elle soit, provoque
« toujours une témérité plus complète. Ce ré-
« sultat n'a rien qui doive surprendre. Il tient à
« la nature même des éléments dont se compo-
« sent ces partis. La présomption individuelle
« y joue un grand rôle, et l'activité indomptable
« dont ils sont doués cherche un aliment dans

« ces luttes intestines. (1) Ils se condamnent de
« la sorte à la plus entière impuissance, mais
« ils obéissent à leur instinct. Il serait difficile
« de dire en quoi consistent les nuances qui les
« distinguent : peut-être n'y faut-il voir qu'une
« simple différence de noms. On cite des égali-
« taires, des fraternitaires, des humanitaires,
« des unitaires, des communitaires...... » Chan-
geons ces appellations afin que ce jugement,
qui date de 1842, s'applique exactement à notre
temps, et disons : on cite des communistes, des
collectivistes, des anarchistes, des guesdites, des
broussistes, des possibilistes, des abstention-
nistes, etc. « Cette récapitulation serait formidable, si on n'ajoutait que chacune de ces sectes
ne compte qu'un petit nombre d'adhérents. Il en
est même dont le chiffre est resté à l'unité : ce
sont les seules qui se soient trouvées à l'abri
d'un fractionnement nouveau. » (2)

Sans aller plus loin, je me crois déjà autorisé
à conclure que des doctrines dépourvues de
netteté, de précision, de maturité, de fixité, d'u-

____

(1) « Chez la plupart de nos agitateurs les demandes de
réforme sont des prétextes : ils n'y croient pas et ne s'en
soucient guère. Ils seraient fâchés qu'on leur en discutât la
possibilité, et qu'on les mît en demeure de procéder à l'exécution. » (Proudhon, *De la capacité politique des classes
ouvrières*.)

(2) L. Reybaud, *Étude sur les réformateurs : des idées
et des sectes communistes*.

nité et de cohésion, tiraillées en tout sens par les ambitions ou les vanités personnelles, s'agitent en vain pour soulever les masses. Elles feront sans doute illusion à quelques esprits, elles les séduiront par leur côté passionné et leur apparence généreuse : elles resteront sans empire véritable sur la foule. Il ne suffit pas, pour ébranler et transformer l'ordre social, d'une apparence philosophique ou d'une tendance sentimentale. Ce serait à désespérer de la raison humaine, si elle se laissait si facilement duper. Rien n'a de force en dehors de la précision. Vouloir, c'est pouvoir, a-t-on dit. Cela est vrai ; mais on ne veut que ce qu'on comprend. Et c'est là le vice irrémissible de ces théories : elles s'imposent mal à la volonté, parce qu'elles ne s'imposent pas à l'intelligence.

Cet examen superficiel des doctrines anarchistes, ce coup d'œil jeté pour ainsi dire sur leur forme extérieure me rassure déjà.

Mais il est une autre observation plus importante qui se présente immédiatement à l'esprit.

Ces doctrines ne sont pas nouvelles : elles ont existé de tout temps, et non seulement on retrouve les mêmes idées, mais encore les mêmes idées exprimées dans les mêmes termes.

De tout temps, il s'est rencontré des esprits, tourmentés des misères humaines, qui ont cherché à y remédier par une réorganisation sociale.

Comme les anarchistes, c'est la société qu'ils ont accusée des maux individuels, et rejetant sur celle-ci la responsabilité que les moralistes font peser sur les individus (1), c'est la société qu'ils ont maudite. Et Dieu sait que, pas plus que les anarchistes, les autres réformateurs ne l'ont épargnée ! Quelle haine ! quelles accusations ! quelles invectives ! Et aussi, comme chez les anarchistes, quelles tendances détestables, sous le couvert d'intentions généreuses !

La révolte contre la société, prêchée comme un droit, sanctifiée comme un devoir, légitimée dans ses plus atroces violences, sous prétexte qu'au-delà du fleuve de sang s'ouvre la terre promise ; la responsabilité personnelle effacée par la substitution du devoir collectif au devoir individuel ; l'excuse en faveur du vice, l'indulgence à l'égard du crime, sous prétexte que la dépravation est une maladie, dont l'organisation sociale est cause ; mais, sur tout cela, jeté comme un manteau, l'intérêt des classes laborieuses, le souci des déshérités, la pitié des humbles, des petits, des souffrants ; si bien qu'on se prend parfois de sympathie envers ces novateurs, et qu'on oublie leur aveuglement, pour ne voir que la générosité de leurs rêves.

Tout cela est aussi vieux que le monde !

(1) « Avec une bonne organisation sociale, écrivait Restif de la Bretonne, la vertu devient inutile. »

L'athéisme et le communisme ne sont pas nés d'hier. Les attaques contre la religion, contre la famille, contre la propriété, contre l'Etat n'ont jamais manqué. Certes, la différence des temps et des milieux en modifie le caractère ; mais si les armes changent, ce sont bien toujours les mêmes ennemis.

Les attaques contre la religion ne se produisaient pas sous la forme de l'athéisme, dans les sociétés profondément religieuses de l'antiquité ou du Moyen-Age. La philosophie ébranlait le paganisme ; une religion plus pure achevait de le ruiner ; plus tard, on attaquait l'autorité de l'Eglise au nom de la liberté d'examen, et la discipline canonique au nom de l'histoire. On opposait le dogme au dogme, la Bible à la doctrine ecclésiastique, la révélation à l'interprétation.

La simonie, la vénalité du clergé, son ambition, sa corruption, son luxe, devenaient au xvi° siècle, des arguments d'une puissance étrange dans la bouche de tous les sectaires, qui sous l'empire de préoccupations à la fois religieuses, sociales et politiques, travaillaient alors l'Europe.

Les vices des hommes servaient d'armes contre les institutions.

C'est là un phénomène qui se présente dans toutes les transformations d'ordre intellectuel :

l'esprit humain est si misérablement penché vers la matérialisation des idées; et il est en même temps voué à une si irrémédiable incertitude à l'égard du problème de nos destinées, que rarement voit-on les doctrines succomber simplement devant les doctrines; le raisonnement est impuissant en face de convictions d'habitude. Il faut encore le ferment des passions, le levain des personnalités pour soulever la pâte molle et indolente des esprits.

Pas un, assurément, de ces nombreux réformateurs ne prêchait l'athéisme; tous professaient, au contraire, la nécessité d'une religion. C'était au nom de la religion, qu'ils combattaient la religion: c'était leur raison d'être et leur force.

L'athéisme n'apparaît dans les doctrines des utopistes qu'à la fin du xviii° siècle. C'est Brissot de Warville, qui, le premier dans ses *Recherches philosophiques sur le droit de propriété et le vol*, posa l'athéisme comme une des bases nécessaires d'une nouvelle organisation sociale. Depuis, l'athéisme est devenu une des banalités qui traînent dans les bas fonds du socialisme. Toutefois, parmi les novateurs sérieux, c'est-à-dire parmi ceux qui apportent de la conscience et de la dignité jusque dans leurs folies, je ne vois guère d'athées que Proudhon et Richard Owen : Rousseau, Saint-Simon, Fourier, Pierre Leroux, Louis Blanc sont déistes.

Depuis quelques années, les études sociales ont été abordées par des esprits de provenances diverses, souvent mal préparés, munis d'une dose insuffisante d'instruction et de réflexion, inhabiles aux spéculations philosophiques, plus prompts à la négation qu'à l'étude, plus enclins à la violence qui tranche les questions, qu'à la patience qui les résout.

L'athéisme s'offrait naturellement à cette nouvelle classe de socialistes. C'est la théorie la plus simple, la plus aisée, la plus brutale, qui supprime toute la difficulté : c'est celle qui devait triompher. Aussi constatons-nous que la plupart des sectes, recrutées actuellement dans le monde ouvrier, professent l'athéisme.

Il y eut une courte période, (le fait est assez singulier pour qu'il mérite d'être rappelé), pendant laquelle la religion et le socialisme semblèrent, non pas se réconcilier, mais se tolérer mutuellement, avec une certaine déférence. Ce fut au milieu du siècle. L'influence d'un petit groupe d'hommes éminents, qui avaient constitué le parti du catholicisme libéral, ne fut pas étrangère à ce rapprochement, et, il est permis, en se souvenant de l'accueil favorable fait par le clergé et les catholiques à la révolution de 1848, de penser qu'à côté d'autres considérations, la théorie de l'alliance de la liberté et de la religion a été pour quelque chose dans ce premier élan d'enthousiasme. Malheureusement, en dépit de l'ascendant passager du génie, le public se rendait facilement compte du désaccord intérieur qui séparait les catholiques purs des catholiques libéraux. L'école des Montalembert, des Lacordaire resta toujours isolée dans le catholicisme. Vainement, ils prenaient pour épigraphe: « Dieu et Liberté; » vainement, ils proclamaient que toutes les réformes peuvent s'accomplir au sein du catholicisme, et que le progrès social doit y croître et fleurir à l'aise, sans craindre que les dogmes traditionnels opposent jamais un obstacle à ses plus libérales expansions, sans craindre non plus que l'expansion du progrès brise le moule des dogmes immuables. Dans ces montées de sève et de jeunesse, il y avait une ardeur inquiétante et un esprit d'initiative qui sentaient l'indépendance; sans désavouer des hommes dont le génie avait un rayonnement de noblesse et de séduction, le camp des catholiques austères les considéra toujours comme des enfants perdus. Il faut lire ce qu'on dit Renan, dans ses *Souvenirs d'enfance et de jeunesse*, pour se rendre compte de l'impression que ressentait le monde orthodoxe de Saint-Sulpice et d'Issy, aux échos des conférences de Notre-Dame, ou à la lecture des articles de l'*Avenir*.

En outre, l'ombre des solidarités compromettantes pesait sur les novateurs. Tous deux mêlés activement au siècle, professant tous deux que le catholicisme s'accommodait de toutes les formes politiques, jetés tous deux dans un mouvement d'esprits et d'événements où leurs croyances semblaient égarées; entourés à un certain moment de sectes sociales vouées à l'irréligion, et qui cependant, par l'effet soit d'une certaine parenté intellectuelle et d'un pareil besoin de liberté, soit d'une égale antipathie à l'égard du gouvernement de Louis-Philippe, soit encore d'un calcul politique ou de l'espoir inavouable d'une conversion, manifestaient, à leur égard, des sentiments de respectueuse prévenance, ils ne pouvaient éviter que leur popularité se tournât en défaveur auprès des puristes du catholicisme. Si bien que, tenue en suspicion de part et d'autre, leur œuvre de réconciliation devait fatalement échouer.

La paix entre le socialisme et le catholicisme fut de courte durée. Et, si les premières années du second Empire ne permirent pas aux revendications de se produire, lorsqu'un peu de liberté fut rendue au parti populaire, on constata bien vite que la guerre à la religion était écrite en tête de tous les programmes ouvriers.

Aujourd'hui, la division est plus profonde qu'elle n'a jamais été.

Faut-il y voir un danger social ?

On peut, on doit en gémir, quelque opinion qu'on ait. Qu'on prenne garde à ne point

donner à l'Eglise un rôle politique dans l'Etat,
cela est conforme à la conception de l'Etat neutre
et indifférent en matière de religion ; mais, prétendre d'autre part que la religion est une école
de servilité, d'affaiblissement intellectuel et
moral, comme le professent les anarchistes,
proscrire l'église, la religion, l'idée même de
Dieu, c'est une folie, un oubli de la première de
toutes les libertés, de la liberté de conscience.

Est-ce un danger ?

Au point de vue purement social, et dans l'organisation politique actuelle, la religion est importante comme discipline morale. Le dogme, à
cet égard, importe peu ; l'intérêt humain de la société n'est en jeu qu'en ce qui concerne la morale
de la religion. Si les anarchistes m'assurent que
la morale indépendante prendra sur les volontés
autant d'empire que la morale religieuse, je ne
concevrai plus d'inquiétude.

J'avoue, toutefois, que c'est moins cette certitude qui me rassure, qu'une autre considération. Le sentiment religieux est trop naturel à
l'homme, pour que l'athéisme puisse jamais
avoir beaucoup d'adeptes, et je passe, en répé-
tant le mot de Bacon : « L'athéisme n'a jamais
ébranlé les empires. »

En ce qui concerne l'organisation de la famille,
les anarchistes encore timides aujourd'hui, peuvent, s'ils le veulent, s'abandonner à toutes les

audaces, sans craindre que jamais leur folie dépasse celle de leurs devanciers. Platon (1), Carpocrate, Prodicus, les Florians dans l'antiquité; plus tard Dulcin, Campanella et David Georges; de nos jours les Doukhoborstes en Russie, les Frères du libre amour dans l'Etat de New-York ont montré jusqu'où pouvait s'égarer l'utopie en pareille matière.

La doctrine de la communauté des biens est tout aussi vieille que celle de la communauté des femmes. « L'humanité depuis sa naissance, a dit Proudhon, chancelle comme un homme ivre, entre le communisme et la propriété.» Le communisme, c'est la défroque que tous les novateurs ont endossée, qu'ils se transmettent d'âge en âge, toujours plus usée, et plus misérable, et qui, malgré reprises et ravaudages, n'est plus aujourd'hui qu'une loque ridicule.

« Quelque part que cela se réalise ou doive se réaliser, il faut que les richesses soient communes entre les citoyens, et qu'on apporte tous les soins imaginables à retrancher du commerce de la vie jusqu'au nom de propriété. » C'est le divin Platon

(1) « Je ne pense pas qu'on me conteste les grands avantages de la communauté des femmes et des enfants, si elle peut se réaliser ; mais je pense qu'on m'en contestera surtout la possibilité. » Platon. *De la République.* — Trad. Cousin, t. IX, p. 29. V. Aristote, *Politique*. II. 2; et *Histoire des animaux*, X, 1.

qui parle ainsi. (1) Faut-il passer en revue
tous les penseurs qui ont prêché le communisme,
et Thomas Morus, (2) de qui Erasme disait, qu'il
n'est pas dans l'histoire de caractère qui ait plus
approché de la perfection, et Campanella, (3) ce
héros de la conviction philosophique qui, en
plein XVII° siècle, fut torturé trente-cinq heures
de suite, qui subit sept fois ce supplice, qui
passa vingt-sept ans en prison, sans rétracter
un mot de ses opinions, sans fléchir, demandant
seulement à ses geôliers des livres, du papier et

(1) Platon, *Les lois*, liv. V. Trad. Cousin, t. VII, p. 282
et argument, p. 50. V. *La République* passim.

(2) Th. Morus. « L'égalité est je crois impossible dans
un état où la possession est solitaire et absolue. Voilà ce
qui me persuade invinciblement que l'unique moyen de
distribuer les biens avec équité, avec justice et de constituer le bonheur du genre humain, c'est l'abolition de la
propriété. Tant que le droit de propriété sera le fondement
de l'édifice social, la classe la plus nombreuse et la plus
estimable n'aura en partage que disette, tourments et
désespoir. » (*Royaume d'utopie* 1518.)

(3) Campanella (*Civitas solis* 1642) voit dans l'égoïsme
la racine de tous les maux de la société. Chacun s'agite
isolément dans sa sphère propre et souvent met obstacle à
la réalisation du but social. L'intérêt particulier seul mobile de nos actions est le grand fléau du monde. Supprimez
l'intérêt particulier, il ne restera que l'intérêt général. A
la dissémination et à l'antagonisme des forces de la société, provenant de l'intérêt personnel, doit succéder l'union
et l'harmonie des forces maintenues par l'intérêt général.
Donc la propriété, source de l'égoïsme, doit être abolie. Le
travail subsistera, grâce à l'esprit de dévouement, à l'esprit de corps et au zèle pour le bien de tous. — C'est la
théorie de Platon (*De la République*), de Proudhon, de
L. Blanc, d'Owen.

des plumes, pour nourrir sa pensée, et garder trace de ses méditations, et qui mourut pensionné de Louis XIII et protégé par le Pape ; et Morelly, (*Code de la nature* 1755) (1) et Mably, (*Du gouvernement et des lois de la Pologne* 1781) (2)

(1) IVᵉ Partie : Modèle de législation conforme aux intentions de la nature. Lois fondamentales et sacrées qui couperaient racine aux vices et à tous les maux de la société : « 1° Rien dans la société n'appartiendra singulièrement ni en propriété à personne, que les choses dont il fera un usage actuel pour ses besoins, ses plaisirs, ou son travail journalier. 2° Tout citoyen sera homme public, sustenté et entretenu aux dépens du public. 3° Tout citoyen contribuera pour sa part à l'utilité publique, selon ses forces, ses talents et son âge : c'est sur cela que seront réglés ses devoirs conformément aux lois distributives..... Tout citoyen, qui aurait tenté par cabale ou autrement d'abolir les lois sacrées pour introduire la détestable propriété, sera enfermé pour toute sa vie, comme un fou furieux et ennemi de l'humanité, dans une caverne bâtie au lieu des sépultures publiques. Son nom sera pour toujours effacé du dénombrement des citoyens ; ses enfants et toute sa famille quitteront ce nom, et seront séparément incorporés dans d'autres tribus, cités ou provinces. »

(2) Mably prêche l'égalité et la communauté des biens. L'inégalité des biens est à ses yeux une conséquence de l'inégalité des facultés, laquelle est une conséquence de l'inégalité de l'éducation. Il conclut à l'abolition de la propriété individuelle, de l'hérédité, et du droit de tester. Il ne se dissimule pas que les trois quarts du genre humain disparaîtront dans la révolution qu'il propose : « Mais il vaut mieux ne compter qu'un million d'hommes heureux sur la terre entière, que d'y voir cette multitude innombrable de misérables et d'esclaves qui ne vit qu'à moitié dans l'abrutissement et la misère. »

et Babœuf, (*Charte de l'Égalité*) (1) et Owen, (*Nouveaux aperçus sur la société, ou essais sur la formation du caractère humain* 1812) (2) et Saint-Simon, et Proudhon, (3) et Cabet. (4)

(1) « Art. 1. La nature a donné à chaque homme un droit égal à la jouissance de tous les biens........ Art. 6. Nul n'a pu sans crime s'approprier exclusivement les biens de la terre et de l'industrie. Art. 7. Dans une véritable société, il ne doit y avoir ni pauvres ni riches. Art. 8. Les riches qui ne veulent pas renoncer au superflu en faveur des indigents sont les ennemis du peuple. — Quand le gouvernement viole les droits du peuple, l'insurrection est pour le peuple, et pour chaque portion du peuple, le plus sacré des droits et le plus indispensable des devoirs. Ceux qui usurpent la souveraineté devront être mis à mort par les hommes libres. Toute opposition sera vaincue sur le champ par la force. Les opposants seront exterminés. — Tous les biens des émigrés, des conspirateurs, et de tous les ennemis du peuple seront distribués sans délai aux défenseurs de la patrie. Les malheureux de toute la république seront immédiatement meublés et logés dans les maisons des conspirateurs. La grande communauté nationale entretient tous ses membres dans une égale et honnête médiocrité : elle leur fournit ce dont ils ont besoin. » — Les tirades sur l'égalité, sur la communauté des biens, sur l'illégitimité de la propriété, sont un des lieux communs favoris de la littérature révolutionnaire. V. de Laveleye, *Le socialisme contemporain*. Introd. p. XII.

(2) Selon Owen, l'homme n'est pas libre, et par suite n'est pas responsable. De ce principe il conclut à l'égalité absolue des conditions dans l'ordre social, par conséquent à l'abolition de la propriété, à la suppression du commerce par intermédiaire et de la monnaie, à l'échange direct des produits contre les produits.

(3) Voir à l'égard de Proudhon ce que j'ai dit p. 107.

(4) « Le territoire ne forme qu'un seul domaine, indivis.

Lorsqu'on lit dans le *Code de la Nature* de Morelly : « Tout individu est homme public. Il doit être sustenté, entretenu et occupé aux dépens du public. Les individus ne possèdent rien en propre ; ils échangent entre eux les fruits de la terre, dans la mesure de leurs besoins, » ne croit-on pas lire un article du *Droit Social* ?

Lorsque *le manifeste des Égaux* de Babœuf proclame : « Plus de propriété individuelle des terres ; la terre n'est à personne. Nous réclamons, nous voulons la jouissance commune des fruits de la terre ; les fruits sont à tout le monde. Nous déclarons ne pouvoir souffrir davantage que la très-grande majorité des hommes travaille et sue au service et sous le bon plaisir d'une extrême minorité. Assez et trop longtemps, moins d'un million d'individus disposa de ce qui appartient à plus de vingt millions de leurs

social, national, commun, exploité par le gouvernement avec toute la puissance nationale, avec tous les citoyens pour ouvriers, dans l'intérêt de tous. Les produits sont recueillis dans de vastes magasins, et le gouvernement fait fabriquer tout ce qui a besoin d'être travaillé pour servir à la nourriture, au vêtement, au logement et à l'ameublement. Supposez alors qu'il distribue également à tous pour une jouissance commune ou séparée, quels avantages ! Plus de clôtures, plus de murs, plus de mauvaise culture, plus de mauvaise exploitation, plus un seul pouce de terre inculte ! Plus d'inquiétude sur l'existence, plus de souci du lendemain, plus de discorde, plus de haine, plus de guerre ! » *Douze lettres d'un communiste à un réformiste sur la communauté* 1843.

semblables, de leurs égaux, » n'est-ce pas là un manifeste anarchiste ?

Et, si des régions nécessairement agitées où se plaisent les novateurs, nous montons plus haut, dans la sphère des spéculations pures et des méditations philosophiques ; si nous interrogeons les grands penseurs qui se sont posé le problème de la légitimité de la propriété, ne sommes-nous pas effrayés des réponses qu'ils nous donnent, et des conséquences terribles dont ces réponses sont grosses ?

Bossuet, résumant la doctrine de tous les théologiens (1) et des jurisconsultes du moyen-âge, écrit : « Sans le gouvernement, la terre et tous ses biens sont aussi communs entre les hommes que l'air et la lumière ; selon le droit primitif de la nature, nul n'a de droit particulier sur quoi que ce soit, et tout est en proie à tous. Du gouverne-

_____

(1) « La nature a engendré le droit de communauté, et c'est l'usurpation qui a fait la propriété ». (Saint-Ambroise). « Le riche est un larron. » (Saint-Basile.) « L'opulence est toujours le produit d'un vol ; s'il n'a été commis par le propriétaire actuel, il l'a été par ses ancêtres. » (Saint-Jérôme). « Le riche est un brigand. Il faut qu'il se plie à une espèce d'égalité en donnant son superflu. Il vaudrait mieux que tous les biens fussent en commun. » (St-Jean-Chrysostôme.) « En bonne justice tout devrait appartenir à tous. C'est l'iniquité qui a fait la propriété privée. » (Saint-Clément.) —Voir F. Villegardelle, *Histoire des idées sociales avant la Révolution*, ouvrage bizarre où l'auteur prêche le communisme en s'appuyant sur les Pères de l'Eglise.

ment est né le droit de propriété, et, en général, tout droit de propriété vient de l'autorité publique. » (1)

Et écoutez, à côté de cette grande voix paisible, l'amère insistance de Pascal: « Vous tenez, dites-vous, vos richesses de vos ancêtres? Mais, n'est-ce pas par mille hasards, que vos ancêtres les ont acquises, et qu'ils les ont conservées. Mille autres, aussi habiles qu'eux, ou n'ont pu les acquérir, ou les ont perdues, après les avoir acquises. Vous imaginez-vous aussi que ce soit par quelque voie naturelle, que ces biens ont passé de vos ancêtres à vous, et qu'ils les ont conservés? Cela n'est pas véritable. Cet ordre n'est fondé que sur la seule volonté des législateurs qui ont pu avoir de bonnes raisons, mais dont aucune n'est prise d'un droit naturel que vous ayez sur ces choses. S'il leur avait plu d'ordonner que ces biens après avoir été possédés par les pères durant leur vie, retourneraient à la république après leur mort, vous n'auriez aucun sujet de vous en plaindre. Ainsi, tout le titre, par lequel vous possédez votre bien, n'est pas un titre de nature, mais d'un établissement humain. Un autre tour d'imagination dans ceux

_____

(1) Et ailleurs: « Les murmures des pauvres sont justes. Pourquoi cette inégalité des conditions? »(*Sermon sur les dispositions relativement aux nécessités de la vie*).—Voir aussi le sermon sur *la dignité des pauvres dans l'Église*.

qui ont fait les lois vous aurait rendu pauvre, et
ce n'est que cette rencontre des hasards qui vous
a fait naître avec la fantaisie des lois favorables
à votre égard, qui vous met en possession de
tous ces biens. » Et ce passage si émouvant:
« Ce chien est à moi, disaient ces pauvres enfants. — C'est là ma place, au soleil. » (1)

Cette théorie, qui fut celle de Rousseau (2),
de Montesquieu (3), de Necker (4), de Mira-

(1) Pascal, *1er discours sur la condition des grands*,
p. LII; *Pensées* art. VI, n° 50, p. 91 Dezobry 1852.

(2) Le premier qui, ayant enclos un terrain, s'est avisé de
dire :« Ceci est à moi, » et a trouvé des gens assez simples
pour le croire, fut le vrai fondateur de la guerre civile.
Que de crimes, que de guerres, que de meurtres, que de
misères et d'horreurs n'eût pas épargnés au genre humain
celui qui arrachant ces pieux, et comblant ces fossés, eût dit
à ses semblables : « Gardez-vous d'écouter cet imposteur ;
vous êtes perdus si vous oubliez que les fruits sont à tous et
que la terre n'est à personne. » *Inégalité des conditions
parmi les hommes*, tom. IV. 2me partie p. 95, édit. Ams-
terdam Rey 1755.

(3) « Comme les hommes ont renoncé à leur indépendance naturelle pour vivre sous des lois politiques, ils ont
renoncé à la communauté naturelle des biens pour vivre
sous des lois civiles. Ces premières lois leur acquièrent la
liberté; les secondes la propriété. »

(4) Necker dans son livre sur la *Législation des grains*
s'exprime ainsi : « Votre titre de possession est-il écrit
dans le code ? Avez-vous apporté votre terre d'une
planète voisine ? Non ; vous jouissez par l'effet d'une
convention. » Et ailleurs, parlant de l'antagonisme entre le
travailleur et le riche : « Combat obscur et terrible, où le
fort opprime le faible, à l'abri des lois, où la propriété

beau (1), de Tronchet (2), de Benjamin Cons-

accable le travail du poids de sa prérogative. Les propriétaires ont le pouvoir de ne donner en échange du travail
que le plus petit salaire possible. Les uns imposent toujours
la loi, les autres sont contraints de la recevoir. » (P. 176,
Paris, Pisset). — Ces doctrines avaient trouvé en Allemagne un interprète puissant. Fichte écrivait : « La propriété ne peut avoir d'autre origine que le travail. Quiconque ne travaille pas n'a pas le droit d'obtenir de
la société des moyens d'existence » (*Matériaux pour
justifier la Révolution française*). — « Celui qui n'a
pas de quoi vivre ne doit ni connaître ni respecter la
propriété des autres, attendu que les principes du contrat
social ont été violés à son détriment. Chacun doit avoir une
propriété à lui ; la société doit à tous les moyens de travail
et tous doivent travailler pour vivre. » (*Principes de droit
naturel*). Et dans son *Rechstat*, il formule la théorie collectiviste : « Le travail et la répartition seront organisés collec-
tivement ; chacun, pour une part déterminée de travail,
reçoit une part déterminée de capital qui constitue sa
propriété, conformément au droit. La propriété est ainsi
universalisée. Personne ne peut avoir du superflu, quand
tous n'ont pas le nécessaire, et le droit de propriété sur les
objets de luxe n'a aucun fondement, tant que chaque
citoyen n'a pas sa part nécessaire de propriété. Les
agriculteurs et les ouvriers s'associeront pour produire le
plus avec le moins d'efforts possible. »

(1) « La loi seule constitue la propriété, parce qu'il n'y a
que la volonté politique qui puisse opérer la renonciation
de tous, et donner un titre commun, un garant à la jouissance d'un seul. En effet, Messieurs, qu'est-ce que la propriété en général ? C'est le droit que tous ont donné à un
seul de posséder exclusivement une chose à laquelle, dans
l'état naturel, tous avaient un droit égal. » Discours sur *la
propriété des biens du clergé*. V. aussi discours sur *les
mines*.

(2) « C'est l'établissement seul de la société, ce sont les
lois conventionnelles qui sont la véritable source du droit
de propriété. »

tant, (1) qui était celle de M. Laboulaye, (2) ouvre la porte au communisme. Avouer que la propriété n'est qu'une convention des lois positives, ne conclure qu'à la simple légalité de la propriété, c'est presque conclure à l'illégitimité ; c'est au moins abandonner le plus solide rempart de la défense. Et, à vrai dire, cette théorie sur l'origine du droit de propriété est le fondement de la doctrine anarchiste. La terre n'est à personne, le capital n'est à personne. Actuellement, par l'effet d'une fiction légale, l'appropriation individuelle existe. C'est une erreur de la loi, c'est une injustice. Il faut changer la loi ; il faut détruire la propriété.

C'est ainsi que, se réclamant des plus grands publicistes modernes, les anarchistes pensent qu'ils ont le droit, puisque le régime de la propriété relève de la loi positive, qu'ils ont le devoir, puisque l'appropriation individuelle est contraire au droit naturel, de prêcher le communisme et la rénovation sociale.

Et c'est ainsi que nous retrouvons ce qui est toujours, dans tous les temps, sans exception, au fond de toutes les révolutions : le conflit soulevé entre le droit naturel et le droit positif,

(1) V. *Cours de politique constitutionnelle.*

(2) Laboulaye, *Histoire du droit de propriété en Occident* (Paris 1839).

c'est-à-dire entre la conscience et la loi. C'est là l'éternel drapeau de tous les révolutionnaires; c'est parfois leur excuse aux yeux des contemporains, ç'a été souvent leur justification devant l'histoire.

En résumé, on ne rencontre pas une idée originale dans la doctrine anarchiste. En politique, les anarchistes sont les disciples de Proudhon; en religion, ils sont les élèves de bien des maîtres; en économie sociale, ils sont les copistes de tout le monde.

J'ai insisté sur la banalité de ces théories, parce que cette constatation préliminaire permet de répondre historiquement à la question que je me suis posée, à savoir, si ces théories constituent un danger social. Nous venons de les voir mêlées à toutes les sociétés, prêchées dans tous les temps par des apôtres divers. Quels désordres ont-elles enfantés? Car, si elles sont dangereuses aujourd'hui, elles l'étaient hier, et, si elles menacent la société actuelle, elles ont déjà dû la troubler autrefois.

J'ai bien cherché, j'ai lu bien des historiens; je ne prétends pas avoir fait en détail le tour de l'histoire universelle, et sans doute j'ai commis quelque oubli; mais je n'ai trouvé que deux mouvements populaires, fomentés par des théories sociales analogues à celles des anarchistes.

La première de ces révolutions eut lieu en

Perse au vi⁵ siècle : je n'en aurais pas parlé, car les faits sont trop mal connus, et se sont passés dans un pays trop étranger à nos mœurs pour qu'il soit permis d'en tirer argument ; je n'en aurais pas parlé, si cette révolution n'offrait pas une circonstance absolument remarquable et unique, bien faite pour étonner ceux qui prétendent que « les bourgeois ne se prêteront jamais de bonne grâce à l'essai loyal de l'anarchie » : la communauté des biens et des femmes, l'égalité des rangs et des fortunes ont été mises en pratique sur un ordre du roi lui-même, fanatisé par un novateur. (1) Cet essai, le seul essai en grand que je connaisse, fut suivi d'une série de catastrophes politiques et sociales, et se termina enfin par le retour à la monarchie, et la condamnation à mort de Mazdak et de dix mille de ses sectateurs. Les supplices eurent lieu en masse et durèrent plusieurs mois ; malgré l'horreur des tortures et le nombre des victimes, les doctrines communistes se perpétuèrent jusqu'au temps de l'islamisme.

---

(1) Mazdak, grand pontife des mages, né à Istakar en 470, mort en 535, entreprit, à la suite de la famine et de la peste qui ravagèrent la Perse en l'an 500, une réforme sociale et religieuse : attaquant les abus, prêchant la fusion des deux principes du bien et du mal, la communauté des biens et des femmes, l'égalité des rangs et des fortunes, il entraîna un nombre immense de disciples, et le roi, parmi eux.

Au xvi° siècle, des doctrines absolument comparables aux doctrines anarchistes engendrèrent un mouvement considérable, et ensanglantèrent l'Europe. Je veux parler de la guerre des Anabaptistes.

C'est la seule insurrection de doctrines dont le passé nous montre l'exemple. Les dernières recherches historiques ont démontré que les autres insurrections qui agitèrent le xvi° siècle ne furent entachées ni de communisme, ni de théories sociales réformatrices. Les Vaudois et les Albigeois, qui inondèrent de leur sang les vallées du Piémont et le midi de la France, Wiclef et les Lollards, qui firent trembler l'Angleterre, la grande sédition de Wat Tyler, de John Ball, et celle de Jack Straw qu'on a parfois rapprochée, à titre de tentative, de la Révolution de 1789, ne furent, en réalité, que des mouvements religieux. Sans doute, ces soulèvements ne peuvent pas s'expliquer par l'ardeur seule de convictions purement spéculatives; ils furent compliqués, comme tout soulèvement populaire, de revendications matérielles. Mais leur cause et leur but n'étaient point une réforme sociale.

L'insurrection des Anabaptistes était, au contraire, essentiellement sociale, et elle offre ce véritable intérêt que les doctrines anabaptistes rappellent exactement, sauf la différence des temps et des milieux, les doctrines anarchistes.

L'anabaptisme ne fut, au début, qu'une secte religieuse ; mais Thomas Münzer tira des principes religieux qu'elle professait les conséquences extrêmes, et transforma une opinion religieuse en une doctrine de réforme sociale et politique. De l'égalité des fidèles devant Dieu, il conclut à l'égalité politique absolue et à l'abolition de toute autorité temporelle ; du devoir de la fraternité chrétienne à la communauté des biens.

C'est bien là, issue de principes différents, mais aboutissant aux mêmes conséquences, la doctrine des anarchistes : « Nous sommes tous frères, disait Münzer, et nous n'avons qu'un commun père dans Adam. D'où vient cette différence de rangs et de biens, que la tyrannie a introduite entre nous et les grands du monde ? Pourquoi gémirions-nous dans la pauvreté, et serions-nous accablés de travaux, tandis qu'ils nagent dans les délices ? N'avons-nous pas droit à l'égalité des biens qui, de leur nature, sont faits pour être partagés sans distinction entre tous les hommes ? La terre est un héritage commun, où nous avons une part qu'on nous ravit. Quand avons-nous donc cédé notre portion d'hérédité paternelle ? Qu'on nous montre le contrat que nous en avons passé ? Rendez-nous, riches du siècle, avares usurpateurs, les biens que vous nous retenez dans l'injustice! » Est-ce Münzer, est-ce Kropotkine qui parle ainsi ?

Pourtant, il ne faudrait pas s'y tromper, ni conclure, de l'analogie des doctrines et du langage, à l'existence actuelle d'un danger analogue.

L'insurrection des Anabaptistes, à elle seule, eût été peu de chose ; mais elle se trouva soutenue, fortifiée, doublée d'une véritable insurrection politique contre l'oppression ecclésiastique et féodale.

Cette insurrection politique, qu'on a appelée la guerre des paysans, fut un mouvement général et profond, qui ébranla toute la constitution de l'Allemagne, et la tentative de révolution sociale qui se manifesta alors, n'en fut presque qu'un épisode.

Ces deux insurrections, qui éclatèrent en même temps, qui étaient nées d'aspirations bien différentes, furent mêlées l'une à l'autre par le hasard des dates et par l'ambition d'un homme. En deux ans, l'une et l'autre furent écrasées.

Malgré les désastres et les supplices, les doctrines anabaptistes subsistèrent. Les Anabaptistes se réfugièrent en Suisse, et y recrutèrent de nombreux adhérents. Le Sénat de Zurich, effrayé de leurs théories subversives et de l'extension qu'elles prenaient, lança contre eux des édits de proscription terribles, et fit noyer par bandes, dans le Rhin et dans les torrents des environs, les Anabaptistes qui refusèrent de se soumettre.

Écrasés en Allemagne, exilés de Suisse, ils rentrèrent en Allemagne et Charles-Quint les frappa de nouveau. Ils résistèrent à toutes les persécutions et se répandirent dans les Pays-Bas, en Silésie, en Bohême et en Pologne.

Peu à peu, ils avaient dépouillé leur caractère de violence pour se vouer à un prosélytisme pacifique. Ils essayèrent, spécialement en Moravie, l'application de leurs principes, et se constituèrent en sociétés régies suivant les doctrines anabaptistes. Tant que la ferveur religieuse sut plier tous les caractères sous une loi uniforme, ces communautés furent assez florissantes : elles comptèrent à un moment donné jusqu'à septante mille membres. Mais, après peu d'années, elles s'effondrèrent sous le poids des vices, dont le communisme porte en soi le germe.

Voilà l'exemple que nous fournit l'histoire.

Nous pourrons en tirer tout d'abord deux conclusions.

C'est que la vitalité de ces doctrines est artificielle, et que, si elle présente une grande force de résistance contre la persécution, elle succombe bien vite lorsqu'on essaie de les appliquer.

C'est, en second lieu, que, si elles ont réussi à soulever les populations, elles n'y ont pas réussi par leur seule influence, mais qu'elles ont dû profiter d'une insurrection politique contemporaine, beaucoup plus puissante et générale.

Or, pareille insurrection n'est plus à craindre. Le nom même de guerre de paysans, dont elle a été baptisée par l'histoire, le démontre. C'est toujours dans la classe des paysans que se sont fomentées les insurrections au xvi° siècle. Pourquoi ? parce que c'était la classe misérable entre toutes. A côté des revendications politiques, sociales, ou des protestations religieuses, on entend le cri des souffrances matérielles. Qu'on se souvienne des plaintes de Colbert (1), et de Vauban (2), des cahiers présentés

(1) *Mémoire sur les finances 1683.*

(2) *Projet d'une dixme royale 1707.* « Par toutes les recherches que j'ai pu faire, j'ai fort bien remarqué que près de la dixième partie du peuple est réduite à la mendicité, et mendie effectivement ; que des neuf autres parties, il y en a cinq qui ne sont pas en état de faire l'aumône à celle-là, parcequ'eux-mêmes sont réduits, à très peu de chose près, à cette malheureuse condition ; que des quatre autres parties qui restent, trois sont fort mal aisées et embarrassées de dettes et de procès ; et que la dixième où je mets tous les gens d'épée, de robe, ecclésiastiques et laïques, toute la noblesse haute, la noblesse distinguée, et les gens en charges militaires et civiles, les bons marchands, les bourgeois rentiers et les plus accomodés, on ne peut pas

aux États-généraux. « Le peuple de nos campagnes, s'écriait Massillon, vit dans une misère affreuse, sans meubles ; la plupart même, la moitié de l'année manque de pain d'orge et d'avoine qui fait leur unique nourriture. » « Au moment où j'écris, rapporte d'Argenson en 1709 (1), en pleine paix, avec les apparences d'une récolte sinon abondantes du moins passable, les hommes meurent tous autour de nous de pauvreté, et broutent l'herbe. » Qu'on se rappelle le portrait sinistre des paysans, tracé par Labruyère : « Ces animaux farouches, ces mâles et ces femelles » ; (2) qu'on se rappelle le morceau de pain de fougère, que le duc d'Orléans présentait un jour à Louis XIV, en lui disant : « Sire, voilà le pain de quoi vos sujets se nourrissent. »

Certes les causes de misères ne manquaient pas. Les ravages des guerres privées, ceux de de ces guerres qui s'éternisaient, qui duraient sept ans, trente ans, cent ans ; les grandes compagnies, les routiers, les tard-venus, la grand mort de 1348, les Armagnacs et les Bourgui-

compter cent mille français ; et je ne croirai pas mentir, quand je dirais qu'il n'y en n'a pas dix mille, petits ou grands, qu'on puisse dire être fort à leur aise. »

(1) *Mémoires et journal inédit* du marquis d'Argenson (Paris 1857-58).

(2) *Caractères*, — édit. Régnier, T. II, p. 61.

gnons, les égorgeurs ; les oscillations de la production agricole, mal atténuées par un commerce international insuffisant, et qui se tradui-
saient par des périodes de famine et des périodes
de pléthore également désastreuses pour les gens
de la campagne ; la réglementation des corps
d'état dans les villes qui, en restreignant la
production, maintenait à un prix élevé la main
d'œuvre et les objets manufacturés, tandis que,
dans les campagnes, la concurrence n'ayant pas
de contre-poids, le prix des matières premières
s'avilissait, de sorte que les paysans achetaient
cher tout ce qu'ils achetaient, et vendaient bon
marché tout ce qu'ils vendaient ; enfin, les
charges écrasantes qui pesaient sur la propriété foncière, les mille sortes de rente qui
faisaient comme une pyramide, dont le sommet
touchait au roi, et dont la base portait tout
entière sur les épaules du cultivateur; tout
depuis quatre siècles contribuait à rendre la
situation des agriculteurs particulièrement into-
lérable, et, de l'extrême misère à la révolte, il n'y
a qu'un pas. (1)

On a pu dire de telles de ces insurrections, que
c'était l'insurrection des affamés, et, lorsqu'on
s'indigne des horreurs de la Jacquerie, on ne

(1) V. Levasseur, *Histoire des classes ouvrières depuis*
1789. t. 1, p. 23. — A. Young. *Voyages en France.*
t. 1, p. 31.

réfléchit peut-être pas assez que tous ces révoltés
avaient la faim pour conseillère. Si jamais cette
formidable loi de l'exploitation, contre laquelle
se révoltent les anarchistes, et ce droit de
la force, que les anarchistes regardent comme
le fondement de l'ordre social actuel, ont été
quelque part légitimés, c'est bien vraiment dans
la société féodale.

Cette situation existe-t-elle encore ? Poser la
question, c'est la résoudre.

Les paysans, qui étaient autrefois l'élément
révolutionnaire sont devenus aujourd'hui essentiellement conservateurs. Tout conspire à étouffer
en eux le besoin de réformes. Leur condition
s'est considérablement améliorée, et il suffit
d'avoir parcouru les campagnes pour demeurer
convaincu que la vraie misère y est très rare.
La vie matérielle, même des derniers journaliers,
est assurée par un travail qui ne souffre d'autre
chômage que celui de la maladie ou de la vieillesse. Le vieillard et le malade trouvent toujours
quelque secours parmi une population qui les
connait : il n'est pas perdu, anonyme, comme le
salarié des villes, dans un désert d'indifférence.
En outre le journalier agricole n'est pas aigri et
excité par le spectacle du luxe et du bien-être ; il
est entouré de situations analogues à la sienne :
la vie d'un petit propriétaire rural diffère peu de
celle de son domestique. Puis les idées se pro-

pagent lentement à la campagne, le travail des champs isole les travailleurs les uns des autres ; la vie au village est encore séparée : il n'y a, à nul moment, cette fermentation qui naît de l'échange et du contact continuel, comme à la ville, dans l'atelier, dans l'usine, dans la maison, dans la rue.

Enfin et surtout il ne faut pas oublier que la majeure partie des paysans est propriétaire. La division de la propriété constitue une digue toute puissante contre une doctrine dont le dogme principal est l'abolition de la propriété individuelle. Je me souviens à cet égard d'une anecdote caractéristique. C'était en 1848. Les doctrines socialistes avaient eu un certain retentissement dans les campagnes, et, sans avoir conquis beaucoup d'adeptes, elles avaient pourtant trouvé parmi les paysans quelques oreilles complaisantes. Un fermier abordant son propriétaire lui dit, d'un ton de satisfaction à demi railleur : « Eh bien, monsieur, on va donc partager les biens. — On le dit, répond l'autre ; et on a fait le compte : il y aura à peine de la terre pour tout le monde ; il paraît que personne n'aura plus que trois hectares. Et, ajoutait l'auteur de la mystification qui me la racontait en riant, le fermier qui avait bien dix ou vingt hectares à lui, devint du coup un adversaire du communisme. » Or la division de la propriété rurale va toujours en croissant : elle est également favorisée par les mœurs égalitaires d'une très-grande partie de la France, par notre régime légal des successions, et par la désertion des grands capitaux que séduit l'appât des spéculations industrielles.

En 1815, 4.500.000 hectares étaient répartis entre 3.800.000 familles. En 1860, cette même étendue était divisée entre 5.550.000 familles, c'est à dire, qu'en soixante ans, un million et demi de familles avait passé de la classe des salariés dans la classe des propriétaires.

En 1872, la population agricole formait 51,279 pour cent de la population totale ; en 1876, elle était montée à 51,397 pour cent, en 1881, elle est redescendue à 48,76 pour cent. (1) De 1871 à 1876 le nombre des propriétaires ruraux a augmenté de 1.529.128, celui des fermiers de 1.138.061, pendant ce temps, les salariés agricoles diminuaient de 2.205.912. (2)

En 1862, nous avions 33.871.708 hectares cultivés (en laissant de côté les forêts de l'Etat et des communes). Cette superficie se divisait ainsi :

(1) En 1872 : population totale 36.102.921 ; population agricole, 18.513.225 ; — en 1876 : population totale 36.905.788, population agricole 18.968.605 ; — en 1881 : population totale 37.405.000, population agricole 18.249.200.

(2) En 1871, les propriétaires et leurs familles cultivant eux-mêmes leurs terres formaient un total de 9.097.758 ; les fermiers, colons, métayers et leurs familles étaient au

2.435.401 domaines de petite culture (de moins de 10 hectares) ; 636.300 de moyenne culture (de 10 à 40) ; 154.167 domaines de grande culture

nombre de 4.570.068. En 1876, les propriétaires donnaient 10.620.886, les fermiers 5.708.132.

Voici à titre de document comparatif les chiffres fournis par le recensement de 1876, et se rapportant au commerce, et à l'industrie.

```
1° COMMERCE. Patrons et chefs . . . . . . . . . . . .    745.191

        Employés  . .  . . . . . .  317.545 )
                                             }  791.236
        Ouvriers . . . . . . . . . .  473.701 )

        Famille, domestiques . . . . . . . . .  2.261.826
```

Donc dans le commerce pour 1000 patrons, il y a 1000 employés ou ouvriers.

```
2° INDUSTRIE
                              GRANDE INDUSTRIE      PETITE INDUSTRIE
Patrons . . . . . . . . . . .        135.253              991.521
Commis et employés . . . . .  77.475 )          115.213 )
Ouvriers . . . . . . . . .  1.101.174 } 1.382.291  1.497.686 } 1.961.876
Journaliers, hommes de peine.  201.750 )          347.277 )
```

Donc dans la grande industrie, il y a un patron pour 11 ouvriers ; dans la petite, 1 patron pour 2 ouvriers.

En prenant l'ensemble de la population, et en cherchant la proportion des travailleurs et des patrons, on trouve :

	Hommes	Femmes	Total
Chefs, patrons	5.755.639	1.073.919	6.829.579
Employés, ouvriers, journaliers . . .	4.572.942	2.795.651	7.137.573
Domestiques	949.359	1.504.293	2.453.698
			16.350.353

Le reste se décompose ainsi :

Rentiers	943.617
Mendiants, vagabonds, prostituées, professions inconnues ou innommées	241.850
Familles, femmes, vieillards ou enfants	19.350.052
	36.903.738

(40 hectares et au dessus). En 1880, nous avions 43.288.359 hectares cultivés. (1)

Les ouvriers socialistes sentent bien que l'indifférence des travailleurs ruraux affaiblit leurs revendications. Dans tous les congrès on constate cette préoccupation. Mais on constate aussi que jusqu'à présent les efforts pour entraîner les

(1) Statistique agricole de M. Legoyt. — Il est intéressant de rapprocher les diverses évaluations officielles des propriétés rurales non bâties.

	1851	1879	1880
Terrains de qualité supérieure	700.271	669.515	693.922
Terres labourables et analogues. . .	25.750.331	25.452.452	26.173.637
Prés et herbages	5.930.659	5.805.550	5.999.290
Vignes	2.179.390	2.109.250	2.320.533
Bois (non compris ceux de l'Etat) . .	7.993.239	8.114.719	8.337.131
Landes, terrains incultes.	7.290.356	8.108.306	6.746.900
Cultures diverses non classées	802.221	717.575	762.329
	49.325.515	51.005.159	50.035.452

Toutefois il faut remarquer que la comparaison entre l'évaluation de 1851 (tirée du rapport de M. Vandal au ministre des finances) et celles de 1879 et 1880 (faites en vertu de la loi du 9 août 1879) est impossible. Le territoire de la France n'est plus le même (Savoie, Nice, Alsace et Lorraine) et je ne sais si on a pris les mêmes bases. — Mais les évaluations de 1879 et 1880, sont absolument comparables et font ressortir les modifications suivantes :

Terrains de qualité supérieure. Aug. en faveur de 1880	27.515	hect.
Terres labourables et analogues — —	721.205	—
Prés et herbages — —	193.350	—
Vignes — —	211.283	—
Bois — —	252.513	—
	1.606.155	—
Landes, terrains incultes. Diminution	1.361.566	hect
Cultures diverses non classés	55.659	—
	1.606.155	—

paysans ont été stériles, et on surprend une nuance de découragement. Le Congrès de Paris (1876), où ce sujet fut abordé, adopta des conclusions vagues. On se borna à déclarer « qu'il fallait conseiller aux ouvriers des campagnes de se tenir le plus possible en rapport avec leurs députés, leurs conseillers généraux, leurs conseillers municipaux, pour obtenir la reconnaissance de leurs droits. On devra organiser des conseils de prud'hommes agricoles, et inviter la presse, les publicistes, les écrivains inspirés par un sentiment démocratique à faire pénétrer dans la campagne les idées nouvelles. » (1)

Les travailleurs ruraux ne sont donc plus comme leurs ancêtres disposés à la révolte.

On a soutenu que la classe des travailleurs industriels avait remplacé, dans le martyrologe de l'humanité les populations agricoles. Une telle

---

(1) En 1872, éclata pour la première fois une grève agricole : les ouvriers de ferme, dans le Warwickshire, réclamèrent un salaire plus élevé, et organisèrent une union. L'Association internationale des travailleurs tenait précisément alors ses assises à Nottingham; elle ne laissa pas échapper cette occasion favorable de prendre un rôle dans ce mouvement agricole. Elle chercha à recruter des adhérents parmi les ouvriers du Warwickshire en intervenant à grand bruit ·pour empêcher les ouvriers irlandais de venir remplacer les grévistes. Mais la grève ne dura pas, et, de part et d'autre, des concessions y mirent fin. Cette grève eut pour principal résultat d'avoir constitué une Union nationale des ouvriers agricoles qui survécut, et qui a pris une assez sérieuse influence. (V. M. le Comte de Paris, *Ouvriers en Angleterre*. p. 149).

assimilation ne peut émaner que d'imposteurs ou d'ignorants.

Il n'est pas besoin de rechercher dans les anciens mémoires, les détails de la vie quotidienne, pour savoir combien déplorable était la situation du bas peuple, et se rendre compte de la différence des temps. Nous n'avons pas passé deux siècles à piétiner sur place. Et Dunoyer a pu écrire : « L'histoire de la civilisation depuis la chute de l'Empire Romain n'est à proprement parler que l'histoire de l'avancement des classes laborieuses. » Le bien être a augmenté dans toutes les classes, (1) les loge-

(1) Les statistiques qui relèvent le nombre des pauvres à Paris fournissent des renseignements contradictoires quant aux chiffres, mais concordants en ce qui regarde le mouvement de cette population.

En 1800, 1 indigent sur 15,37 hab.
— 1850, 1 — — 16,38 — (malgré la crise de 1848).
— 1866, 1 — — 17,12 —

(Rapport de M. Husson. *Journal de la Société de statistique,* novembre 1881).

En 1874, 1 indigent sur 15,09 habitant.
— 1877, 1 — — 17,55 —
— 1880, 1 — — 16,07 —

(*Revue des Deux-Mondes,* 15 juin 1881. *La misère à Paris,* par M. D. d'Haussonville).

En 1829, 1 indigent sur 13,02 habitants.
— 1841, 1 — — 13,30 —
— 1850, 1 — — 19,38 —
— 1856, 1 — — 16,59 —
— 1863, 1 — — 16,91 —
— 1866, 1 — — 17,12 —
— 1880, 1 — — 18,00 —

(P. Leroy-Beaulieu, *Le collectivisme,* p. 311. V. la discussion de ces chiffres, et, p. 308 le tableau du paupérisme en Angleterre).

ments s'assainissent (1), la nourriture est devenue

V. Robert Giffen, *On recent accumulation of capital in the United Kingdom* (Bulletins de statistique du ministère des finances, février, mars et avril 1878). — Rapport de M. Leone Levi sur *la Répartition des richesses*. (Bulletin, février 1881.) — Fawcett, *Travail et salaires* (trad. Raffalovitch), chap. V.

(1) A Paris, le loyer moyen par personne était : en 1817, 90 fr. ; en 1839, 110 fr. ; en 1872, 150 fr. ; en 1876, la statistique officielle l'évaluait à 167 fr. : M. P. Leroy-Beaulieu l'estime à 190 fr. L'augmentation, de 1817 à 1872, est inférieure à l'augmentation des salaires : de 1872 à 1876, elle y est sensiblement égale. Le minimum de loyer annuel des logements non garnis pour ouvrier est actuellement à Paris de 100 à 150 fr. pour une chambre ; de 150 à 200 pour une chambre et un cabinet ; de 200 à 250 pour deux pièces et une cuisine. En 1882, sur 684.952 logements servant en moyenne à trois personnes, 468.641 (soit plus des deux tiers) étaient de moins de 300 francs. Sur 46.815 ménages inscrits au bureau de bienfaisance, 32.120 payaient des loyers inférieurs à 200 francs. — Il est regrettable que les ouvriers français n'imitent pas les Building Societies d'Angleterre, qui en 1869, comptaient environ 200.000 membres. Voici le fonctionnement le plus ordinaire : le capital formé par des cotisations hebdomadaires est employé à acheter des terrains et à bâtir des maisons. (Souvent le prix de la construction ne dépasse pas 5000 francs). Les maisons sont tirées au sort. Le sociétaire favorisé continue de payer sa cotisation, dont le versement est garanti par une hypothèque sur son immeuble ; en même temps il paie un loyer minime de façon à compenser l'avantage que lui a fait le hasard. Lorsque la dernière maison est achevée, elle est donnée au dernier sociétaire qui jusque là n'a rien gagné, et la société se dissout. (Cte de Paris, *Ouvriers en Angleterre*, p. 170). En France, les ouvriers n'ont pas pris cette initiative ; des sociétés spéciales, ou de grands industriels, — notamment la Cte du charbonnage du Hazard, la Société des cités ouvrières de Mulhouse, la

meilleure, sans que le prix s'en élevât proportionnellement (1); les vêtements sont plus confor-

Cⁱᵉ d'Anzin, le Creuzot, le familistère de Guize de M. Godin, la cité ouvrière de Noisel de M. Menier, M. le comte de Madre et la Société coopérative immobilière de Paris, les cités ouvrières impériales, la Société de Passy-Auteuil, — ont cherché à améliorer, au point de vue du prix et de l'hygiène les logements ouvriers : les villes et l'État s'en préoccupent actuellement. A Londres, il y a 27 sociétés fondées dans ce but. (V. une communication de M. Cacheux, ingénieur à Paris, au Congrès de l'association pour l'avancement des sciences, 26 août 1882 et 1883, p. 911. *Revue des Deux-Mondes*, 1ᵉʳ mai 1883, *La vie et les salaires à Paris*, par M. O. d'Haussonville; l'ouvrage de MM. Muller et Cacheux, qui a obtenu une médaille d'or à l'exposition de 1878, et P. Leroy-Beaulieu : *Le Collectivisme*, p. 431; une communication de M. Georges Picot, à l'Académie des Sciences Morales et Politiques du 1ᵉʳ Mai 1885.)

(1) Un ouvrier dépense à Paris, pour sa nourriture de 550 à 750 francs par an. Depuis quelques années les fourneaux économiques qui datent du commencement du siècle se sont multipliés. Dans ces établissements on peut faire un repas convenable pour 0 fr. 65. La Compagnie d'Orléans a établi des réfectoires où le repas qu'elle fournit à ses employés et ouvriers leur revient de 0.65 à 0.70. L'hôtel Louise organisé par M. Jules d'Andrimont, directeur du Charbonnage du Hasard près de Liège, donne pour 1 fr. 50 deux déjeuners, un dîner et un souper. D'autres grands industriels et commerçants ont fait de même. Dans les gargottes, il faut compter 1 fr. 25 pour un repas suffisant.

Consommation du pain. — A Paris, la consommation individuelle moyenne est actuellement de 157 kilos par an. En province et dans les campagnes elle est bien supérieure : mais à Paris, on ne consomme que du pain blanc. Dans les chefs-lieux, la consommation annuelle moyenne a été en 1875 de 203 kilos 42, et en 1877, 219 kilos 47. Le pain est une des dépenses principales de l'alimentation pour les Français; à Mulhouse, où pourtant les habitudes allemandes

tables, plus élégants et pourtant, ils sont, non

se font déjà sentir, il entre encore pour 33 % dans la
nourriture des ouvriers. Or, le pain de 1re qualité coûtait,
dans la première moitié du siècle, environ 0 fr. 31 le kil.: en
1865, 0,39 ; en 1867, 0,43; en 1875, 0,33 ; en 1881, 0,35 à
Paris, et 0,30 en province.

La production du blé a monté de 1 million d'hectol. par
an, en moyenne, de 1820 à 1870; depuis 1870, elle a baissé.
(V. Congrès de l'Association pour l'avancement des Sciences
23 août 1882, communication de M. Dubost, directeur de
l'école de Grignon.) Le prix moyen du blé augmente peu à
peu, mais très lentement, et il n'y a plus de variations
brusques dans les prix: le prix est moins variable d'une
année à l'autre et d'un lieu à un autre. Il oscille actuellement entre 20 et 23 fr., mais le blé américain (qui apparut
sur le marché français en 1828) se maintient presque toujours
légèrement au dessous du prix du blé Français : il s'est
vendu en 1843, 12,75 : ça a été le minimum.

Consommation de la viande. — La France consommait
en viande de boucherie, sans compter les abats et les issues :

  en 1847, 52 millions de kilog.
   1857, 69   —
   1864, 113   —

A Paris, la consommation de la viande a absorbé :

  en 1872, 2.266.996 têtes de bétail
   1880, 2.965.220   —

Et on vendait à la criée des halles :

  en 1872 18.150.660 kilos de viande
   1880 29.643.915

La consommation moyenne annuelle était à Paris :

  en 1780 de 65 kilos de viande par habitant
Sous le premier empire 71   —
  en 1850 79   —
Dans les chefs-lieux : 1875 78   —

La consommation de la viande augmente d'une façon
constante. Le prix de la viande a beaucoup monté depuis
soixante ans ; mais dans ces dernières années, il y aurait
plutôt une tendance à la baisse : un bœuf valait moyen-

pas même d'une façon relative, mais absolument moins chers (1) ; la moyenne de la vie humaine

nement en 1826, 200 fr. ; en 1847, 320 fr. ; en 1860, 490 fr. ; en 1870, 520 fr. ; en 1877, 480. Le prix moyen du kilog. de de viande vendue à la criée à Paris a été :

Viande de bœuf en 1872	1,43	en 1880	1,35
veau	—	1,56	—	1,48
mouton	—	1,58	—	1,41
porc	—	1,43	—	1,50

Consommation du vin. — Moyenne annuelle par tête dans les chefs-lieux :

en 1875,	189 litres 03	Prix :	39.85 l'hect.
1877,	167 — 25	—	46.47 —

Consommation du sucre. En 1820, 48.096.497 k.

1830,	63.133.553	
1840,	107.971.986	
1845,	117.205.544	Prix 71,25
1855,	160.852.612	— 63,20
1865,	237.402.000	— 70,40
1870,	243.920.000	— 61,10
1875,	264.218.000	— 53,60

Antérieurement à 1870 les sucres importés étaient seuls frappés d'un droit de 42 fr. les %... Depuis tous les sucres ont été imposés de 51 fr. 60 à 65 fr. 52 les %.

D'une façon générale, en France la production agricole était en 1700 de 15 cents millions de francs. (environ 77 fr. par habitant) ; en 1813, 3 milliards 356 millions (118 fr. par habitant) ; en 1840, de 6 milliards 22 millions (225 fr. par hab.) en 1862, de 10 milliards 563 millions.

(1) Au XVIIIe siècle on produisait, en France, par an. 40 millions de francs de tissus de laine. En 1812, 238 millions, en 1878 plus de 1.200 millions. En 1828, on filait en France 30 millions de kil. de coton ; en 1846, 64 millions. En 1877 on a produit en France 584 903 kil. de chanvre ; 408.060 de lin ; 12.737.197 de laine. En 1877 nous avions en

s'est accrue ; (1) tandis que le prix des choses de première nécessité tendait à diminuer, ou augmentait médiocrement, les salaires montaient d'un mouvement très-rapide. (2) Le

activité 4.383.110 broches pour le coton ; 2.749.952 pour la laine ; 683.315 pour le lin, chanvre et jute. — Indépendamment de la production nationale, presque toute manufacturée en France, la France consommait en 1865, 261 millions de kil. de matières textiles importées (contre 113 millions en 1851). Voici les prix moyens des diverses étoffes par kil. :

	1826	1857	1860	1870	1877
Toile de lin ou chanvre écrue . .	15	11,50	5,75	5,80	6,30
Etoffes de soie pure unies (excepté les foulards)	120	100	115	126	97
Etoffes de soie mêlées à d'autres matières	70	70	82	82	72
Draps de laine	27	25	23	13,75	13
Etoffes diverses de laine	26	22	25,55	16	16
Bonneterie de laine	26	15	20	25,50	25,50
Etoffes de laine mélangée	12	20	35,25	20,50	22,50
Toiles de coton écru	15	4	3,80	3,55	3,55
Laine en masse	5	5	3,10	2,30	2,60

(1) En 1789, la moyenne de la vie était de 28 ans environ ; elle dépasse aujourd'hui 37 ans. (Levasseur, *Histoire des classes ouvrières*, t. 1, p. 82). — Un fait a donné une preuve singulière de cette prolongation. La caisse des retraites, fondée par l'Etat le 18 juin 1850, s'est, en 1864, trouvée de 500.000 francs en déficit sur ses évaluations, simplement parce que les tarifs avaient été évalués d'après la table de Deparcieux, qui a été calculée sur la mortalité au XVIII° siècle.

(2) La grande commission d'enquête, chargée par l'Assemblée nationale d'étudier les conditions actuelles du travail en France a constaté que de 1853 à 1871, le salaire des hommes non nourris a augmenté de 41 0/0 ; celui des femmes de 38 0/0. Dans l'industrie parisienne, le salaire des hommes et celui des femmes a augmenté de 31 0/0. Dans

travail est libre, et, sous le poids des raisons
économiques, la répartition des produits du tra-

l'industrie des textiles, de 81 0/0. Dans les mines et hauts-
fourneaux, de 1855 à 1875, l'augmentation a été de 62 0/0.
(V. le rapport de M. Ducarre). — D'après un rapport de la
Chambre de Commerce de Paris, les salaires, de 1850 à 1870,
se sont élevés à Paris : pour le peinture et la vitrerie de
38 0/0 ; pour la menuiserie et pour la marbrerie de 40 0/0 :
pour la maçonnerie, la charpente et l'industrie du bronze
de 30 0/0 ; pour la typographie de 35 0/0 ; pour les mécaniciens, chaudronniers, fondeurs 45 0/0. — Voici d'après
l'annuaire de statistique publié par le ministère de l'Agriculture et du Commerce le salaire moyen des ouvriers non
nourris :

En 1872.	A Paris, 4,62		En province dans les chefs-lieux	2 70		
1873	4.63			2.76		
1874	4.62			2.75		
1875	4.62			2.86		
1876	4.63	{ hommes 5 { femmes 2.40		2.86	{ hommes 3.12 { femmes 1.62
1877	4 78	{ hommes 5.14 { femmes 2.80		2.87	{ hommes 3 15 { femmes 1.62

On peut consulter les tables de l'annuaire qui donnent
les salaires moyens d'un très grand nombre de professions.
Toutefois, il faut se défier de la moyenne en pareille
matière, et surtout de la moyenne générale telle que nous
l'avons reproduite ci-dessus : car elle est faussée par les
salaires de quelques ouvriers exceptionnels, ou de quelques
industries privilégiées, et surtout, on ne fait pas entrer en
ligne de compte les chômages, même réguliers. — M. d'Haussonville a publié dans le n° du 15 avril 1883 de la *Revue
des Deux-Mondes* un remarquable article sur la vie et les
salaires à Paris. M. d'Haussonville divise les métiers
(d'hommes ou de femmes) en 3 catégories. Métiers d'hommes :
1re catégorie. Métiers intellectuels ou artistiques (orfèvre,
bijoutier, graveur, typographe) : salaire habituel de 7 à
10 fr. ; salaire élevé de 10 à 15 ; salaire exceptionnel de 15
à 30. — 2me catégorie. Métier demandant de la force et
une certaine instruction professionnelle (tous les ouvriers
du bâtiment, de l'ameublement, de la construction, de

vail se modifie conformément aux aspirations

machines, des wagons, de voitures) : salaire minimum 5 fr. maximum 12 fr. Cette catégorie, de beaucoup la plus nombreuse, est celle qui a le plus profité de la hausse des salaires. (En général l'augmentation a été plus sensible pour les salaires élevés que pour les salaires moindres.) Dans le bâtiment, la journée des ouvriers à fort salaire a depuis sept ans (de 1875 à 1883) monté de 60 0/0; pour les ouvriers à petit salaire, l'augmentation n'a été que de 25 0/0. Dans la construction des machines, l'augmentation moyenne a été de 33 0/0; dans la construction de wagons et voitures 300/0. — 3ᵐᵉ catégorie. Métiers ne demandant que de la force physique : Salaire de 3 à 4 fr. 50. — Métiers de femmes. 1ʳᵉ catégorie. (Peintres en porcelaine, compositrices de dessins pour châles et tentures, monteuses de guirlandes de fleurs, typographes, etc.) 6 à 8 fr. — 2ᵐᵉ catégorie. (Fleuristes, brodeuses, modistes, couturières, lingères, brunisseuses, monteuses d'ombrelles, cartonnières, repasseuses, savonneuses, etc.) Certaines de ces professions donnent des salaires de 5 à 6 fr. par jour, mais subissent des chômages qui vont jusqu'à 7 ou 8 mois par an. La majeure partie gagne de 2 à 3 fr. Certaines professions ne donnent que 1 fr. 25 (lingerie courante pour confection), 0,90 et même 0,60 pour une journée d'environ 12 heures de travail (couseuses de sacs). — 3ᵐᵉ catégorie (Employées dans les fabriques d'allumettes, chandelles, caoutchouc, couvertures, effilochages de laine triage de chiffons, etc.) de 1 à 1,75. Cette dernière catégorie employait, à Paris, selon M. P Leroy-Beaulieu, 15.000 ouvrières en 1873.

M. d'Haussonville a, avec la marge nécessaire, selon le sexe, l'âge, le tempérament, évalué le budget minimum de dépenses d'un ouvrier :

Logement...........................	100 à 150 fr.
Nourriture..........................	550 à 750
Vêtement	100 à 150
Chauffage, éclairage, blanchissage, menues dépenses	100 à 150
Total.............	850 à 1200

ouvrières : tandis que les salaires montent, l'in-

Il faut donc que l'ouvrier gagne au minimum de 2.85 à 3.85 par jour. — Chez les hommes les salaires sont suffisants : les ouvriers les moins favorisés dépassent le minimum, et beaucoup gagnent assez pour subvenir très largement aux besoins de leur ménage. En 1876 on comptait 248.092 ouvriers à Paris et 74.128 hommes de peine :

74 0/0 gagnaient au minimum 4 fr. (de 4 à 30 fr.)
22 0/0 — — de 3 à 4 fr.
4 0/0 — — moins de 3 fr.

Chez les femmes les salaires trop faibles sont la règle. La statistique officielle indiquait comme moyenne du salaire des femmes : en 1864, 2 fr. 14 et en 1882, 2 fr. 78. En réalité la grande majorité ne gagne en 1882 que 1 fr. 50 ou 2 fr. Aussi les bureaux de bienfaisance ne secourent que 25.092 hommes contre 41.291 femmes ainsi réparties :

5.168 femmes de journée.
2.238   »   de ménage.
1.435   »   lingères.
1.217   »   couturières.

V. le recueil intitulé *Série des prix de la ville de Paris.* V. l'*Économiste Français* des 16 et 30 décembre 1882.

Le délégué des ouvriers couvreurs à l'Exposition de Paris en 1867 faisait ainsi le budget d'un ménage ouvrier avec deux enfants. (V. *Revue des Deux-Mondes* 1er oct. 1858. *Opinion des ouvriers sur l'industrie*, par M. E. Savency.)

Logement .... 250 - 300
Vêtements.... 400
Blanchissage . 85
Nourriture ... ? (déjeuner de l'homme hors du logis)
              à 1 fr. 25, 220 fr.

D'après un récent travail de M. Léone Levi le revenu moyen par famille d'ouvriers aurait monté, de 1300 fr. en 1851, à 2075 fr. en 1881 : soit 50 0/0 d'augmentation. Une autre statisticien anglais, M. Robert Giffen fixe à 70 0/0 en moyenne l'augmentation du salaire du 1830 à 1880. (*Progress of the Working class in the last half century*) (V. P. Leroy-Beaulieu, *Le Collectivisme*, p. 50; Bulletin da

térêt du capital diminue. (1) Les gouvernements
enfin ne demeurent plus impassibles et muets
parmi les sommets inaccessibles d'une classe
privilégiée. (2) Si, selon la belle pensée de
L. Reybaud, si l'esclavage antique et la servitude du moyen-âge ont été féconds au point
d'enfanter la civilisation moderne, que ne faut-il
attendre de la liberté même, et ne serait-ce pas
impie de désespérer de l'avenir, en comparant
le présent au passé ?

A côté de ce progrès général de la civilisation, certaines améliorations, qui touchent

ministère des finances, février, p. 201, mars, p. 859, spécialement les tableaux des revenus et des salaires en Angleterre, Fawcett, *Travail et Salaires*, chap. I.)

(1) V. sur cette tendance au nivellement des fortunes,
l'ouvrage de M. P. Leroy-Beaulieu sur la *Répartition des
richesses*.

(2) Le gouvernement français et le gouvernement allemand
se préoccupent particulièrement des questions de cette nature.
Le gouvernement allemand a créé un Conseil économique
(Volkswirthschaftsrath) : cette assemblée, composée de
négociants, d'industriels, de propriétaires, d'agriculteurs,
etc., choisis par le gouvernement qui les dédommage pécu-
niairement, doit prêter à l'élaboration des réformes qui
sont à l'ordre du jour, le concours de son expérience : elle
s'est réunie pour la première fois, le 27 février 1881. Il est
très intéressant de voir l'empire d'Allemagne remonter la
pente économique que nous avons suivie depuis cent ans :
M. de Bismarck rêve le rétablissement des corporations
fermées, et l'ingérance de l'Etat dans toutes les questions
du travail. Les économistes sont unanimes à le blâmer :
reste à savoir si cette réforme a des avantages politiques qui
en compensent les inconvénients économiques. V. E. de Lave-

plus particulièrement les ouvriers, ont déjà
produit de bons résultats. Les associations
coopératives de consommation diminuent les
frais de l'existence ; (1) les sociétés de secours

leye, *Le socialisme contemporain*, p. 77 une citation d'un
discours de M. de Bismarck du 17 septembre 1878.

(1) En 1865, il y avait en Angleterre, 615 sociétés de
consommation comprenant 148.586 membres et un capital
action de 20.486.175. Elles achetaient pour 81.892.175 fr. et
vendaient pour 76.577.300 fr. de denrées, avec un bénéfice de
6.980.650 fr. — En 1870, 969 sociétés comptant 246.113
membres et représentant un capital de 50.856.525 fr. ; elles
achetaient pour 205.061.650 fr. de denrées et revendaient
pour 296.413.525 avec un bénéfice net de 13.885.875 fr. En
1879, 1.169 sociétés comptant 573.081 membres, et représentant
un capital de 143.097.675 fr., ayant vendu pour 4.175.088.110 fr.
et réalisé un bénéfice net de 48.737.825 fr. — Voici à titre
d'exemple extraordinaire de succès le relevé de situation
de la Société des Equitables pionniers de Rochdale en 1881 :

Nombre des associés.	10.697
Capitaux........	7.553.795
Montant des ventes...............	6.803.550
Bénéfices, intérêts compris........	1.156.050

La Société est propriétaire de l'immeuble où s'exerce son
commerce ; elle commandite la Wholesale society ; elle a créé
par actions des Sociétés de secours mutuels et d'épargne,
a établi des écoles, des cours ; elle dépense par an 22.100 fr.
en frais d'éducations. — En novembre 1882, la Société de
consommation de la ville de Leeds, en Yorkshire, qui
comprend 20.400 membres, a construit pour ses besoins un
moulin à farine qui lui a coûté 1.400.000 fr. A cette occasion
elle célébra une grande fête, et sur la façade de son local
principal elle avait disposé l'inscription suivante : « Ce que
peut la coopération : Elle fera de chacun le propriétaire de
sa propre demeure ; elle enseigne à tous à penser ; elle
améliore l'habitation de l'ouvrier ; éteint les dettes ; provoque
une répartition plus équitable de la richesse ; réconcilie le
travail et le capital, fait hausser le salaire des ouvriers

mutuels (1) et les assurances (2) adoucissent les difficultés temporaires.

sans avoir recours aux grèves ; crée des habitudes d'économie et d'épargne. »

En 1881, il y avait en Allemagne, 195 Sociétés de consommation. En Suisse on en rencontre presque dans chaque commune.

En France, c'est sous la forme d'Association de consommation que la coopération est la plus développée; je ne connais pas de statistique complète sur ce point. On compte une trentaine de Sociétés dans le département de la Seine, et dans presque toutes les villes, au moins de moyenne importance, on en rencontre; en général elles sont assez florissantes.

(1) La première société qu'on puisse appeler société de secours mutuels date de la fin du siècle dernier ; c'était la confrérie des porte-faix de Marseille. Quelques-unes, notamment à Grenoble, se fondèrent sous l'Empire. Sous la Restauration, elles se développèrent très peu. Un élan marqué signala le gouvernement de Juillet. En 1852, date de la première statistique générale à cet égard, on compte 2.438 sociétés sur lesquelles 15 antérieures au XIXᵉ siècle ; 114 fondées de 1800 à 1814; 337, de 1814 à 1830 ; 1.088, de 1830 à 1848. Beaucoup d'autres avaient sombré de 1848 à 1851.

En 1854 il y avait en France	2.910 sociétés comptant	351.101
1860	4.252	710.164
1864	4.839	714.345
1874	5.748	846.431
1878	6.293	977.752

Les ressources financières de ces 6.293 sociétés s'élevaient à 85.752.889 francs. — En Angleterre, on estime à 3.000.000 le nombre des membres des Sociétés de secours mutuels, leurs souscriptions annuelles à 125 millions, et leurs fonds de réserve à 3 à 400 millions.

(2) Les Compagnies d'assurances sur la vie, qui datent de la Restauration, et qui, jusqu'à ces derniers temps, ne

Ces institutions remédient à des maux ; il en
est d'autres, dont l'influence est plus efficace,
qui les préviennent, et sont des œuvres, dont

recrutaient leurs assurés que dans la bourgeoisie, com-
mencent à s'acclimater dans le monde des travailleurs.
Voici le tableau de la situation des Compagnies d'assurances françaises à primes fixes.

ANNÉES	CAPITAUX ASSURÉS		RENTES VIAGÈRES	
	Nombre de contrats	Capitaux	N. de contrats	Rentes
de 1819 à 1859	40.258	235.000.000	36.400	17.190.000
1860	8.863	45.300.000	2.631	1.720.000
1865	15.859	135.300.000	3.707	1.775.000
1870	10.162	111.500.000	2.530	1.664.000
1871	6.783	83.000.000	1.331	955.000
1875	21.250	235.000.000	3.631	2.670.000
1876	28.161	235.850.000	3.793	3.052.000
1877	29.678	270.370.000	3.925	3.305.000
1878	33.511	315.060.000	5.353	3.143.000
En vigueur au 31 déc. 1878 :	163.200	1.778.870.000	43.925	21.419.000

L'assurance contre les accidents est devenue une précaution
ordinaire dans l'industrie : mais elle émane presque toujours
du patron. Le Reichstag a voté le 15 juin 1881 une loi qui
rend l'assurance contre les accidents obligatoire pour les
ouvriers industriels. L'assurance doit être proportionnée au
salaire, et est payée, suivant les catégories, ou bien par
l'assuré seul, ou bien partie par l'assuré, partie par le
patron. M. de Bismarck a déclaré ce projet inapplicable.
C'est lui qui avait eu l'idée de l'assurance obligatoire. Mais
le Reichstag avait remanié sa proposition. Un nouveau
projet avait été soumis au Volkswirthschaftsrath. L'obligation de l'assurance est étendue à tout ouvrier ou employé
dont le salaire ne dépasse pas 2000 marks (environ 2500 fr.)
Le même projet pose la question de l'organisation des
corporations. — Un autre projet vise l'assurance en cas de
maladie. — L'état français a fondé le 18 juin 1850 une
caisse de retraite pour la vieillesse. Pendant les premières
années, le succès en a été médiocre. A la fin de 1851, elle

on peut espérer, dans un avenir prochain, une amélioration sérieuse de la condition ouvrière. Nous avons critiqué tout à l'heure le système des associations de production, constituées en facteurs dominants de l'organisation sociale; nous avons protesté contre la tyrannie de ces êtres moraux, auxquels on défère tous les droits

n'avait reçu que 1.200.000 francs : jusqu'en 1859, moyenne 300 versements par an. Mais chaque année atteste un progrès.

Années	Nombre des déposants	Sommes déposées
1853	1.776	575.733
1860	9.108	2.576.739
1865	15.055	3.910.516
1870	21.911	5.839.818
1871	27.573	5.953.672
1872	29.695	6.193.660
1875	34.762	7.067.970
1880	75.365	11.865.833
1881	93.661	13.844.339
1882	106.695	17.152.844
1883	122.638	20.499.571

Au 31 décembre 1881 le déficit était de 22 millions (voir le rapport à la Chambre des députés du 18 mars 1881). Le déficit provient comme nous l'avons dit de l'élévation de la moyenne de la vie humaine ; et aussi de ce que la caisse servait 5 % aux déposants, tandis que la caisse plaçait les capitaux à un taux moins élevé. Mais cette dernière cause n'a agi que dans les années récentes. Pour se couvrir on proposait de verser tout d'abord une somme de 22 millions, puis d'abaisser l'intérêt à 4 1/2 0/0, sauf pour les déposants qui s'adresseraient à la caisse par l'intermédiaire des Sociétés de secours mutuels dont ils feraient partie « L'État par un sacrifice sur le taux de l'intérêt aidera ceux qui se sont eux-mêmes aidés. » Les ouvriers forment les six septièmes de la clientèle de la caisse.

jusqu'alors réservés aux individus ; nous avons montré, dans ce réseau d'associations jetées sur le commerce, sur l'industrie, en un mot sur toute la vie sociale, un filet où s'enlisera l'indépendance individuelle. Au contraire, nous n'avons que des sympathies pour toutes les tentatives, pour tous les systèmes qui respectueux de la liberté de chacun et soucieux de la dignité de tous, se développant sous la seule impulsion de l'esprit de justice et de progrès, tendent à augmenter la rémunération du travail et intéresser le travailleur à son œuvre.

« Le salaire n'est pas la dernière expression de la rémunération du travail, disait en 1848 M. Volowski devant la Constituante, et nous nous dirigeons de plus en plus dans la voie de l'association, mais à vrai dire de l'association libre et volontaire. » Je ne sais pourquoi la condition de salarié paraît déshonorante aux ouvriers ; le salaire n'est point d'une autre nature que les honoraires du médecin et de l'avocat ou le traitement du fonctionnaire. Les noms diffèrent : les choses sont identiques (1). Mais sans discuter l'appréciation, on peut reconnaitre que la tendance signalée par M. Volowski s'accentue de jour en jour. Sans doute, il ne faut pas mettre une confiance aveugle dans la puissance de l'asso-

(1) V. *Revue des Deux-Mondes*, 15 juin 1867. *La question des salaires et des Grèves* par M. Batbie.

ciation. Les associations ouvrières ne réussissent qu'en vertu des mêmes qualités qui assurent partout le succès ; la forme de l'association ne facilite pas la victoire, mais elle a cet avantage d'en faire plus complètement, plus directement, plus sensiblement profiter l'ouvrier. Je sais encore que l'association ne supprimera pas le salariat ; c'est une des folies des anarchistes que de croire à l'absorption de toutes les forces productives par les associations. Mais, plus elles se multiplient, plus elles favorisent aux ouvriers le passage du salariat à la condition de proprié-taire, et en mettant mieux à leur portée le but et la récompense de la bonne conduite, elles exci-teront leurs efforts.

Nous marchons sans doute vers un état social où la distinction des classes s'effacera parce que la migration de classe à classe se fera plus aisément. La société américaine est à cet égard fort en avance sur la notre : les individus y vivent dans un perpétuel devenir. Chez nous les familles s'immobilisent à un certain rang, et ce n'est que très lentement qu'elles montent ou descendent. En Amérique les ascensions et les chûtes sont rapides : une seule vie en compte parfois plusieurs. Là, mieux que partout ailleurs, il n'y a pas de sot métier, ni de vile situation (1). Les Européens

(1) V. P. Leroy Beaulieu. *Le Collectivisme*, p. 42: *Le prolétariat préféré à la situation de colon propriétaire.*

sont frappés d'y voir l'ouvrier causer sur le ton d'égalité avec le bourgeois le plus considéré : c'est que l'ouvrier d'aujourd'hui sera demain bourgeois, et le bourgeois sera redevenu ouvrier : charpentier aujourd'hui, demain professeur à l'université, après demain président de la confédération.

Pourquoi en va-t-il autrement dans notre vieille civilisation ? C'est que nous sommes comme enserrés de bandelettes par les traditions du régime aristocratique sous lequel notre société a grandi. L'esprit et les mœurs ont survécu aux institutions.

Déjà sans doute, le discrédit du travail a disparu : mais tout travail ne jouit pas de la même faveur : le commerce, l'industrie sont encore regardés par beaucoup d'esprits prévenus comme inférieurs aux professions libérales. Autrefois, il est vrai, alors que l'instruction était chose rare, le commerce s'en passait, et l'industrie existait à peine, ou vivait de routine : l'homme instruit devenait donc médecin, homme de loi, homme de lettres. On s'habitua à estimer diversement des professions qui par elles seules étaient un signe distinctif d'ignorance ou d'instruction. Maintenant, au contraire, un industriel, un grand commerçant, un agronome doivent être aussi instruits qu'un médecin ou un avocat, et avant peu personne n'osera établir de hiérarchie entr'eux.

Quant au travail manuel, il demande assurément une moindre valeur personnelle. Mais il est bien déraisonnablement méprisé par une foule d'individus qui se jettent sur les situations confinant aux carrières libérales, sur les emplois, sur les fonctions publiques, scribes de toute sorte, commis, employés, bureaucrates, paperassiers, qui touchent de douze à quinze cents francs par an, tandis qu'un ouvrier gagne de quinze cents à trois mille francs, tout aussi sottement encore par cette multitude de petits capitalistes, demi-bourgeois qui aiment mieux, par vanité maladroite, risquer leur pécule dans un maigre et inutile commerce de détail avec leur nom sur leur enseigne, plutôt que d'accepter bravement la situation de prolétaire. (1)

Je crois fermement que tout ce qui pourra mélanger les classes, faire tomber ces barrières des préjugés entre les diverses situations sociales aidera à l'amélioration du sort des travailleurs. Lorsque le travail manuel sera hanté par des individus qui auraient pu prétendre à autre chose, lorsque les ouvriers pourront plus facilement sortir du prolétariat et se mêler à la bourgeoisie, lorsque les distances seront diminuées et qu'on les franchira plus souvent,

(1) V. sur les causes de l'encombrement des professions libérales, la très fine analyse de M. P. Leroy Beaulieu. *Le Collectivisme.* p. 408 et suiv.

dans un sens ou dans l'autre, n'y aura-t-il pas une détente dans les rapports de classe, et en apprenant à se connaître n'apprendra-t-on pas à s'estimer ? Ne voit-on pas ce phénomène produit déjà par le service militaire obligatoire, malgré le tempérament du volontariat : les hommes du peuple, et les fils de la bourgeoisie en se fréquentant s'estiment, et, des deux côtés, j'en ai été témoin, on se trouve meilleur qu'on ne croyait.

Or, les associations ouvrières, sont une des institutions qui peuvent aider à ce mélange, à cet échange des situations.

Cette puissance de l'association, depuis longtemps elle est reconnue et proclamée : l'*Européen* fondé par Buchez, et qui parut de 1831 à 1832, de 1835 à 1838 ; (1) l'*Atelier* fondé par MM. Corbon et Pascal, et dont la rédaction fut exclusivement confiée à des ouvriers, préconisaient le progrès par les voies pacifiques de l'association, et exercèrent, il y a une quarantaine d'années, une assez grande influence parmi les ouvriers de Paris. Ce mouvement de propagande avait été mis en branle par les disciples de Saint-Simon et de Fourier, mais il avait été, en même temps, vicié par les doctrines de l'époque, qui attribuaient à l'État une part prépondérante dans l'œuvre de

---

(1) Les statuts de l'Association coopérative de production, fondée en 1831 par des ouvriers menuisiers, furent rédigés par Buchez.

la réforme sociale. Ce fut là le défaut de toute la série d'études qui signalent cette ère à notre attention. Lorsqu'on parcourt les ouvrages parus à ce moment, (1) on s'étonne que l'intervention des pouvoirs soit présentée comme le seul moyen de résoudre les difficultés, et on admire combien peu de confiance inspirent l'initiative privée et le développement libre et spontané des institutions. (2)

(1) M. de Lafarelle, *Du progrès social au profit des classes populaires non indigentes* (1 vol. 1847). — Projets sur la fondation des Caisses de retraite par l'État, M. Macquet, *Journal des économistes*. T. v, p. 107, 1840. — Projet de M. Chavannes, 1846. — Projets de grands travaux publics de M. Chaillou des Barres, *ibid*, T. xiii, p. 380 ; — de M. Marbeau, *ibid*. T. xv, p. 305. — V. le compte-rendu du concours ouvert en 1850 par l'Académie des sciences morales et politiques. — V. le compte-rendu du procès Vignerte et Vagnerre, (février 1844). Vignerte disait dans sa défense devant la Cour d'assises : « Le jour où la France sera libre et la nation souveraine, il sera de l'essence des devoirs de la République de fournir aux prolétaires les moyens de se former en associations coopératives, et d'exploiter eux-mêmes leur industrie... J'ai émis le vœu que l'industrie fût affranchie de la loi du salaire, loi arbitraire et tyrannique, et ne fût soumise qu'à la loi d'association, loi rationnelle et profitable. »

(2) Aujourd'hui encore, parmi les socialistes, il en est qui ne croient pas à la puissance de la coopération. Voici le texte d'une résolution votée par le Congrès régional de la fédération Romande, tenu à la Chauds-de-Fonds en avril 1870 : « Le Congrès Romand, considérant que la coopération de production ne peut pas se généraliser dans la société actuelle, parce que, si d'un côté quelques travailleurs

En Angleterre, les industriels qui font participer les ouvriers aux bénéfices sont nombreux Les proportions, les règles, le mécanisme de la

peuvent, par leurs propres épargnes ou avec le secours des autres travailleurs être mis en possession de leurs instruments de travail, il est impossible d'un autre côté de procurer les instruments de travail à la totalité des travailleurs, à moins d'exproprier les détenteurs des capitaux ; que cette impossibilité est surtout évidente lorsqu'il s'agit des grands instruments de travail, l'usine, la mine, la terre, et qu'ainsi les corps de métiers les plus souffrants sont précisément ceux qui peuvent le moins se constituer actuellement en coopération ; qu'ainsi, tandis que la plus grande partie des travailleurs resteraient misérables, une minorité enrichie par la coopération irait augmenter les rangs de la bourgeoisie ; considérant en outre que la coopération de consommation, lorsqu'elle est fondée sur des bases réellement socialistes sans aucun avantage réservé au capital, peut avoir une utilité relative pour soulager la misère de quelques travailleurs, pour les grouper et les organiser, mais que néanmoins la coopération de consommation, si elle se généralisait dans l'état actuel de la société de manière à procurer à la totalité des travailleurs la vie à meilleur marché, aurait pour résultat un abaissement général des salaires, le salaire n'étant que la portion strictement nécessaire pour vivre laissée par le capital au travail. Déclare : Que la coopération est la forme sociale qu'adoptera le travail après l'émancipation des travailleurs ; mais qu'il ne pense pas que la coopération soit le moyen d'opérer l'affranchissement complet du prolétariat, qui ne peut avoir lieu que par la révolution sociale internationale. » V. les remarques qui accompagnent la reproduction de cette résolution. *Mémoire présenté par la fédération jurassienne de l'Association internationale des travailleurs à toutes les fédérations de l'internationale.* Pièces justificatives, p. 129. Souvilliers, au siège du Comité fédéral jurassien 1873. — Schœffle.

participation offrent une grande diversité, (1) et
de même ont été diverses les fortunes de ces
divers établissements. (2)

En France, la participation est moins fréquente.
A Paris, on compte trente-neuf maisons qui ont
adopté soit la participation de l'ouvrier aux bénéfices, soit la majoration du salaire, en raison de
l'âge de l'ouvrier et de son ancienneté dans la
maison, ou en raison du travail effectué. (3) Ce

(*Quintessence du socialisme*) condamne la participation,
l'association ouvrière, la coopération, par la crainte que la
concurrence ne s'établisse entre ces diverses institutions
productrices. — Le congrès de Lausanne témoignait de
même une vive défiance à l'égard de la coopération sous
prétexte que les associations coopératives tendent à constituer un quatrième état ayant au dessous de lui un
cinquième état plus misérable encore ; il est vrai que le
congrès suivant, tenu à Bruxelles en 1869, fut favorable à
la coopération.

(1) V. le C¹ᵉ de Paris, *Associations ouvrières en
Angleterre* (1869). *Situation des ouvriers en Angleterre* (1873).

(2) Sur les 115 sociétés de participation foncière, dans le
Lancashire, de filatures et tissages de coton, quarante-deux
réussissent; vingt sont en pleine prospérité; quatre-vingt-
treize sont en pertes. — V. Mony, *Études sur le travail*.
t. I, p. 317, Paris, Hachette.— V. sur cette question *Bulletin
de la participation aux bénéfices* publié depuis 1879 par
la société formée pour faciliter l'étude pratique des
diverses méthodes de participation du personnel dans les
bénéfices de l'entreprise, et qui a son siège à Paris, 20, rue
Bergère. Notamment t. III. (année 1881), p. 221 et suiv.

(3) V. Fougerousse, *Patrons et ouvriers de Paris.*— A
Reims, certaines grandes filatures donnent une prime à la
production et à la perfection du travail.

n'est pas sans doute l'association de l'ouvrier et du patron. L'association véritable est impossible, puisque l'ouvrier ne saurait participer aux pertes. (1) C'est, si on veut, une association léonine, à laquelle se plie le patron. Mais, quelle que soit la nature de l'engagement, il a une influence salutaire sur l'ouvrier.

En voici un exemple récent : un grand industriel de Lyon, constructeur de machines, a adopté le régime de la participation. Tous les trois ans, afin de permettre, dans une certaine mesure, la compensation des bonnes et des mauvaises années, et d'établir comme une moyenne des résultats, une certaine part des bénéfices est distribuée aux ouvriers. Le patron n'avait pas étudié les mécanismes ingénieux usités en Angleterre, et ne savait trop s'il ferait sa distribution au prorata des appointements, ou des salaires, ou du temps de service de chaque homme. (2) Mais il a été ouvrier, et il

(1) On a cherché à remédier à cet inconvénient par l'institution d'un fonds de réserve. Mais le fonds de réserve est en réalité toujours prélevé sur les bénéfices et par conséquent fourni par le patron.

(2) Dans l'une des sociétés de participation les plus considérables et les mieux organisées de l'Angleterre, celle des mines et hauts-fourneaux de Whitwood et Mathley fondée en 1865, voici les bases de la répartition : tous les ouvriers reçoivent leur salaire à la tâche ; le capital prélève 10 0/0. Le surplus des bénéfices se partage également entre le capital et les ouvriers, et est distribué aux

connaît les ouvriers. Il décida de remettre la
solution de la question à une commission nommée
par les ouvriers mêmes, et de laisser les intéressés partager comme ils l'entendraient. Cette
décision ne lui fut pas dictée par le désir de
se débarrasser de la difficulté ; mais il pensait que c'était le meilleur moyen d'éviter les
mécontentements ; il pensait en outre qu'il
est bon que les ouvriers s'habituent à gérer
leurs intérêts ; que la liberté et la responsabilité
sont des auxiliaires puissants de la dignité
individuelle. Ses prévisions à cet égard ne
furent pas déçues : la répartition s'opéra
très loyalement, et à la satisfaction de tous. Or,
il y a peu de temps, les ouvriers de l'usine
décidèrent de se mettre en grève, pour obtenir
une augmentation de salaire. Le patron les
réunit, leur déclara qu'il lui était impossible de
modifier ses tarifs. Il leur fit en outre observer
qu'à la fin de l'année, devait avoir lieu une répartition triennale des bénéfices ; qu'une grève lui

ouvriers, au prorata de leurs salaires, par conséquent de leur
travail. En 1873, le salaire des ouvriers ayant, par des aug-
mentations successives, monté de 30 0/0, il fut décidé que le
capital prélèverait 13 0/0. — Sous l'empire de la première
répartition, les ouvriers ont touché annuellement, pour
leur part de bénéfices, environ 40 0,0 de leurs salaires (V.
Cte de Paris, p. 180) — Nous devons ajouter que la
société de Whitwood vient de subir un échec considérable,
dû, semble-t-il, à l'hostilité des Trades Unions. (Fougerousse, *Patrons et ouvriers de Paris*, p. 205).

ferait subir une perte considérable ; mais que cette perte annihilerait peut-être, diminuerait assurément les bénéfices des exercices écoulés et que les ouvriers en seraient comme lui victimes. A la suite de ces explications, les ouvriers se retirèrent. Ils prirent un jour pour délibérer, et, le surlendemain, ils se présentaient tous à l'atelier, ayant renoncé à la grève. (1)

Ils ont été guidés par leur intérêt, dira-t-on. Qu'importe, répondrai-je. Est-ce donc autre chose que la conciliation des intérêts qu'il faut chercher. Je n'ai le droit de faire appel aux sentiments de personne; il ne s'agit ni d'affection ni de désintéressement. Ce sont les intérêts qui mènent le monde, et tout sera pour le mieux, lorsque les intérêts, que Proudhon nommait contradictoires, et que, plus sagement, Bastiat appelait harmoniques, seront si bien groupés par le jeu de l'organisation industrielle et commer-

(1) V. aussi dans la *Situation des Ouvriers en Angleterre* du Cte de Paris, l'étude consacrée à la Société des Mines et Hauts-fourneaux de Whitwood et Mathley, et l'influence pacificatrice de la participation (pp. 188 et 191). « En peu d'années, la paix et la confiance mutuelles sont venues remplacer la haine et la guerre. » Et p. 183 : « Il a été constaté que les ouvriers tendent à se fixer de plus en plus dans l'établissement (Newport Rolling mills, fabrique de barres et plaques de fer de MM. Fox et Head, où la participation a été adoptée en 1864) et que les habitudes d'imprévoyance et d'ivrognerie diminuent en raison directe de l'épargne de chacun. »

ciale, seront si équitablement balancés que, de part et d'autre, l'entente sera nécessaire, et que, de la concorde, naîtra la satisfaction réciproque des besoins. C'est là le véritable progrès dans l'ordre économique. C'est celui auquel nous marchons.

M. d'Haussonville ne pense pas que la participation puisse avoir pendant longtemps une influence pacificatrice. (1) « Ce n'est, dit-il, qu'un trompe l'œil : le jour où elle sera passée dans les mœurs, et aura revêtu le caractère d'un droit, les exigences des ouvriers deviendront plus ambitieuses, et les revendications qui actuellement portent sur le tarif des salaires porteront sur le taux de la participation. »

Ces craintes sont-elles fondées ? L'avenir répondra. Il est bien possible que le désaccord du capital et du travail ne soit pas complètement apaisé par la participation. Il me semble pourtant qu'un système comme celui de Withwood, permettant à l'ouvrier de se rendre compte de tout le mécanisme de l'industrie, lui fait toucher du doigt la justice des prélèvements et de la rétribution du capital. Qu'il y ait des discussions sur le taux, je n'ose affirmer le contraire. La proportion s'établira peut-être d'elle-même par la pondération des intérêts : nous constatons

(1) V. O. d'Haussonville, *La vie et les salaires à Paris*, *Revue des Deux-Mondes*, 15 avril 1883.

d'ailleurs depuis quelques années que la tendance est conforme aux vœux des travailleurs : le loyer du capital baisse, et le salaire du travail monte. Peut-être trouvera-t-on quelque combinaison qui satisfasse aux droits des deux partis ; l'Angleterre nous en fournit un exemple encourageant : la *Sun Mill Company* est une filature de coton dont le capital actions s'élève à 1.250 000 fr. et est tout entier entre les mains des ouvriers. C'est peut-être à cet état d'association avec participation que la participation pure nous conduira. Si ce n'est qu'une étape à franchir, mettons-nous en chemin : la route qui reste à faire est moins dure que celle que nous avons déjà faite.

Ce dont il faut, en effet, bien se persuader, c'est que les revendications des travailleurs n'émanent pas seulement de l'esprit de révolte qui parfois les anime. En réalité ces revendications ont pour raison leurs souffrances. (1) Ces souffrances ne sont plus générales et cruelles autant qu'autrefois ; elles existent encore, et la violence, qui les accompagne, n'est pas sans mériter quelque excuse. Il faut la châtier lorsqu'elle mène au crime : mais qu'on ne s'y trompe pas, on ne la préviendra que par l'équilibre des intérêts, et la satisfaction de tous les besoins légitimes.

(1) V. Denys Poulot, *Le Sublime*, p. 216, la belle et poignante page sur le chômage. « La question sociale est une question d'estomac, » disait Lassalle.

Les derniers mouvements ouvriers sont la preuve de ce que j'avance. J'ai entendu des gens s'étonner que des troubles éclatassent à Montceau-les-Mines, et que la tranquillité régnât dans tel ou tel grand centre industriel voisin.

Tout d'abord, il faut savoir que le mouvement anarchiste de Montceau n'était pas né spontanément : l'agitation y avait été apportée du dehors. Montceau avait été choisi à cause de la nature du terrain et de la dissémination des habitations ouvrières qui s'opposaient à une surveillance continuelle, et aussi à cause du mécontentement des ouvriers. La situation du travailleur n'est point en effet identique, même dans les lieux les plus proches et dans des industries de même famille. Au Creusot, par exemple, la population ouvrière s'agite peu, parce que les ouvriers sont attachés à l'usine par leur situation : c'est une aristocratie ouvrière ; les salaires y sont assez élevés, (1) et chaque ouvrier peut aspirer à une situation pécuniaire satisfaisante.

En outre, l'administration de M. Schneider a été une des plus libérales, des plus intelligentes qu'on puisse voir. Le salaire est presque toujours fixé par le marchandage, et se règle avec un

(1) « Au Creusot, aucun ouvrier ne gagne moins de 30 fr, par semaine, et les meilleurs peuvent, dit-on, gagner de 8 fr. 33 à 10 fr. 40 par jour. » V. le Cte de Paris, *Les ouvriers en Angleterre*, p. 23.

système de primes, variées suivant les cas ou les spécialités, en vue de stimuler et de récompenser l'activité et l'intelligence. Le marchandage, qui d'ordinaire amène une grande tension de rapports entre les ouvriers, est passé en usage, et donne rarement lieu à de vifs débats. Un système de comptabilité publique qui saisit les divers éléments du travail, et tient compte à chacun de la quantité et de la qualité produites, comme aussi de la consommation des matières premières, inspire aux travailleurs une entière confiance dans la justice des règlements. Le principe suivi en tout par l'administration est de donner l'exemple à l'initiative privée, mais de la laisser absolument libre : caisse de prévoyance, caisse de dépôt, écoles, habitations ouvrières, tout a été organisé dans cet esprit, et la statistique démontre, qu'au point de vue moral et au point de vue matériel, la condition ouvrière au Creusot est supérieure à celle du reste de la France.

Il ne faut donc pas croire que les ouvriers n'apprécient pas les différences de condition et qu'ils aient tous fait aveuglement contre la société le serment d'Annibal. Si je surprends, même dans les récentes violences, la trace d'un certain discernement, ou plus exactement si la tranquillité de certains centres m'est une preuve que le bien-être est un contre poids utile contre les emportements et l'esprit de révolte, pourquoi me refuserait-on le droit de croire aux moyens d'améliorer le sort de la classe ouvrière. Là où elle existe, la participation a déjà fait du bien ; elle en fera encore. Le ressort s'usera ? hélas ! comme toute chose ; mais il aura, en son temps et à son heure, rendu le service qu'on en pouvait attendre, et il ne disparaîtra que lorsque dans la transformation constante et insensible de la société, un rouage meilleur aura été inventé pour répondre mieux à des besoins nouveaux.(1)

A côté de ce progrès en voie d'accomplissement, d'autres plus radicaux se manifestent, et arriveront sans doute à s'implanter, malgré les obstacles, et en dépit des difficultés qui entravent tout début.

On se souvient qu'en 1848, la Constituante affecta une somme de trois millions de francs à l'encouragement des sociétés ouvrières coopéra-

---

(1) V. Cte de Paris, *La Rochdale, manufactures coopératives sociales*, p. 173; *la société agricole d'Assington*, p. 177. — Pour des raisons qu'il serait trop long d'exposer ici, ce sont les sociétés de participation qui me paraissent répondre le mieux à toutes les nécessités économiques et industrielles. Mais rien n'empêche que ces sociétés soient complètement entre les mains des ouvriers, le capital étant en actions, comme par exemple dans la Sun Mill Company, filature de coton, dont le capital action s'élevant à 1.250.000 fr. est tout entier fourni par les ouvriers. La Société de Whitwood et Mathley me semble avoir organisé les répartitions selon un mécanisme très sage.

tives de production. (1) En même temps on favorisait leur admission à l'adjudication des travaux publics. (2) Cinquante-sept associa-

(1) V. Lemercier, *Etudes sur les associations ouvrières*. On pourrait faire au mouvement de 1848 le même reproche que celui que j'adressais spécialement à la théorie de l'association chez les anarchistes, le reproche d'avoir rêvé, au moyen d'une organisation nouvelle du régime de l'association, la destruction de l'ordre économique actuel. Voici ce qu'en pensait Proudhon : « De quoi s'agissait-il pour les associations ouvrières, d'après le système du Luxembourg ? De supplanter, par la coalition des ouvriers, et non par les subventions de l'Etat, les associations capitalistes, c'est-à-dire toujours de faire la guerre à l'industrie et au commerce libres, par la centralisation des affaires, l'agglomération des travailleurs et la supériorité des capitaux. Au lieu de cent ou de deux cent mille patentés qu'il existe dans Paris, il n'y aurait plus eu qu'une centaine de grandes associations représentant les diverses branches d'industrie et de commerce, où la population ouvrière eût été enrégimentée et définitivement asservie par la raison d'état de la fraternité, comme elle tend en ce moment à l'être par la raison d'état du capital. Qu'y auraient gagné la liberté, la félicité publique, la civilisation ? Rien. Nous eussions changé de chaînes, et, ce qu'il y a de plus triste, et qui montre la stérilité des législateurs, entrepreneurs, et réformateurs, l'idée sociale n'aurait pas fait un pas ; nous serions toujours sous le même arbitraire, pour ne pas dire sous le même fatalisme économique. » Proudhon, *De la capacité des classes ouvrières*, 1865, p. 168.

(2) *Décret du 15 juillet 1848. Règlement d'administ. publ. du 18 août*. Peu d'associations se présentèrent aux adjudications : une seule réussit complètement celle des paveurs, qui réalisa des bénéfices, et procura une économie notable à la ville de Paris. (V. le rapport de M. L. Faucher à la Législative, 18 décembre 1849.) M. Floquet, préfet de la Seine, a fait revivre ce décret dans son administration.

tions profitèrent des subventions, (1) et reçurent 2.035.000 fr. C'était alors le début du mouvement coopératif, et tout présageait qu'il allait se propager, lorsque le coup d'état éclata, et presque toutes les associations ouvrières furent, par haine de l'esprit libéral qui les animait, violemment dissoutes en 1851 et 1852. (2) Quand l'empire en fut réduit à se relâcher un peu de ses habitudes autoritaires, et que la loi de 1867 sur les sociétés fut votée, les ouvriers se défièrent encore de ce libéralisme tardif, et peu d'associations prirent naissance. (3)

Sous le Septennat mille tracasseries chica-

(1) Il y avait eu six cents demandes ; cinquante-sept seulement furent accueillies : trente-deux à Paris, (dont trente exclusivement composées d'ouvriers, et deux, d'ouvriers et patrons), et vingt-sept en province, (dont douze composées uniquement d'ouvriers, et quinze, d'ouvriers et patrons). Les trente-deux associations parisiennes reçurent 890.500 francs. Dans les six premiers mois, trois furent déclarées en faillite, et on comptait parmi elles quinze mutations de gérances.

(2) Sur les trente-quatre associations entendues par la commission d'enquête extra-parlementaire du mois de mai 1883, deux seulement datent de 1848 et une de 1849. Au congrès ouvrier de Paris en 1876, le citoyen Finance disait que, de toutes les associations subventionnées en 1848, une seule survivait, celle des tailleurs de limes.

(3) Sur les trente-quatre associations entendues par la commission de 1883, une date de 1863, une de 1864, une de 1865, une de 1866, une de 1867, une de 1868, une de 1869.

nières entravèrent les tentatives. (1) Depuis 1881,
les ouvriers se sont remis à l'œuvre : un grand
nombre de sociétés se fondent chaque année. (2)
Combien en existe-t-il actuellement ? Je ne sais
si une statistique générale a été faite : (3) elle
serait bonne à faire, et il serait intéressant, si la
question n'était pas indiscrète, de relever la
situation de chacune, afin de pouvoir apprécier
les chances de succès.

Toutes ces sociétés ont eu des débuts extrê-
mement difficiles : l'inexpérience de la direction, l'inaptitude à l'administration, l'ignorance
du commerce, la mobilité des esprits, (4) et plus

(1) Sur ces trente-quatre sociétés, une seule date de 1872;
jusqu'en 1881 on n'en trouve plus.

(2) Neuf des sociétés entendues datent de 1881, cinq de
1882, trois de 1883. — Sept sociétés n'ont pas indiqué la
date de leur fondation.

(3) Les chiffres particuliers fournis par les auteurs diver-
gent beaucoup. S. Mony (*op. cit.* p. 319) dit que quatorze
associations sur les cinquante-sept secourues en 1848
avaient survécu jusqu'en 1857. Le rapport de M. Barberet
(*Commission extra-parlementaire*, p. 11) déclare qu'elles
ont presque toutes succombé de 1851 à 1852, et qu'il s'en est
fondé très peu jusqu'en 1879. — M. E. Saveney (*Revue
des Deux-Mondes*, 1er octobre 1863) en compte une soixan-
taine à Paris; M. Denys Poulot plus de cent en 1879.
M. d'Haussonville (*Revue des Deux-Mondes*, 15 avril
1883) une vingtaine seulement en 1883, comprenant environ
4000 adhérents. — La commission parlementaire en a
entendu trente-quatre, et une trente-cinquième en voie de
formation.

(4) « Les changements de directeur sont l'écueil de toutes
les sociétés » dit M. Castel, délégué de l'association des

encore le défaut de crédit sont autant d'obstacles
particuliers à ces entreprises, qui se dressent
devant les premiers pas, et qui ne peuvent être
surmontés que par une énergie et une ténacité
exemplaires. (1) Mais de tous le plus malaisé à
vaincre, c'est le défaut de capital. Tandis que les
sociétés coopératives de consommation, faisant
toutes leurs opérations de vente et d'achat au
comptant, peuvent se fonder avec un capital
restreint, les sociétés de production, qui sont
nécessairement condamnées aux marchés à
terme, doivent disposer d'un fonds de roulement
considérable. C'est lorsqu'on assiste aux difficultés de la mise en train, qu'on se prend à
rêver avec Prudhon la gratuité du crédit. C'est
lorsqu'on voit l'association des ébénistes de la

ouvriers charpentiers de la Villette. *Commission extra-
parlementaire*, p. 115.

(1) Lire les dépositions devant la Commission d'enquête.
— V George Howell, *Conflict of capital and labour* 1878,
et M. Cernuschi, *Illusions des Sociétés coopératives* 1866.
— V. dans *Les ouvriers en Angleterre* du Cte de
Paris, p. 175, le récit des difficultés éprouvées par la
société coopérative fondée en 1864 à Wolverhampton entre
sept ouvriers serruriers ayant apporté ensemble 225 francs.
— La société des ouvriers en chaudières de Septford, fondée
en 1871, et composée de neuf membres avec un capital actions
de 275 fr. et un capital obligations de 500 fr., a fait dans sa
première année 13.625 fr. d'affaires. — V. G. Holysake,
History of cooperation ; L. d'Andrimont, *Le mouvement
coopératif en Belgique* ; V. de Lavelaye. *Le Socialisme
contemporain*, p. 85,

rue de Montreuil se fonder avec 100 francs de capital, c'est lorsqu'on voit les membres de l'association des maçons et des tailleurs de pierre, réduits à mettre au mont-de-piété une partie de leurs vêtements, et leurs femmes pousser le dévouement jusqu'à engager leurs boucles d'oreilles et leurs bagues, afin de constituer le capital qui permit d'acheter les matériaux nécessaires à l'exécution du premier travail obtenu ; c'est quand l'association des coiffeurs et celle des cuisiniers se fonde avec deux francs pour tout capital dans la caisse sociale ; c'est quand les formiers, les cordonniers, les lithographes prélèvent la majeure partie de leurs salaires pour constituer le fonds de leurs sociétés, et se réduisent à des journées de 1 fr.50 et même d'un franc; c'est alors qu'on comprend les amertumes des récriminations ouvrières, et qu'on excuse les imprécations contre le capital, contre ce capital, sans le concours duquel on ne peut rien, et qui se fait si cruellement acheter. (2)

Et pourtant, chose curieuse, ce n'est point sur les lèvres de ceux qui ont eu ainsi à lutter directement qu'on surprend ces invectives. Dans les

(1) Rapport de L. Faucher à la Législative 18 décembre 1849.

(2) La célèbre société des loyaux pionniers de Rochdale, a été fondée en 1844 par vingt-huit ouvriers apportant chacun 25 francs de capital.

dépositions devant la commission d'enquête,
tous les délégués entendus déclarent que les fonds
leur ont manqué au début, qu'ils se sont souvent
heurtés à de durs refus de crédit, que cette
insuffisance s'oppose au développement de leurs
établissements ; ils en gémissent, mais il est rare
de les voir se répandre en récriminations, comme
le font les théoriciens de journaux et de réunions
publiques. Le maniement des affaires leur a déjà
appris que ce n'est point là une injustice contre
laquelle il faille se révolter, mais un mal auquel
on doit chercher un remède. Ce dont ils se
plaignent surtout, c'est de trouver difficilement
de l'ouvrage, c'est de sentir autour d'eux la
défiance, c'est de ne pouvoir se créer une
clientèle. Tandis qu'ils paraissent se faire illusion
sur les difficultés spéciales à leur tentative, sur
celles qui s'attachent essentiellement au régime
de l'association, et qui proviennent de leur
propre inexpérience ; par une méprise singulière,
ils se rebutent surtout des difficultés inhérentes
à toute fondation, à toute entreprise nouvelle. (1)

(1) Une critique, qui revient dans toutes les dépositions,
porte sur le défaut d'élasticité de la loi de 1867, sur la
multiplicité des formalités légales. Ces critiques n'ont
souvent d'autre cause que la complète ignorance des
choses du droit. Mais en vérité, une loi sur les sociétés
doit être à la portée de tout le monde, et d'une facile
application. Il y a sur ce point à tenir compte des reproches
énoncés. La nouvelle loi sur la société ne paraît pas s'en
être préoccupée suffisamment.

Quoiqu'il en soit de l'appréciation des ouvriers, appréciation inexacte parce que les mêmes soucis, sans cesse renaissants, finissent par prendre plus d'importance qu'une grosse difficulté abordée de front et prévue dès l'origine, la pierre d'achoppement, aux yeux de tous ceux qui ont étudié la question des associations ouvrières, est le défaut de capital, et le défaut d'instruction.

Et le problème du crédit populaire se pose inévitablement. Je crains bien qu'une solution générale, une solution qui mette le capital à la disposition facile des ouvriers ne soit un rêve. Pourtant il est permis, sans être taxé d'utopie, d'attendre de l'avenir un progrès dans cette voie. Les banques d'Ecosse, avec leur système de cash-crédit (avances à découvert), les Vorchuss-banken d'Allemagne (Banques d'avances), (1) les banques populaires italiennes, (2) les banques

---

(1) Les banques fondées sous la direction de M. Schulze Delitsch, étaient, en 1881, au nombre de 1895 et comptaient près d'un million de sociétaires. Une grande partie du personnel associé appartient à la classe ouvrière. V. Brelay. *Les associations populaires*, p. 31. Mony *loc. citat.* T. I. p. 331. V. aussi le *Journal des Débats*, 15 octobre 1853, un article de M. Horn, et le Crédit populaire de M. Balbie. V. sur la Wholesale Society, H. Fawcett, *travail et salaires*, (trad. Raffalovich) p. 80 et note.

(2) Voici le développement des Banques populaires en Italie.

En 1870	50 sociétés.	Cap. ver. 13.970.789	Fonds de réser. 951.511	Dépts 21.830 517
1876	111	33.323.526	7.815.063	122.236.595
1881	165	51.133.866	11.615.933	191.659.118

populaires russes, (1) sont des institutions qu'un financier philanthrope cherchera sans doute à introduire en France, en les modifiant et en les accommodant à nos mœurs. (2)

Les caisses d'épargne, dont la première idée

Ces 165 banques comptent à peu près 125.000 associés qui se répartissent ainsi :

Grands agriculteurs....................	6,50 0/0
Petits agriculteurs.....................	17,71 »
Cultivateurs journaliers...............	3,89 »
Grands industriels ou commerçants....	4,56 »
Petits industriels, commerçants ou artisans indépendants...............	30,37 »
Ouvriers	7,35 »
Employés, professeurs.................	16,05 »
Personnes non classées...............	13,89 »

V. Léon Say, *Dix jours dans la haute Italie*. Paris, 1884, Guillaumin et Cie.

(1) Les banques populaires fondées récemment en Russie ont été la providence des serfs au moment de leur affranchissement. En 1872, on comptait 162 banques comprenant 14.000 associés, ayant un capital de 187.000 roubles, et ayant prêté dans l'année 1.100.000 roubles. En 1882, 971 banques comprenant près de 200.000 membres, disposant d'un capital de plus de 5 millions de roubles et ayant prêté 22 millions de roubles.

(2) En France, depuis deux ou trois ans il s'est fondé quelques banques populaires : à Arras, au Mans, à Toulouse, à Saint-Chamond, à Angers, à Paris. La plus florissante paraît être celle de Cannes. Mais ce ne sont encore que des essais. V. E. Brelay, *Les Associations populaires de consommation et de crédit mutuel*. Paris, 1883, Guillaumin et Cie.

émanedela Convention(1), qui se sont multipliées

(1) V. le 6e rapport du comité de mendicité, p. 5. — La caisse d'épargne, d'après les projets de la Convention, devait être un établissement non seulement affecté au dépôt de sommes productives d'intérêt, mais admettant les diverses formes de placement et d'assurances, tontines, rente viagère, assurance sur la vie, assurance en cas de maladie.

La première caisse d'épargne avait été fondée en 1798 à Tottenheim, en Angleterre. Voici le mouvement des caisses d'épargnes en France.

En 1837 les capitaux déposés s'élevaient à 106 millions.

Année	Montant
1842	235
1847	354
1848	108
1849	46
1852	247
1857	272
1862	413
1867	556
1869	601
1870	633

	Nombre de livrets	Sommes totales	Importance moyenne de chaque livret.
1871	5.021.900	538.600.838	206,88
1872	2.016.552	515.248.528	261,00
1873	2.079.196	535.096.738	256,00
1875	2.355.567	609.413.968	279,00
1877	2.808.283	802.834.155,79	300,82
1879	3.497.981	1.149.417.028,66	330,31
1781	3.061.910	1.406.136.999,81	343,00
1882	4.321.027	1.745.737.857,28	404,01

En 1864, nous n'avions que 922 caisses d'épargne ou succursales, en 1871 on en comptait 1206 ; 1227 en 1875 ; 1270 en 1876 ; 1315 en 1877.

et transformées, qui se sont mises à la portée de tous, qui pénètrent dans les hameaux les plus

En 1833 on comptait 1 déposant sur 21 habitants, tandis qu'en Angleterre on en comptait 1 sur 18, et 1 sur 14 dans l'état de New-York ; en 1876, nous en comptions 1 sur 14, et en 1881, date du dernier recensement 1 sur 9,26.

Les caisses d'épargne postales ont été fondées par la loi du 9 avril 1881, et n'ont commencé à fonctionner que le 1er janvier 1882.

En 1882, 227.438 livrets ont été ouverts et les versements se sont élevés à 64.634.881 ; mais 15.858 comptes ont été soldés par remboursements ; somme toute, au 1er janvier 1883, les caisses d'épargne comptaient 211.580 livrets en activité, créanciers de 46.823.441. Les déposants se répartissent ainsi :

Mineurs avec l'assistance du représentant légal.	39.143
Mineurs sans assistance.	76.169
Femmes assistées du mari.	2.837
— non assistées.	14.821
Filles majeures ou veuves.	21.097
Ouvriers.	17.921
Domestiques.	8.278
Employés.	23.521
Militaires et marins.	3.865
Professions diverses.	12.159
Sociétés.	137

Total 227.433

A côté des caisses d'épargne officielles, il faut citer les *Sociétés d'épargne* qui se constituent en France, et surtout dans la région lyonnaise depuis 1880 : les adhérents versent une cotisation mensuelle destinée à acheter en commun des valeurs mobilières. Il n'y a pas d'exemple qu'un sociétaire ait manqué à son engagement dans les dix-huit associations qui se sont fondées à Lyon depuis quatre ans, et qui, comptant environ 6.300 membres, ont réuni un capital de près d'un million et demi. La plus ancienne de ces sociétés a pris pour nom *la Boule de neige* ; d'autres sont venues après, *les Glaneurs, l'Epargne Croix-Roussienne, la Ruche Lyonnaise, la Fourmi lyonnaise, la Pelotte, la Tire-lire,* etc.

reculés et dans les écoles primaires, ont développé d'une façon merveilleuse le sentiment de la prévoyance et le souci de l'économie.

Mais l'épargne n'est pas suffisante : il est difficile à l'ouvrier de se constituer par l'épargne un capital qui le tire du prolétariat. Les grands industriels, malgré les capitaux dont ils disposent personnellement, ont à tout instant recours au crédit, et l'ouvrier, qui a besoin d'une somme même modeste peut rarement l'obtenir. De grands efforts ont été faits cependant pour subvenir à cette nécessité : en 1845, le baron de Damas fondait l'œuvre du Prêt d'honneur. (1) La Société du Prince Impérial prenait pour devise : « Donner du crédit à ceux qui n'en ont pas, et qui méritent d'en avoir. » (2) Depuis 1863, les institutions de Crédit populaire se sont beaucoup développées. La Société du Crédit au travail, fondée par M. Béluze, aida puissamment à ce mouvement. Elle s'était proposé pour mission de créditer les associations actuellement existantes, et d'aider à la formation de nouvelles associations de production, de consommation et de crédit. Aujourd'hui la Banque centrale populaire remplit cet office, et est, à Paris, l'instrument de crédit de presque toutes les associations

(1) *Journal des Economistes.* T XXVI, p. 80.
(2) De 1852 à 1866, la Société a prêté à 8.415 emprunteurs 42.210.995 fr.

coopératives. Malgré le grand nombre des institutions de crédit populaire, il faut reconnaître que, jusqu'à ces derniers temps, la masse des travailleurs n'en a pas su tirer profit : l'usage régulier et raisonné des avances n'a pas pénétré dans les mœurs ouvrières. L'ouvrier peut maintenant obtenir le concours du capital, non pas sans garanties, mais en offrant celles dont il peut disposer, la caution de ses camarades, la garantie même de sa bonne conduite et de son esprit d'économie, attestés par les versements antérieurs. Le jour où il aura appris à manier l'instrument puissant que le progrès a mis à sa disposition, la fondation des sociétés coopératives et le passage du salariat à l'association seront singulièrement facilités.

Le jour enfin où l'instruction plus répandue rendra les ouvriers plus généralement capables de bien diriger les entreprises commerciales et industrielles, en même temps qu'une amélioration matérielle sera obtenue, une amélioration morale considérable suivra nécessairement. M. Lemonier, qui a publié une étude approfondie sur les associations ouvrières, a constaté que ces associations ennoblissaient l'individu : elles enseignent le courage et la persévérance, elles fortifient les liens de la solidarité, exaltent l'esprit de dévouement et de sacrifice, développent le sentiment de la responsabilité et de la dignité. En même temps, elles mettent l'ouvrier à même d'apprécier plus justement le jeu équitable et pondéré des divers intérêts; elles lui apprennent la juste importance du capital, autant que la puissance du travail, lui font toucher du doigt l'influence de la direction et de l'administration, et lui inspirent le respect des qualités et des efforts intellectuels. C'est ainsi que les difficultés mêmes qu'ils ont à vaincre rendent les ouvriers meilleurs, et élèvent sensiblement le niveau de leur valeur intellectuelle et morale.

Or, ce progrès s'accomplit. La marche est lente, mais elle est manifeste. Elle s'accentue pendant les périodes de calme politique et de prospérité économique. Le prolétariat ne l'ignore pas; il est facile de se rendre compte que la plupart des ouvriers attendent plus des moyens légaux que des bouleversements. Au Congrès du Hâvre, dans le milieu le plus avancé, un vote général mettait en minorité les anarchistes prêchant la violence. Au Congrès de Lyon, les propositions de réforme affectaient une allure pacifique. Au Congrès de Paris, au Congrès du Centre, la scission s'accentuait entre les énergumènes et les modérés. Et le jugement même du Tribunal correctionnel de Lyon prenait soin de déclarer « que ces détestables et criminelles doctrines n'avaient trouvé aucun écho dans la population vraiment honnête et laborieuse. »

Un fait à ma connaissance confirme cette appréciation. Dans l'établissement industriel dont je parlais, tout à l'heure, et où les ouvriers participent aux bénéfices, un anarchiste militant était employé. L'an dernier, il prit part à une réunion de son parti, qui se tint à Villefranche, près de Lyon. Il porta la parole, et son discours, comme tous les discours analogues, fut une longue et violente diatribe contre le capital. Ses accusations furent même dirigées particulièrement contre son propre patron. Ce langage déplut à ses camarades d'atelier : ils allèrent protester auprès de leur patron, et le prièrent de renvoyer l'anarchiste. Le patron s'y refusa. Les ouvriers se firent alors justice eux-mêmes. L'orateur fut mis en quarantaine, tant et si bien que, huit jours après, il devait quitter la maison.

Ce n'est qu'une bien maigre anecdote. Mais je suppose qu'on en pourrait recueillir un assez grand nombre de même sorte. Si on récuse celle-ci invoquée comme symptôme de l'esprit modéré des ouvriers, elle restera au moins comme une marque de l'attachement que peut inspirer à ses ouvriers un patron qui agit loyalement avec eux, et cherche à leur rendre le travail aussi profitable qu'il peut être.

Les partis extrêmes, qui naturellement se recrutent parmi les moins instruits, font aux ouvriers une mauvaise et injuste réputation. Il y a chez eux plus de bon sens, de modération et de sagesse qu'on ne le croit communément. Ne leur demandez pas le scepticisme qui est le lot d'une intelligence ayant fait le tour d'une question. Mais leur zèle à soutenir des candidatures ouvrières, le fait de prendre part en grand nombre à tous les scrutins, l'empressement à se faire ouvrir les portes des assemblées élues, l'ardeur des préoccupations relatives à la création des chambres syndicales, à la composition des conseils de prud'hommes, à la règlementation des livrets, aux lois sur l'association sont autant de protestations contre les théories anarchistes, et la marque de la confiance du prolétariat dans l'effet des réformes légales. (1)

(1) M.S. Mony écrivait en 1882 : « La dernière combinaison qui rallie la majorité dans les Congrès ouvriers, c'est la formation du quatrième état, de l'État ouvrier. » Et il ajoutait en note : « Je ne parle pas de la révolution par le coup de fusil, qui a trouvé des adhérents dans le dernier congrès ; ces enfants perdus de la spoliation sociale n'y sont qu'une faible minorité, je puis l'affirmer. » *Etudes sur le travail.* T. II, p. 271. Et ailleurs : « Le bien, chez tous les ouvriers (grande ou petite industrie), l'emporte beaucoup sur le mal. Un grand nombre est probe, et a de bons sentiments de famille ; ils sont exacts au travail, savent se soumettre au règlement ; l'adresse, l'habileté, le soin dans les détails leur sont habituels, ainsi que la bonne volonté et la bonne camaraderie. En général, en un mot, l'ouvrier français est recommandable et intéressant comme homme privé et comme travailleur. » T. II, p. 48. L'auteur, directeur de la Société de Commentry-Fourchambault, a passé sa vie parmi les ouvriers.

Et en cela, ils sont deux fois sages : non pas seulement parce que la violence est criminelle, mais parce que l'histoire des classes ouvrières montre que c'est par les voies légales seules que les améliorations ont été obtenues.

Il ne faut pas en effet croire que les revendications du prolétariat soient impuissantes. Lorsqu'on lit le bel ouvrage de M. Levasseur, (1) on est frappé de voir que presque toutes les réformes politiques, dont les travailleurs ont bénéficié, ont été imposées par leurs réclamations incessantes. Le progrès général, la transformation économique semblent s'accomplir spontanément, ou sous l'empire de cette force intime et comme inconsciente qui soulève l'humanité et la pousse sans cesse en avant dans les voies de la civilisation. Mais les réformes législatives, qui sont autant d'étapes qu'on peut marquer sur la grande route du progrès, toutes les réformes législatives concernant le sort des classes laborieuses, ont été inspirées, — je me trompe, et il faut écrire le mot propre, — ont été conquises par les efforts persévérants et par les efforts pacifiques des ouvriers. Bien au contraire, les réformes enlevées d'assaut par leurs menaces n'ont jamais été définitives. Pourquoi ? Faut-il accuser le pouvoir d'avoir repris, dès qu'il l'a pu, les concessions arra-

(1) Levasseur, *Histoire des classes ouvrières en France depuis 1789 jusqu'à nos jours.* Paris, 1867.

chées à sa faiblesse ? Non; mais il est arrivé ceci, qui est à l'honneur de tous : Les réformes proposées, réclamées, obtenues pendant les périodes de calme répondaient à des besoins véritables et légitimes ; avant même d'avoir passé dans nos lois, elles avaient l'autorité que donne la constance du désir ; et, plus tard, le temps épargnait l'œuvre du temps. Les réformes arrachées par l'émeute, votées dans un moment de trouble, n'étaient que les vaines conquêtes de vaines théories. Elles ne devaient pas survivre au triomphe des violents et des fous qui les avaient fait prévaloir. Presque toujours les ouvriers ont réclamé sagement ce qui était sage, et par l'injustice ce qui était injuste. Est-ce le hasard? N'est-ce pas plutôt l'implacable logique des choses qui adopte et proportionne le moyen à l'objet, et condamne l'absurdité à suppléer à sa faiblesse par la violence ?

Faut-il des exemples ? Ils pourraient être nombreux. Prenons l'institution des Conseils des Prud'hommes : elle fut créée par Napoléon Ier sur la demande de la Chambre de Commerce de Lyon, en 1806, 1809, 1810; mais le Conseil se composait, pour la moitié des membres plus un, de fabricants, et pour l'autre part, de chefs d'ateliers, d'ouvriers patentés, c'est-à-dire de petits patrons, de petits fabricants. Les ouvriers se plaignirent de cette composition :

leurs plaintes obtinrent une première et légère satisfaction par l'arrêté du 15 janvier 1832. Des pétitions, des mémoires émanés d'ouvriers et de patrons en décembre 1837, en mars 1840, en 1841, en 1843, en 1847, donnaient lieu à l'ordonnance du 20 décembre 1844, qui organisait l'institution à Paris, mais seulement pour les industries des métaux, et à l'ordonnance du 9 juin 1847 qui créait de nouveaux conseils pour d'autres industries. La composition même des conseils, sur les plaintes répétées des ouvriers, fut enfin mise en question au mois de mai 1848, et résolue, tant bien que mal. Un décret du 2 mars 1852, relatif à Lyon, et enfin la loi du 1er juin 1853, venaient leur donner satisfaction : désormais, les ouvriers et les patrons trouvaient dans le Conseil des Prud'hommes un tribunal sagement et impartialement composé. Croyez-vous que la violence eût mieux réussi ?

Faut-il d'autres exemples ? Les livrets, d'après les prescriptions des arrêts du 9 frimaire, an XII (1er décembre 1803), et 10 ventôse, an XII (1er mars 1804), prescriptions aggravées et exagérées encore par des mesures de police, étaient pour l'ouvrier une gêne sans profit, et pouvaient devenir un instrument de servitude. Ils étaient tombés en désuétude après la Révolution de juillet. Une ordonnance de police du 1er avril 1831 en rappelle l'obligation, mais déjà avec des adoucissements. En 1841, un projet fut mis à l'étude et voté en 1846 par la Chambre des Pairs, afin de limiter la somme des avances qu'il serait loisible au patron d'inscrire sur le livret, et de donner au livret le caractère de passe-port pour les ouvriers. Cette réforme, qui échoua à ce moment devant la Chambre des Députés, fut reprise devant l'Assemblée Législative, accentuée dans un sens plus favorable aux ouvriers, et votée le 14 mai 1851. En 1854, nouveau progrès : le livret devait rester entre les mains des ouvriers, et il était interdit au patron d'y inscrire le chiffre de ses avances, ni aucune annotation favorable ou défavorable. Malgré ces adoucissements successifs, les ouvriers se plaignent de cette institution ; leur répugnance triomphe de la loi : un grand nombre ne prennent plus la peine de s'en munir, et beaucoup d'industriels ont renoncé à l'exiger.

C'est bien long, me dira-t-on, et attendre de 1806 à 1854 des réformes nécessaires, c'est de quoi lasser la patience de trois générations. Assurément, mais j'ai choisi à dessein un exemple où les hésitations et les mesures législatives ont été particulièrement nombreuses pour montrer que, peu à peu, par la constance et la modération le chemin se fait sans secousses, sans brusque retour en arrière, et qu'on monte ainsi d'échelons en échelons, par des améliorations successives

jusqu'à la reconnaissance complète et définitive
du droit.

Sur d'autres points le succès s'est fait moins
attendre. Les ouvriers réclament depuis vingt
ans à peine la création de chambres syndicales
d'ouvriers. Avant que la loi ait reconnu aucune
autorité à ces syndicats, un grand nombre s'était
déjà constitué. Les patrons, il est vrai, avaient
donné l'exemple : ils avaient organisé ainsi une
sorte de représentation des intérêts de leurs
diverses industries. Les Chambres de Commerce
étaient, auprès du Gouvernement, l'organe officiel du commerce ou de l'industrie générale
du pays. Les Chambres syndicales se sont faites,
auprès des Chambres de Commerce, les organes
officieux des industries ou des commerces particuliers : elles sont, pour ainsi dire, les Conseils
municipaux, et les Chambres de Commerce
sont les Conseils généraux de la vie commer-
ciale et industrielle. Le gouvernement n'était pas
intervenu dans l'organisation des Chambres
syndicales de patrons; il a tout d'abord usé de la
même réserve à l'égard des chambres syndicales
d'ouvriers. Il a laissé à l'usage le soin de fixer le
rôle, le jeu, l'importance de ces rouages nombreux.
Voici que l'expérience est presque faite, et que la
loi, tenant compte des besoins et des avantages
démontrés, aussi bien que des ambitions
excessives manifestées par quelques esprits

32

ardents, règle les questions pendantes, et donne à ces institutions la sanction définitive. Le succès n'aura coûté que quelques années de constance, de patience et d'efforts.

Croyez-vous que la violence réussisse mieux?

Prenons un autre exemple, et examinons la question des coalitions ouvrières. Il n'en est pas sans doute qui ait agité plus profondément les travailleurs; il n'en est pas qui ait soulevé plus d'émeutes ni fait couler plus de sang. Dès 1791, elle se posait violemment devant l'Assemblée Législative, et la loi du 16 juin et du 22 juillet, et le décret du 26 juillet défendaient, sous peine d'amende et de prison, les coalitions entre ouvriers. La loi du 22 germinal an XI, était inspirée par les mêmes sentiments, et les articles 414 et 415 du Code Pénal, par cela seul qu'ils défendaient la coalition aussi bien entre patrons qu'entre ouvriers, semblèrent un progrès. En 1822, à la suite d'une grève de charpentiers, à Paris, une ordonnance intervenait pour exiger de la part des patrons la dénonciation des ouvriers qui prenait part à une grève. Malgré ces mesures policières, les coalitions se formaient. Chacun des divers Devoirs des compagnons était à l'état de coalition permanente, et des rixes sanglantes naissaient de ces rivalités. En 1816, à Lunel; en 1825, à Nîmes; en 1827, à Blois, à Lyon et à Tournus, de véritables batailles avaient été engagées. Ni la rigueur des lois, ni les sévérités de l'Administration n'y pouvaient rien. En 1831, l'insurrection de Lyon avait, par la force, triomphé de toutes les sévérités.

Les ouvriers cependant se groupaient ; des sociétés politiques s'organisaient parmi eux, et à chaque instant, à propos du procès des ministres, à propos de la messe des Légitimistes à Saint-Germain-l'Auxerrois, à propos de la Pologne, à propos de l'acquittement des accusés d'avril, à propos de la décoration de juillet, l'émeute descendait dans la rue. En 1823, comme déjà en 1822, les charpentiers se mettaient en grève : la justice les condamnait à des peines légères. En 1834, c'était la grève des Mutuellistes : le procès de coalition que le Gouvernement avait fait intenter aux grévistes, fut empêché en 1834 par une foule menaçante, et dut être remis à huitaine.

La loi du 10 avril 1834, qui redoublait de sévérité à l'égard des coalitions ouvrières trouvait la population des travailleurs lyonnais en pleine effervescence, et fut accueillie par une émeute. Paris s'agitait en même temps, et jamais on ne vit de protestation plus violente et plus nette contre une mesure législative. Le Gouvernement y répondait, en faisant, au mois de septembre, voter des lois qui le fortifiassent contre l'indulgence du jury et les licences de la presse. En 1840, en 1841, en 1842, en 1843, en 1844, en 1845, nouvelles coalitions, entachées de violences à Paris, à Rueil, à Lyon, à Bernay, à Bourges, à Rennes, à la Grand'Croix, à Saint-Chamond, à Rive-de-Gier ; nouvelles coalitions, nouvelles condamnations. En 1848, les boulangers, les paveurs, les cochers, les mécaniciens, les imprimeurs en papiers peints, les chapeliers, se mettent successivement en grève.

Qu'avaient produit toutes ces violences ?

Rien autre qu'un projet sur les coalitions, présenté devant la Constituante, (1) et la Constituante se sépara sans l'avoir examiné. En 1849, l'Assemblée Législative aborda la discussion : (2) et le 27 novembre, elle votait une loi qui ne donnait en rien satisfaction aux réclamations ouvrières : toute coalition demeurait interdite, quelqu'en fussent les motifs, les moyens et les résultats.

Et les coalitions recommencèrent.

« Depuis 1849 jusqu'à 1863, les tribunaux poursuivaient chaque année en moyenne septante-cinq coalitions d'ouvriers, huit de patrons, et prononçaient quatre cents condamnations. On retrouvait souvent dans ces procès les mêmes scènes de violence que sous le règne de Louis-

_____

(1) V. la proposition du 10 juillet 1848 ; le rapport de M. Boucher (8 août), de M. Bérenger (16 décembre) et de M. Leblond (28 mars 1849).

(2) 25 juin 1849.

Philippe. » (1) Ce n'est enfin qu'en 1864, que la coalition était reconnue comme la conséquence légitime de la liberté du travail, et proclamée comme un droit, à condition que la cessation du travail n'ait été l'œuvre ni de la force, ni de la fraude, ni de la menace.

Et maintenant je pose cette question : la violence a-t-elle été plus efficace que n'auraient pu être les réclamations pacifiques et légales ? Pendant trois quarts de siècle, malgré la loi, en dépit des répressions rigoureuses, au prix d'efforts qui épuisent ses ressources, au prix de son propre sang parfois, le prolétariat s'agite, se soulève, fomente des grèves, les tourne en émeutes, et, pour tout triomphe, obtient enfin la loi de 1864. Pendant soixante années, le pouvoir attaqué s'est tenu en défense, et la crainte a arrêté toute concession dans sa main. Croit-on que des pétitions, des mémoires, des études, un mouvement d'opinion publique n'aient pas fait plus qu'un millier de grèves, et n'ait pas coûté moins aux ouvriers ? (2)

(1) Levasseur, *Histoire des classes ouvrières*, T. II, p. 333.

(2) « On chercherait longtemps peut-être, avant de trouver dans les longues et lamentables histoires des grèves l'exemple, impossible à concevoir, d'une grève qui ait changé les conditions naturelles du travail et de sa rétribution. Si on voulait, au contraire, des exemples de grèves entraînant tout à la fois des pertes matérielles et des désordres moraux, laissant à tout le monde des dommages à réparer et des irritations à éteindre, on pourrait prendre

Et si, au lieu d'étudier la violence au service d'une cause juste, je l'avais étudiée au service des théories excessives, combien son impuissance n'eût-elle pas apparu plus évidente encore! Qu'ont produit pour la réforme de l'organisation du travail les revendications menaçantes? Qu'ont obtenu les rassemblements tumultueux du Luxembourg; qu'est-il resté des ateliers nationaux, et des associations ouvrières brutalement fondées par le gouvernement à la même époque?

Tout cela, les ouvriers le savent, non pas dans les détails, non pas d'une façon historique et raisonnée. Mais il est des vérités générales qui, bien que se dégageant confusément des faits, s'imposent à la foule. La certitude scientifique est rarement à la portée du vulgaire; au fur et à mesure que la vérité descend à travers les couches intellectuelles superposées, qui forment le monde, elle perd de sa netteté, de sa vigueur et de son éclat. Mais, même au fond, elle répand encore comme une lueur incertaine qui éclaire la route et peut garer des écueils. Les vérités générales, d'ordre historique ou économique qui, pour être démontrées, demandent un appareil de faits considérable, résident à l'état d'intuition ou d'instinct, même dans l'âme des plus ignorants; c'est un héritage d'observations naïves

au hasard ; on ne courrait malheureusement pas le risque de se tromper. » A. Rondelet. *Les réunions publiques et les congrès d'ouvriers*, p. 189.

et spontanées, accumulées par des générations antérieures, c'est un patrimoine d'expériences inconscientes que les années accroissent lentement, et déposent comme une alluvion fécondante pour en constituer le terrain même de la civilisation.

Il faut enfin compter sur la diffusion de l'instruction pour s'opposer à l'envahissement des doctrines anarchistes.

Toute foule ignorante est à la merci d'un orateur qui la prend par la passion, et on n'a qu'à suivre les réunions publiques pour constater que les orateurs préfèrent en effet la forme pathétique à tout autre : un raisonnement laisse la salle froide ; un éclat de voix, une phrase sonore soulève toujours les applaudissements. Or on peut dire que l'auditeur est responsable, pour une part, des sottises de l'orateur. L'ignorance de celui-ci est doublée de l'ignorance de celui-là, et la vanité fait le reste. Rien ne retient mieux un beau parleur que le sentiment qu'il parle devant un auditoire capable de le juger. « Le jour où les travailleurs sauront écouter et faire respecter la tribune, ce jour là, un des plus grands leviers sera acquis pour la solution tant réclamée du problème. » (1) L'instruction répandue dans les masses donnerait aux réunions publiques un caractère plus sérieux. Et ne croyez pas qu'il faille une grande dose

(1) D. Poulot, *Le sublime*, p. 125.

d'instruction pour modifier le tempérament d'un auditoire. L'instruction, lorsqu'il s'agit d'un état intellectuel général, agit moins par l'influence directe qu'elle exerce sur chacun, que par l'espèce d'atmosphère qui résulte de sa diffusion.

Et non seulement l'instruction aura, selon moi, pour effet de rendre la masse ouvrière plus réfractaire à la propagande des partis fous, de ruiner le crédit des marchands de panacées politiques et sociales, elle modifiera les opinions même actuellement en faveur. Elle les adoucira, elle en calmera l'exagération.

Au premier abord, cette proposition paraît hasardée.

On invoquera à l'encontre l'ouvrage de M. D. Poulot, ouvrage d'une autorité exceptionnelle : car il émane d'un homme qui a été ouvrier et qui a passé toute sa vie parmi les ouvriers. Or, selon la classification de M. Poulot, les deux types d'ouvriers inférieurs au point de vue moral, et le plus dangereux au point de vue politique, comptent précisément parmi les plus intelligents. (1)

_____

(1) La classification de M. Poulot est la suivante : les dénominations sont des termes d'argot ouvrier :

L'ouvrier vrai : ouvrier parfait, instruit : intelligence bonne et pondérée, environ 300 journées de travail par an.

L'ouvrier : bon ouvrier, instruction et intelligence passables. 300 journées.

A l'appui de cette observation, on rappellera

L'ouvrier mixte : ouvrier passable, instruction nulle, intelligence très-médiocre, 300 journées au plus.

Le sublime : 200 à 225 journées de travail par an, se grise deux fois par mois, loge dans de mauvais garnis, est ignorant, ne lit presque jamais, suit les réunions publiques, instruction nulle, vaniteux et fanfaron. Cette classe se subdivise en plusieurs variétés : *sublime simple ; sublime descendu* (vivant dans le désordre moral le plus complet); *vrai sublime* (abrutissement).

Le fils de Dieu : 250 à 270 journées de travail par an, bon ouvrier, parle bien, ni déclamateur, ni vantard comme le sublime, se pose en homme profond, en philosophe, ne se grise pas, célibataire, vit dans le désordre ; paie mal, a des dettes, gouailleur, lit des livres qui excitent plus qu'ils n'instruisent, s'occupe de politique et est un homme d'action courageux.

Le sublime des sublimes : mêmes caractères que le fils de Dieu, mais plus parlementaire, plus théoricien, construit des systèmes, pas homme d'action, vit souvent avec une femme entretenue d'un monde supérieur au sien.

Et D. Poulot ajoute ; « L'ouvrier vrai et l'ouvrier diminuent ; l'ouvrier mixte croît ; le sublime simple prend du développement ; le fils de Dieu tend à disparaître, mais en revanche, le sublime des sublimes se développe. »

Voici la proportion des diverses catégories des ouvriers dans l'industrie du fer, selon M. Poulot (p. 219).

Sur 100 ouvriers :

10 ouvriers vrais	
15 ouvriers	40
15 ouvriers mixtes	
20 sublimes simples	
7 sublimes descendus	
10 vrais sublimes	60
16 fils de Dieu	
7 sublimes des sublimes	

Dans un autre tableau, il fait une répartition selon les

précisément les diverses poursuites contre les
anarchistes.

En effet, on a pu constater que les doctrines
anarchistes recrutent leurs adhérents dans l'élite
intellectuelle des ouvriers. J'ai été étonné, en
suivant les débats de certains procès, de trouver
chez des travailleurs l'aisance à aborder les idées
abstraites, la facilité de parole, et une incontestable souplesse d'esprit dans la controverse.

Quelques-uns montraient des tempéraments
d'orateur. D'autres ont fait preuve d'une somme
considérable d'études ; il en est qui citaient de
mémoire J.-B. Say et Bastiat ; tous sont au
courant de bon nombre de questions économiques
et sont capables, sinon de les résoudre ou de les
discuter, du moins d'en parler sans gaucherie.

Fort de cette double constatation, le lecteur
admirera que j'attende encore de l'instruction

différents emplois des ouvriers. On constate que, sauf pour les
manœuvres qui donnent 70 ouvriers contre 30 sublimes, les
emplois qui demandent plus d'intelligence sont sensiblement ceux où la proportion des sublimes est moindre.
Et l'auteur ajoute en note : « Dans les ateliers de certaines administrations, et mêmes dans certaines bonnes
maisons où les ouvriers sont bien rémunérés, le nombre des
sublimes est moins considérable, ce qui se comprend
facilement. On a besoin d'un travailleur ; on est bien payé,
ou encore les travaux sont propres, faciles, assurés : le
sublime qui s'y faufile est obligé de se corriger, sinon on
en essaie d'autres, jusqu'à ce qu'on ait mis la main sur un
ouvrier. La lecture des chapitres précédents prouve suffisamment l'influence d'une bonne ou mauvaise organisation
du travail sur le sublimisme. »

le tempérament des opinions politiques du prolétariat.

Il faut ici réfléchir et analyser.

S'il est vrai, qu'au bas de l'échelle morale et politique nous trouvions des ouvriers d'une intelligence supérieure à la moyenne, il faut aussi considérer que les plus intelligents se placent, tout compte fait, en tête de la hiérarchie. Que doit-on en conclure, sinon cette vérité banale, que l'intelligence, bien ou mal dirigée, place l'homme en dehors du troupeau vulgaire ? Or, il s'agit précisément de diriger ces intelligences par l'instruction.

Peut-être même les premiers effets de l'instruction seront-ils nuisibles : « Entre l'ouvrier illettré d'autrefois, écrivait M. L. Reybaud dans ses *Etudes sur les manufactures*, (1) et l'ouvrier qui a fréquenté nos écoles et nos cours, il y a une ligne de démarcation très profonde ; on a donné à ce dernier une force que l'autre n'avait pas, une arme qu'il est tenté de retourner contre la société qui la lui a fournie, et dont il abuse, avant d'en bien comprendre l'usage. La période de transition est rude, et l'on peut s'en apercevoir. Cette fierté sournoise de l'ouvrier, cette attitude hostile qu'il garde, ont pour cause les premiers enivrements de son éducation ; il y a puisé le

(1) Louis Reybaud. *La soie*, p. 255.

sentiment exagéré de sa valeur, et l'ambition d'un rôle plus élevé que celui que la destinée lui assigne. Je suis convaincu que c'est là un effet très passager, aggravé par les circonstances et par la divagation de ces sophistes que la fatalité a jetés sur sa route pour l'égarer et le pervertir. L'expérience et le temps guériront ce trouble des esprits. »

Lorsqu'on examine ce que savent les *sublimes*, les *fils de Dieu*, les *sublimes des sublimes*, on peut bien s'étonner des sujets qu'ils ont abordés, on peut s'étonner même de leur instruction, mais on s'afflige du désordre qui y a présidé. On remarque, au contraire, que le meilleur ouvrier, l'ouvrier vrai, est celui dont l'instruction bien que moindre peut-être est la mieux ordonnée.

Ces observations sautaient aux yeux de tous ceux qui ont suivi les procès des anarchistes; on sentait que des études, parfois sérieuses, n'avaient pas porté de fruits, que la valeur intellectuelle de chacun n'en avait que médiocrement profité; faute de méthode, rien n'était digéré, ni classé; tout ce qui avait été appris l'avait été sans discernement, sans que rien fût mis à sa place, et le savoir ne pouvait servir à rien acquérir au delà.

Dans de telles conditions, l'intelligence est un danger, car elle donne des besoins intellectuels, qu'on ne sait pas satisfaire. « C'est, en effet, une erreur de croire que les hommes s'abstiennent de juger, parce qu'ils ignorent. A toute question politique, morale, ou métaphysique qui se pose devant eux, dans quelque humble condition qu'ils soient et quelque peu d'éducation qu'ils aient, ils trouvent une réponse. Quand la science ne la fournit pas, c'est le préjugé. » (1)

Le bagage des petites connaissances primaires est sans doute insignifiant, et ne peut comprendre ni la solution, ni même l'étude des grands problèmes sociaux. Mais ce qui a de l'importance c'est la méthode, c'est l'habitude du raisonnement, c'est le tour d'esprit qu'on prend, c'est la première gymnastique intellectuelle qui prémunit contre les chutes. Ce peu de sens critique détournera des opinions extrêmes. On se rendra compte que la question sociale est un problème multiple, qu'il est insensé de vouloir trancher d'un coup par une révolution. Sans savoir qu'on obéit à Descartes, on pensera qu'il faut diviser les difficultés pour les résoudre ; on cherchera à remédier aux divers maux par des réformes successives. On sera ainsi amené à user des moyens pacifiques, et sans savoir qu'on répète un mot de Napoléon, on en arrivera à prêcher que la force est impuissante à rien

(1) Levasseur, *Histoire des classes ouvrières*, T. II, p. 276.

créer, et qu'à la longue le sabre est battu par l'esprit. (1)

L'instruction n'agit pas seulement comme un guide intellectuel ; elle devient un tuteur moral. Lorsqu'on lit le *Sublime* de M. Poulot, l'impression qui reste est que chez l'ouvrier la déchéance morale et la déchéance intellectuelle sont solidaires, et procèdent l'une de l'autre. Le vice le plus ordinaire et qui de beaucoup fait le plus de ravages, c'est l'ivresse ; c'est par l'ivresse que presque toujours l'ouvrier déchoit. Quelques occasions l'ont d'abord entraîné au cabaret : une fête, une réunion, une bande d'amis. Puis il y est retourné, il y retourne, peu à peu l'habitude le prend, et voilà un homme perdu. (2) J'ai lu autrefois l'*Assommoir*, et j'ai assisté, dans cette œuvre brutale, au spectacle de l'avilissement d'un homme. J'ai lu depuis le livre de M. Poulot, et le roman de M. Zola m'est apparu comme l'expression cruelle de la vérité. Le cabaret ! c'est

(1) « Les deux grands principes, qui ont fait le plus prospérer, dans ce siècle, notre industrie ainsi que nos classes ouvrières, et sur lesquels reposent encore leurs plus solides espérances d'avenir, sont la liberté et l'instruction. » Levasseur, *Histoire des classes ouvrières depuis 1789.*

(2) En Angleterre, les sociétés de tempérance combattent l'ivrognerie avec succès : en 1861, on comptait en Angleterre treize grandes sociétés employant quarante prédicateurs salariés, ayant un revenu de 550.000 fr., trois journaux tirant à 2.500 exemplaires et douze revues mensuelles tirant à 20.000. — En Amérique, les sociétés de tempérance

là que débute et se consomme la déchéance.
Pour des célibataires, logés en garni, dans des
taudis où rien ne les attire ni ne les retient, le
cabaret est un lieu de repos, un cercle, un centre
de réunion : c'est bientôt le lieu de perdition. (1)
C'est là, dans cette atmosphère malsaine qui
énerve le corps et l'esprit, c'est là que pérorent
les beaux parleurs, et que s'échauffent les discussions vides et troublantes. C'est là que la paresse
s'allanguit, que les mauvaises passions fer-
mentent, et que, dégoûté du travail, l'ouvrier se
prend à compter sur la révolution. Quel est le

perdent du terrain : cependant, depuis 1873, madame Stewart
a organisé le « *temperance movement*, » union des femmes
contre l'ivrognerie et contre les cabaretiers, qui a obtenu
un certain succès. — Des sociétés de tempérance existent
également en Suède et en Norvège (environ une centaine).
— En Allemagne, il y en avait 1.426 en 1854, comptant un
million d'adhérents · en Hollande, 15.000 adhérents en
1873 ; en Suisse, en Belgique, dans presque toutes les
colonies anglaises. Il n'en existe pas en Danemark, en
Autriche, en Russie. En France, on a fait quelques tentatives : à Amiens, en 1835 ; à Rouen et Versailles, en 1851 ;
dans le Finistère et la Vendée, en 1869. En 1872, sur
l'instigation de l'Académie de Médecine, deux sociétés de
tempérance se sont fondées : la plus ancienne est la
Société française de tempérance ; depuis 1873, elle publie
un bulletin.

(1) A ce point de vue, l'amélioration des habitations
ouvrières peut avoir une influence morale considérable ;
on l'a constaté à Mulhouse. V. les *Cités ouvrières du
Haut-Rhin* par M. A. Penot. (*Bulletin de la Société
Industrielle de Mulhouse* 1865). V. Levasseur, T. II,
p. 414.

plus puissant ennemi du cabaret, si ce n'est l'école,
l'école qui développe le goût de la lecture, (1)
et retient l'ouvrier chez lui, ou le conduit aux
réunions, aux spectacles instructifs. Il faut lire
le livre de M. Poulot pour se rendre compte de
l'influence de l'instruction. (2) « L'ouvrier vrai

(1) En 1862, le Ministre de l'Instruction publique fonda
dans le but de propager le goût de la lecture les bibliothèques
scolaires : on se proposait d'en placer une dans chaque
commune sous la direction de l'instituteur, pour servir
à la fois à l'enseignement dans l'école et à la lecture
dans le village. Au commencement de l'année 1866, il en
existait déjà 10.243. En 1875, 19.234, ayant prêté 1.337.156
ouvrages (dans 11.955 les lectures sont suivies ; dans 7.279
elles ne le sont pas). En 1884, 28.845 possédant 3.160.823 volumes. Diverses sociétés ont été fondées dans le même but.
Une de celles qui ont eu le plus de succès a été fondée en
Alsace par MM J. Macé et J. Dolfus ; voici la progression
de la lecture dans un petit village de 449 habitants : en
1862, on lit 48 volumes ; en 1863, 289 ; en 1864, 838 : en
1865, 1443 (M. Véron, *Les institutions ouvrières à Mulhouse*, p. 305 et suiv.). La bibliothèque des cités ouvrières
de Mulhouse en une année scolaire (1865-66) a compté 30.153
volumes lus.

(2) « Sur cent charpentiers, il y a nonante huit *ouvriers*,
et tout au plus dix *sublimes*, parce qu'ils savent tous lire,
écrire et dessiner ; parce que si un membre d'atelier flâne ou
tire une pièce, le corps entier se regarde comme solidaire
du fait. » D. Poulot. p. 222. Voici le passage d'un discours lu
par un ouvrier à la distribution des prix de la Société de
l'Enseignement Professionnel du Rhône en 1883 : « Vous
avez compris, Messieurs, que dans notre siècle de progrès
l'homme ne pouvait pas rester dans les conditions que lui
avaient faites les siècles précédents ; que, lorsque la force
mécanique remplaçait le bras du manœuvre, il fallait que
l'intelligence succédât aussi chez lui à la force musculaire.

veut étudier, s'éclairer; il se méfie des promesses;
il veut des faits, des preuves; une association
qui prospère le convainc bien plus que

— A côté de ces bienfaits, il en est encore un, supérieur
peut-être aux autres, celui de la moralisation. En apprenant
à étudier, à augmenter ses connaissances professionnelles
et intellectuelles, l'ouvrier apprend aussi dans les livres
l'art de penser, de réfléchir, de juger : il apprend à aimer
la lecture, la vraie lecture, celle qui élève à la fois les
esprits et les cœurs. Avec elle, l'ouvrier quitte ses
habitudes de dissipation, il revient à sa famille dont il
fait la joie en lui communiquant, en commentant devant
elle ses impressions et ses travaux. Il ne paiera plus sa
dette au désœuvrement d'autrefois : il laissera le cabaret
parce qu'il recherchera la satisfaction du foyer domestique.
où il surveillera l'éducation de ses enfants; il se plaira à
développer leurs jeunes intelligences. il préparera à son
tour une génération qui n'aura plus qu'à marcher dans une
voie toute tracée. »

Et voici la déclaration consignée à la même cérémonie
en 1884 dans le discours du directeur : « Ce que nous
constatons chaque année plus clairement, et avec quel
bonheur, nous n'avons pas besoin de vous le dire, c'est
que les résultats moraux sont peut-être plus frappants
encore que les résultats matériels, et même que les résultats intellectuels. Nous acquérons tous les jours la preuve
que la fréquentation assidue des cours produit chez nos
jeunes gens des deux sexes une considérable transformation
morale, dont ils se rendent si bien compte eux-mêmes que
c'est peut-être ce qui les attache le plus à leurs profes-
seurs et à notre institution. Nous pourrions bien dire *leur*
institution, puisque ce sont eux, après tout, qui en sont
l'élément le plus important. — Il n'est donc pas étonnant
que quelques négociants et industriels de notre ville aient
pris l'initiative de payer de leurs propres deniers les droit
d'inscription de leurs employés dans les cours. C'est un
acte d'intelligente générosité dont ils seront les premiers à
recueillir le fruit. »

cinquante mille volumes rédigés pour en démontrer les bienfaits. Il est, avant tout, pratique. Le plus ordinairement, les soirées des jours de semaine, il reste chez lui, dessine ou *bibelotte* une invention qui souvent réussit ; il lit des romans, souvent des livres d'histoire, parfois des ouvrages de science vulgarisée ; si un livre coûte trop cher, il l'achète par souscription, puis il a une pendule ou une montre en prime. Il suit des cours professionnels. Le samedi ou le dimanche de paie, il va au théâtre, choisissant de préférence le drame, quelquefois aux Français, au café chantant, de temps en temps au bal. Quand il assiste (ce qui est rare) à une réunion publique, il écoute attentivement et réfléchit. Les phrases pompeuses et à effet ne l'enlèvent pas. Il n'aime pas les utopies : s'il entend dire que l'épargne est un vice social, il est capable de se lever et de quitter la salle. Une autre fois, il en a applaudi un qui disait que le travail à lui seul ne peut produire quoi que ce soit : il a manqué de s'attraper, on l'a appelé *mouchard.* » (1)

« Remarquez qu'à côté des aptitudes d'ordre, d'une conduite d'honnête homme, du travailleur consciencieux, intelligent et droit, l'homme politique est toujours debout. Le citoyen n'ab-

(1) D. Poulot, passim. p. 30, 32, 42.

dique pas ses droits, il suit les discussions ; il
est ferme, convaincu, démocrate ou républicain ;
ce n'est pas l'homme d'action, c'est l'homme
de raison.... Il veut étudier, s'éclairer avant tout...
Il a l'aspiration juste, légitime, de tous les
travailleurs, la possession ; mais il la veut, non
à coups de décrets, mais par le groupement des
deux forces indispensables à toute production,
le capital et le travail. Soyez persuadé que son
vote sera réfléchi, et que ce n'est pas tel ou tel
tribun qui le fera changer par ses grandes
phrases et ses grands gestes. Les trois mots
flamboyants : liberté, égalité, fraternité, il ne les
prend pas à la lettre, ils les discute. La liberté,
il la veut pleine et entière : elle finit quand on
nuit aux autres ; le radicalisme des jours d'effervescence est flagellé par lui : commettre mille
injustices pour en redresser une, est pour lui le
pire des erreurs. L'égalité appliquée aux
hommes est un mot creux : égalité des droits,
voilà tout ; cette limite passée, c'est le mensonge.
Comment ! lui qui fait six jours par semaine, vit
sobrement, économiquement, lui, l'égal du
sublime qui fait trois jours et se grise les trois
autres. Fraternité, c'est un beau rêve ; mais en
présence de l'égoïsme des hommes, ce n'est qu'un
rêve. Chaque individu a dans l'âme une part de
ce grand sentiment ; mais dans l'état actuel, ce
qu'il faut, c'est la justice. Il n'enfourche pas les

dadas à effet ; il ne prend pas un mot pour une vérité : l'ouvrier vrai est avant tout pratique. » (1)

C'est ainsi que le goût de l'étude, la tendance sérieuse et raisonnée de son esprit le retiennent sur la pente des doctrines fausses ou criminelles. Tandis que l'*ouvrier vrai* fuit les réunions publiques, l'*ouvrier* s'y rend volontiers, l'*ouvrier mixte* en manque rarement ; les évolutions dramatiques et les grands coups de voix du tribun soulèvent ses bravos. Le *sublime simple* y va quelquefois : les *fils de Dieu* et les *sublimes descendus* en sont les habitués, (2) et les *sublimes des sublimes* les oracles. (3) Somme toute, l'auditoire ordinaire se compose de ce qu'il y a de moins intelligent et de plus dégradé, masse facile à duper et à émouvoir.

« Dans une réunion publique, nous avons vu applaudir le pour et le contre à trois quarts d'heure de distance. (4) Ceux-là n'ont pas d'opinions raisonnées : ils se disent républicains, sans savoir seulement ce que c'est ; ils aboient sur le pouvoir sans rime ni raison ; ils sont violents, énergiques, non pas pour la revendication d'un droit légitime ; les tyrans qu'ils connaissent, sont le patron et le propriétaire : des exploiteurs et des voleurs. Ces ignorants,

(1) *Ibid.* p. 25.
(2) *Ibid.* p. 42.
(3) *Ibid.* p. 122.
(4) *Ibid.* p. 125.

qui ne lisent presque jamais, ne voient la cause du mal qui les ronge que dans ces deux individualités : l'un ne donne pas assez, l'autre prend trop. » (1)

Les citations que j'ai empruntées au livre de M. D. Poulot montrent que l'armée de la révolution, que les sectes violentes se recrutent parmi les mauvais ouvriers, et en outre que l'ouvrier vrai diffère des mauvais ouvriers plus par sa tournure d'esprit et ses tendances morales que par la somme de savoir. Or, ce bon sens, cet esprit critique, ce sentiment du devoir, on ne peut nier que l'instruction donnée avec méthode ne le développe puissamment.

J'ai recueilli à cet égard un enseignement bien probant. Il existe à Lyon une institution appelée Société d'enseignement professionnel. Elle a pour objet l'organisation de cours adaptés aux besoins des diverses professions. Ce sont pourtant, pour la plupart, des cours d'instruction générale : on ne compte que peu de cours techniques. (2)

---

(1) *Ibid.* p. 71.

(2) Voici la désignation des cours: calcul, grammaire, comptabilité, géométrie descriptive, coupe des pierres, dessin linéaire, de figure, industriel, d'ornementation, dessin pour les menuisiers, pour les mécaniciens, anglais, allemand, italien, espagnol, droit commercial et droit usuel, économie politique, écriture, mathématiques élémentaires, appliquées, chauffage des chaudières, physique, chimie, histoire et géographie théorie pour le tissage des étoffes

L'organisation de cette société offre ce caractère, particulièrement intéressant, que les élèves sont associés à l'administration, (1) et qu'ils ont l'initiative dans la création des cours. Un cours est créé lorsqu'il est réclamé par vingt élèves. Le Conseil d'Administration est composé mi-partie de ce que Lyon compte de plus distingué parmi les philanthropes, et mi-partie de membres ouvriers élus par les élèves. La police intérieure des cours est confiée pas les élèves à quelques-uns d'entre eux. Or, on constate que le choix de ces commissaires et des administrateurs est fait avec une clairvoyance incontestable ; que cette part d'initiative et de responsabilité est acceptée avec un esprit de dévouement, de zèle sérieux et de dignité soutenue. Bien plus, et c'est là ce qui nous importe en ce moment, on a pu se rendre compte que les opinions politiques des élèves sont modérées, raisonnées. La société se développe en restant volontairement et rigoureusement étrangère à toute préoccupation politique : elle est animée d'un esprit libéral et progressiste,

de soie, montage des voitures, mécanique appliquée, gymnastique, géométrie, perspective, couture, coupe pour couturières, littérature, histoire naturelle, solfège, botanique, hygiène.

(1) La Société à participation des Mines et Hauts-Fourneaux de Whitwood et de Mathley, dont j'ai parlé plus haut, avait l'un de ses administrateurs nommé par les ouvriers.

mais elle affecte, et fort sagement, de se tenir en dehors de tout parti. Les élèves, très divisés assurément si on cherche à les classer dans les divers partis actuellement en vogue, offriront, en faveur de la modération, une majorité telle qu'on pourrait l'appeler une unanimité.

Je sais bien qu'on pourrait prétendre que les cours d'instruction recrutent précisément leurs auditeurs parmi les bons ouvriers. A cette objection le nombre des élèves répond : la société fondée en 1864 comptait à ses débuts mille trois cent cinquante-neuf élèves ; elle en compte actuellement sept mille huit cent trente. Ainsi en l'espace de dix-huit années à peine, le nombre des élèves a crû dans la proportion de 1 à 5,76, et ce mouvement de progression va s'accentuant d'année en année. Or, peut-on expliquer un développement si prospère, en refusant à la société, c'est-à-dire, à l'instruction même, une force propre d'expansion et de propagande ? Est-il raisonnable d'admettre, qu'au début, on ne trouvait parmi les bons ouvriers que treize cents auditeurs, et qu'aujourd'hui, sans cause nouvelle, la même population en présente huit mille ? N'est-il pas plus logique de penser que le besoin de l'instruction se développe, que la société a acquis de l'autorité, a gagné la confiance générale du prolétariat, et n'est-ce pas un signe rassurant, et de cette prospérité même, ne peuxje pas conclure que l'instruction largement répandue combat les influences mauvaises et met chaque ouvrier en état d'améliorer sa situation. (1)

Qu'on ne se trompe pas d'ailleurs sur ma pensée : l'instruction tempérera les opinions politiques des travailleurs. Mais on ne doit pas croire qu'elle les amène jamais à cette modération des classes bourgeoises qui confine à l'indifférence. « A côté du travailleur consciencieux, le citoyen reste toujours debout. » Tout instituteur qui s'essaierait à une pareille tâche, succomberait infailliblement devant la défiance et l'hostilité. Et il est bon qu'il en soit ainsi, il faut donner, donner à pleines mains l'instruction, sans avoir

(1) Une prospérité analogue a récompensé toutes les œuvres d'instruction destinées aux ouvriers et sagement conduites : En Angleterre, par exemple, les écoles ouvrières de dessin, qui comptaient 4.868 élèves en 1852, en comptaient 104.668 en 1866 ; les écoles de sciences, qui étaient au nombre de 4 en 1859, et comptaient 200 élèves environ, étaient en 1867 au nombre de 220, et comptaient 10.231 élèves. Les Mechanics Institutes, associations dont les membres payent une certaine souscription pour fonder à leur usage des cours d'instruction secondaire, ont plus de 200.000 membres. Les cours d'adultes, réorganisés en France par M. Duruy, se sont beaucoup développés. Diverses sociétés se sont fondées de 1863 à 1865 pour en ouvrir. L'association polytechnique, l'association philotechnique à Paris, la Société Philomatique à Bordeaux, la Société industrielle à Mulhouse, des associations analogues à Marseille, à Lille, dans la plupart des grandes villes.

d'arrière-pensée politique, sans méditer d'ambitieuses captations, et en respectant, avec un jaloux scrupule, la liberté d'opinion des travailleurs. C'est à ce prix seulement qu'on a droit à leur confiance. Au surplus l'instruction suffira, et la récompense sera déjà belle d'avoir formé des intelligences, dont on aura respecté la liberté, et dont la liberté résistera d'elle-même aux utopies, aux doctrines de violence et de révolution. (1)

A côté de cette instruction générale, ce qu'il faut développer par dessus tout, c'est l'instruction professionnelle. Nous avons en France trois écoles officielles d'Arts et Métiers : celle d'Angers, celle d'Aix, et celle de Chalons-sur-Marne. Les

(1) Sur 100 conscrits :

En 1827, 42 savaient lire
　　1837, 54　　—
　　1847, 63　　—
　　1857, 68　　—
　　1867, 78　　—
　　1877, 85　　—
　　1882, 87　　—

Voici les détails de deux classes récentes :

Classe 1873 : 303 910 hommes
- 56.116 ne sachant ni lire ni écrire 18,47 0r0
- 6.903 sachant lire seulement.
- 225.732 sachant lire, écrire et compter 75.28 0r0
- 1.507 bacheliers.
- 10.515 instruction inconnue.

1877 . 295 392 hommes
- 46.092 ni lire ni écrire 15.63 0r0.
- 5.766 lire
- 230.605 lire écrire et compter 78.30 0r0.
- 2.620 bacheliers.
- 9,510 instruction inconnue.

De 1828 à 1846, le nombre des hommes sachant lire et

municipalités entretiennent des écoles appropriées aux besoins de l'industrie locale. Saint-
Etienne et Alais ont'des écoles de mineurs; la
Ciotat, une école de construction de machines ;
Mulhouse, une école de tissage mécanique et
de filature; Nimes, une école de tissage ;
et un cours de teinture ; St-Pierre-les-Calais,
une école de dessin industriel pour les tulles;
Lyon et Nimes, une institution analogue
pour la soierie; Saint-Etienne, pour les
rubans; Mulhouse pour les cotonnades; Paris,
l'école Saint-Nicolas, une école professionnelle
pour les jeunes filles, comprenant des cours
de commerce, de dessin, de confection, de lingerie, de peinture sur porcelaine et de gravure.

écrire a augmenté de 52 0/0. Le nombre des accusés, en
cours d'assises, de 180/0 seulement. (*Journal des Économistes* 1849, xxiv. p. 270. De 1861 à 1865, sur 22.752
accusés 8.998 (39 0/0) étaient complétement illettrés, et
9.761 (42 0/0) ne savaient qu'imparfaitement lire et écrire.
Sur les 108 condamnés à mort de la même période, 50
étaient complétement illettrés.

En 1837, 2.690.035 enfants fréquentaient les écoles
primaires, soit 752 par dix mille habitants. En 1876,
4.716.935, soit 1.281 par dix mille habitants. En 1877,
4.903.935, soit 1.331 par dix mille habitants.

En 1875-1876, il y avait en France 4.040 salles d'asile:
71.690 écoles primaires ; 22.133 cours d'adultes pour hommes
(comptant 500.053 élèves) ; 5.281 cours pour femmes
(comptant 105,710 élèves). En 1877, 71.547 écoles primaires
comptant 4.716.935 élèves ; en 1882, 75.635 comptant
5.311.211 élèves ; en 1884, 5 617 salles d'asile, 78.456 écoles
primaires, et 25.219 cours d'adultes.

Dans beaucoup de villes, de simples cours suffisent : à Reims, on enseigne le montage des métiers ; à Dieppe, la couture et la dentelle ; à Boulogne, la fabrication des filets, etc.. De grands établissements industriels, le Creusot, entre autres, ont fondé des écoles professionnelles. De ces écoles, sortent des ouvriers excellents ; à peine 2 % de ces anciens élèves tombent dans le sublimisme. (1)

Il faudra augmenter les institutions de ce genre: elles ont une influence moralisatrice considérable. Non seulement celui qui en sort est garanti contre ses propres entraînements, mais il devient un exemple, il relève et moralise ses camarades. C'est un sang pur et nouveau qui vivifie et assainit l'organisme. M. Poulot cite un père sublime ramené au travail, à l'ordre, à l'économie, par son fils. « Ce n'est pas, dit-il, un fait isolé, » et il conclut ainsi : « Plus l'outillage est perfectionné, mieux le travail se fait et plus économiquement : les écoles professionnelles sont les ateliers où on fabriquera les outils pour résoudre la question sociale. Le peuple est un grand enfant qui bégaie ses besoins ; il les fait sentir grossièrement, brutalement, quelquefois avec haine et colère ; ces besoins sont légitimes; il faut que les aînés lui fassent son éducation, et ne le laissent pas croupir dans son ignorance.

(1) D. Poulot, *Le sublime*, p. 266.

Mais, si vous ne voulez pas vous en occuper, et si vous pensez qu'avec la force seule vous en aurez raison, un beau jour vous n'aurez pas assez d'imprécations pour flétrir ce terrible et maladroit adolescent qu'on appelle le peuple. » (1)

Il est enfin une science que je voudrais voir tout particulièrement vulgarisée dans le monde ouvrier, l'économie politique.

C'est trop d'ambition, penseront ceux qui ne connaissent pas les tentatives déjà faites et le succès qui les a couronnées.

Les cours professés dans diverses grandes villes, et qui ont été inaugurés à des dates diverses, dont la plus ancienne ne remonte pas au delà de quarante ans, ont tous trouvé, parmi les ouvriers, un auditoire nombreux, attentif, et sérieux : on ne pourrait en dire autant des cours plus élevés professés à l'usage des gens du monde et des élèves des facultés, qui ont souvent langui, souvent même péri, faute d'auditeurs. A Lyon, la Société d'enseignement professionnel a fondé, depuis 1869, un cours d'économie politique ; et, il ne faut pas oublier qu'un cours n'est ouvert que sur la demande même des futurs auditeurs.

A vrai dire, il dut pendant quelques années être interrompu, à raison du nombre trop res-

(1) D. Poulot, *ibid*. pp. 281, 283.

treint des élèves. Depuis, il a été repris, et continué avec succès. Dans d'autres villes, à Marseille notamment, et à Grenoble, il existe un cours régulier chaque hiver. Ailleurs, des conférences populaires sont faites tous les ans, dans lesquelles les principales questions de l'économie politique sont traitées ; à Amiens, les ouvriers s'y pressent en foule, et régulièrement ; à Reims, à Bordeaux, à Angoulème, à St-Quentin, à Boulogne et ailleurs, il en est de même. Les sociétés industrielles, les conseils municipaux, subventionnent parfois ces tentatives.

Il faudrait que, dans tous les grands centres, elles se multipliassent. C'est un enseignement difficile : il ne doit être ni trop élevé, ni trop didactique, ni trop dogmatique. Il faut éviter encore qu'une attache officielle ou qu'une allure militante éveille la défiance ou l'hostilité de l'auditoire. Ce doit être de la science pure, mais de la science vivante, animée des intérêts locaux, citant des faits que chacun puisse contrôler, et imprégnée d'un sentiment de sympathie et de dévouement pour le travailleur. A ce prix, on peut compter sur le concours et l'attention des ouvriers, et sur une influence considérable.

L'économie politique touche en effet aux questions qui les passionnent le plus : l'organisation du travail, le salaire, le capital, le crédit, la production, la distribution et la consommation

des richesses. Ce sont là des questions que les
faits posent chaque jour au travailleur, et qui,
mal comprises, mal résolues, donnent naissance
aux théories sociales les plus absurdes. L'homme
quel qu'il soit, est tourmenté par le problème de
ses destinées ; le philosophe porte ses regards
vers les horizons immatériels : qu'est-ce que
l'homme ? d'où vient-il ? où va-t-il ? et l'éternel
pourquoi obsède sa pensée. L'ouvrier abaisse ses
yeux plus près de soi : le champ de ses préoccupations n'est pas métaphysique, et pourtant
l'activité naturelle de son esprit cherche un
aliment : elle le trouve dans l'observation des
faits qui entourent sa vie, des choses qui le touchent. Les détails du métier, les difficultés techniques ne suffisent pas à ce besoin de générali-
sation et de spéculation que toute âme porte en
soi-même. La pensée quelque lourde et maladroite
qu'elle soit, garde toujours des ailes et monte
pour agrandir son horizon. Pourquoi suis-je
ouvrier ? Pourquoi notre condition est-elle plus
dure ? Qu'est-ce que le travail ? Qu'est-ce que le
capital ? Quoi donc règle leurs rapports ?.. Et
voilà que, dans ce cerveau mal préparé, dans ce
cerveau qui pense, parce qu'il ne peut pas ne
pas penser, mais qui pense sans être maître de
lui-même, voilà que toutes les questions passion-
nantes de l'économie politique s'agitent et se
mêlent. Et voici que, de ces observations incom-

plètes, cet esprit inhabile s'élève à des théories générales, et que, entraîné par la soif du bonheur et l'amour du progrès, il rêve d'une organisation nouvelle de la société, et, d'un monde où les conditions de la vie feraient plus généreuse la part du travailleur.

Il ignore toutes les lois qui gouvernent les rapports des intérêts. Il taille en pleine étoffe d'utopie. Ses désirs ou ses besoins lui dictent les solutions, et chaque journée ramenant les réflexions amères et découragées, il enfante des combinaisons qu'il prend pour des doctrines. « Le vide n'existe pas plus dans l'esprit de l'homme que dans la nature physique. Ces vastes régions de l'âme, où rien n'a été semé, portent, d'elles-mêmes leurs moissons ; comme il arrive dans des terres qui n'ont point été travaillées, cette récolte est presque toujours celle de l'ivraie. » (1)

Rien, en effet, ne garantit ce penseur inexpérimenté contre l'erreur, et tout, au contraire, conspire à l'égarer. Le problème se présente d'un seul bloc devant lui : il n'en connaît pas les détails, il ne sait rien des mille coefficients qui compliquent la difficulté. C'est donc d'un seul coup, qu'il tentera de le résoudre, et les réformes radicales et violentes se présentent logiquement à son esprit.

(1) A. Rondelet, *Les réunions publiques et les congrès d'ouvriers.*

Le mal est que ces utopies, excusables parce qu'elles sont naturelles, se concrètent, pour ainsi dire, en doctrines d'application. Que les philosophes résolvent dans tel ou tel sens, un problème spéculatif, peu importe ; peu leur importe à eux-mêmes, oserais-je dire, tant ils semblent, lorsqu'ils s'appliquent aux questions sociales, se laisser mener par leur fantaisie, sans compter sur la mise en pratique. « Je confesse, écrivait Th. Morus, qu'il y a chez les Utopiens une foule de choses que je souhaite voir établies chez nous; je le souhaite, plus que je ne l'espère. » Et Pascal a pu dire : « Quand Aristote et Platon ont fait leurs lois et leurs traités de politique, ç'a été en se jouant, et pour se divertir. » Mais l'ouvrier n'est point apte à savourer ce plaisir de penseur, et, lorsqu'il s'agit de questions politiques ou sociales, la conviction mène à l'action, et la solution demande à être appliquée : elle dicte les revendications immédiates, et devient un but à atteindre.

De là l'ardeur de tous les réformateurs, ardeur qui, exerçant son empire sur des masses ignorantes, se communique à elles, les captive, les entraîne, et enfante les révolutionnaires.

Or, on ne peut nier que la connaissance des lois économiques ne préserve des divagations réformatrices. Avant de discuter et de bâtir des systèmes, il faudrait se familiariser avec l'observation, se mettre en contact avec les faits, ne pas ignorer les premiers éléments de la science sociale. Les utopistes sont parfois si ignorants, qu'ils ne voient pas la société telle qu'elle est : et le monde qu'ils entendent réformer est tout aussi imaginaire que celui qu'ils entendent organiser; mais leur conviction est telle, et l'homme est si naturellement porté à croire ce qui flatte ses désirs, et la crédulité de l'ouvrier, faite de déceptions et d'ignorance, est si accessible aux promesses d'amélioration, que le mal actuel et le bien futur passent également pour vérités démontrées. Un peu d'économie politique remettrait facilement les choses à leur place.

M'est-il maintenant permis de conclure, et, en songeant aux diverses considérations que j'ai exposées, pourrai-je, sans passer pour optimiste, taxer l'anarchie d'impuissance. En vérité, soit que je regarde le présent, soit que j'envisage l'avenir, je pense que la doctrine anarchiste ne constitue point un danger social.

Si je l'examine, je la trouve vague, confuse, diverse, variable, et le plus souvent absurde.

Si je me demande quelle armée elle va mettre en branle, je trouve des sectateurs peu nombreux, et travaillés par des dissensions intestines, je vois que les masses rurales sont conservatrices, et que la division de la propriété s'oppose à la propagation de toute théorie communiste.

Si je cherche quelque enseignement dans l'histoire, je constate que des doctrines analogues ont été prêchées de tout temps, et que les rares mouvements populaires qu'elles ont soulevés n'ont dû leur passagère puissance qu'à des circonstances politiques et à un état social qui n'existent plus.

Et lorsque je porte mes regards dans l'avenir, je me sens pénétré d'une immense espérance : il me semble que nous sommes à l'aurore d'une civilisation matérielle nouvelle, d'une organisation économique où la place sera faite plus équitable et plus large à tous les efforts, à toutes les bonnes volontés. Le salaire des travailleurs augmente plus rapidement que le coût de la vie ; le bien-être descend dans les couches du prolétariat ; la participation aux bénéfices, l'association coopérative de production ne sont qu'à leurs débuts ; les institutions de prévoyance, les sociétés de secours mutuels, d'épargne, d'assurances, ont déjà porté des fruits, et en promettent de plus beaux encore pour le siècle qui va suivre ; l'instruction se répand, pénètre dans le sang de tout un peuple, et avec elles la moralité et le souci de la dignité personnelle. Tout cela c'est le progrès, le progrès qui depuis le premier jour soulève le monde, et le pousse dans sa marche incessante en avant. Parfois sonnent des heures de défaillance ; mais la sève divine qui bout dans nos veines reprend bientôt son activité fécondante, et la civilisation s'étend peu à peu sur le globe. L'humanité n'a pas pour emblème le mystérieux serpent des Egyptiens enroulé sur lui même, endormi dans l'immobilité. Elle ne tourne pas dans un cercle, et s'il faut un symbole, je veux le voir en cette échelle biblique, dont les pieds posent sur la terre, dont le sommet se perd parmi les régions de l'idéal, et sur les degrés de laquelle, toujours en mouvement, monte dans une ascension éternelle, l'éternelle théorie des générations.

IV

DE LA RÉPRESSION

« Fort bien, dira quelque censeur ! Nos arrière
neveux, — peut-être, — vivront sous cet ombrage.
Mais pour le moment la doctrine anarchiste ne
va pas sans un certain et spécial péril.

« Ce n'est ni le communisme, ni l'athéisme, ni
l'anarchie que nous redoutons. C'est l'appel à la
violence, c'est l'excitation au meurtre, au pillage, à l'incendie. Plus tard, je le veux, ces provocations resteront sans effet sur des populations
plus instruites et plus sages. Actuellement elles
peuvent entraîner, elles ont entraîné déjà des
coupables à des crimes. »

Voilà l'objection. A vrai dire, le péril est ainsi
singulièrement restreint. Il ne s'agit plus de
danger social ; ces provocations ne sont pas
pour enfanter une révolution, ni une émeute :
une tentative isolée, un instant de folie de quelque cerveau exalté sont seuls à craindre, si
bien qu'on pourrait se demander s'il faut songer

à prévenir le mal, ou s'il ne suffirait pas de réprimer les attentats une fois commis.

Je pourrais alléguer que ces provocations ne sont pas le corollaire obligé de la doctrine anarchiste. Tous les anarchistes ne croient pas à la nécessité d'employer la violence ; il en est un bon nombre, assez confiants dans la valeur de leurs théories, pour n'attendre le succès que de la propagande pacifique et de la force des choses.

Mais on me répliquerait trop facilement que cela importe peu, et qu'il sera indifférent que le crime commis soit ou non conforme à la pure doctrine.

D'ailleurs quel grand prêtre est investi de la mission de formuler la vraie doctrine? Les anarchistes n'ont-ils pas pour premier dogme l'indépendance individuelle absolue, et chacun d'eux n'est-il pas le maître de sa religion?

Donc beaucoup d'anarchistes, je l'admets, presque tous, je le veux encore, prêchent la violence : on n'a qu'à lire un de leurs journaux, pour y recueillir des excitations forcenées. Les insultes et les menaces à l'adresse de la bourgeoisie, des propriétaires, des patrons, de l'armée, de la magistrature s'y rencontrent à chaque ligne. Le meurtre, l'incendie, le pillage y sont préconisés comme moyens d'appliquer les doctrines. Les recettes pour composer les matières

explosives, avec la manière de s'en servir ensuite,
s'étalent complaisamment sous le titre bénin de
« technologie ». Cela suffit : si on peut négliger,
si on doit respecter les doctrinaires, il faut re-
douter les sectaires, et se défendre contre les
tentatives criminelles.

Soit : mais alors il m'est bien permis de faire
observer que ce ne sont plus des anarchistes que
nous avons à combattre, en tant qu'anarchistes ;
ce sont des misérables, qui n'ont le droit de se
réclamer d'aucun parti. Quelles que soient leurs
doctrines, ils sont coupables. Dans ces limites,
et avec ces restrictions, j'admets qu'ils sont en
même temps dangereux. et qu'il faille chercher
quelque moyen de défense.

Je n'en vois pas d'autre que la répression,
et quelque libéral, quelque respectueux de
toutes les opinions que je veuille être, je ne m'en
afflige pas, et je la demande sévère, rapide et
constante. Prêcher l'incendie, le pillage, le
meurtre, ce n'est point faire simplement usage
de la liberté de penser, c'est conseiller un crime,
c'est s'y associer, c'est être criminel.

Les anarchistes, dans les diverses poursuites
qui ont été dirigées contre eux se sont toujours
efforcés de donner sur ce point le change à l'opinion publique : ils s'indignent, prétendant qu'on
poursuit des doctrines. Est-ce que par hasard
on poursuit une doctrine, quand on poursuit un

voleur, et faudra-t-il le respecter, s'il allègue comme excuse que d'autre part il est communiste, et que le vol n'est qu'un moyen d'arriver au communisme ?

Les anarchistes répliquent qu'on les poursuit avant la consommation du crime : par ce fait seul qu'ils ont prêché la violence dans un journal, dans une réunion publique, ils sont coupables : n'est-ce pas un délit d'opinion ? n'est-ce pas un procès de tendance ?

Le principe que la pensée est libre et qu'il n'y a plus de délit d'opinion est acquis aujourd'hui, et il est si bien entré dans nos mœurs, il fait si bien partie du patrimoine de civilisation dont nous sommes fiers, que le reproche seul de le violer me paraît mériter qu'on s'explique. Je sais que bien des esprits ne concevront pas ce scrupule. Que nous importe, diront-ils, qu'on viole ou non un principe ? Si les provocations sont dangereuses, si la loi condamne, nous n'avons rien à examiner plus, et si ce sont là des délits d'opinion, après tout nous n'y voyons point de mal.

— Je pense autrement : je consens bien à l'obéissance passive envers la loi. Mais je veux réfléchir, et me rendre compte si cette loi, à laquelle je me soumets par avance, est cependant digne de mon respect.

Est-il donc vrai de prétendre, que punir la

provocation, ce soit porter atteinte à la liberté de la pensée ?

La liberté de pensée doit à mon sens s'entendre de l'ordre purement spéculatif : dans ce domaine, elle est sacrée, et tout gouvernement est désormais condamné à respecter les convictions même de ses ennemis. Il est loisible de prêcher le communisme, l'anarchie, l'athéisme ; de proclamer même que la force est à l'origine de tous les pouvoirs, que la force est nécessaire à toute transformation sociale, d'enseigner même que la paix, le bien-être, la justice ne pourront s'obtenir qu'au moyen de la violence. Cela est peut-être absurde, cela est assurément licite, et nul ne peut rêver d'imposer l'obéissance aux opinions.

Mais il est tout aussi certain que le jour où quelque fanatique tentera, par la violence et le crime, l'application de ses théories, il tombera justement sous le coup de la loi.

D'une part donc, théories, même crimi   ,s, absolument respectables ; d'autre part mise à exécution de ces théories absolument interdite.

Personne ne conteste sérieusement ni l'un ni l'autre de ces deux termes.

Mais entre ces extrêmes, il y a des termes moyens. La provocation à l'exécution, n'est assurément plus la théorie. C'est un élément intermédiaire, qui participe de l'un et de l'autre, se rapprochant plus ou moins de l'un ou de l'autre selon les circonstances, la forme du langage, le mouvement des idées. « La provocation, écrivait M. Lisbonne, rapporteur de la loi sur la presse du 29 juillet 1881, la provocation, dans l'hypothèse où elle a été suivie d'effet, comme dans celui où elle ne l'a pas été, est un acte et non l'expression d'une opinion, la manifestation d'une doctrine, et d'une tendance. » Cette définition est trop rigoureuse. La provocation est d'une nature variable et double, et il est impossible, d'une manière générale et par avance, de la ranger expressément dans la catégorie des actes non plus que dans celle des doctrines. Suivant qu'elle inclinera d'un côté ou de l'autre, elle sera punissable ou devra être tolérée. Les législateurs de 1881 l'ont ainsi compris : ils n'ont point voulu réprimer toute provocation ; ils ont usé de tempéraments ; mais d'autre part, ils ont jugé imprudent de laisser aux juges la charge d'une appréciation trop délicate, où la conscience ne suffirait pas à prémunir contre les entraînements des convictions politiques. La loi, nous le verrons tout à l'heure, a donc précisé, autant qu'il était possible, les cas où la provocation devient dangereuse et coupable, et par une sage graduation, elle s'est efforcée à tenir compte du caractère indécis des manifestations qu'elle entendait punir.

37

Cette analyse ne suffit-elle pas à rassurer les plus scrupuleux défenseurs de la liberté de pensée ? Faut-il rappeler d'ailleurs que depuis longtemps notre législation frappait la provocation ? « Seront punis d'une action qualifiée crime ou délit, ceux qui, par dons, promesses, menaces, abus d'autorité ou de pouvoir, machinations ou artifices coupables, auront *provoqué* à cette action ou donné des instructions pour la commettre. » Ainsi s'exprime l'article 60 du code pénal et personne n'avait songé à le critiquer. Il est vrai que la provocation n'était frappée, (sauf dans le cas de complots contre la sûreté de l'État), qu'autant que le crime ou le délit avaient été commis : il ne pouvait y avoir de complice, là où il n'y aurait pas eu d'auteur principal. La loi actuelle a étendu l'exception : j'oserais dire qu'elle l'a moralisée. Le code laissait entrevoir, en visant particulièrement les complots, la préoccupation politique d'un gouvernement inquiet ; la loi de 1881 en frappant la provocation aux crimes capitaux, même non commis, atteste qu'elle a pris plus encore souci de la moralité publique, que des intérêts politiques et des nécessités gouvernementales.

« Belle liberté, s'écrient alors les anarchistes, que cette liberté de rêver, avec défense de rien tenter qui touche à l'application. C'est une nouvelle forme de la *liberté pour le bien* chère aux

théocrates. » Ils oublient en parlant ainsi que
les faits brutaux sont brutalement du domaine
des lois positives. Il a bien fallu que toutes les
législations déterminassent le bien et le mal, le
permis et le défendu ; sans rechercher à quel
critérium s'est attaché le législateur dans cette
œuvre difficile, je peux bien dire, (et je n'ai pas
la prétention de rien dire de nouveau), que les
lois doivent tout d'abord être respectées, qu'il
serait absurde de faire une exception en faveur
des réformateurs, et renouvelant la théorie *de la
fin et des moyens*, théorie chère aux casuistes, et
non moins raillée que celle de *la liberté pour le
bien*, de leur permettre, sous prétexte qu'ils
s'efforcent au bonheur de l'humanité, de se ruer
per fas et nefas à la réalisation de leurs utopies.

D'ailleurs, pourquoi donc les anarchistes
récriminent-ils si amèrement ? Ne devraient-ils
pas, pour l'honneur de leurs doctrines, réprou-
ver les appels à la violence ? Les provocations
sont-elles donc la conséquence obligée de l'exposé
de leurs théories ? J'ai entendu des anarchistes attester qu'il n'en est rien, et déclarer
hautement qu'ils comptaient pour leur triomphe
sur la puissance pacifique et communicative
de leurs idées. Lors donc que les tribunaux
condamnent les provocations, ils ne condamnent
point les doctrines. Cette distinction s'impose,
parce qu'elle est l'expression de la vérité. Et

Kratpotchine l'admettait implicitement quand poussé à bout devant le tribunal correctionnel, il répondait « que la violence est légitime, *si un parti n'a plus que le choix de disparaitre sous la persécution ou de résister par la violence.* » C'était une version nouvelle de la fameuse définition de l'insurrection par Lafayette : mais je ne sache pas qu'en France le parti anarchiste en soit réduit à ce dilemme déplorable. Que les anarchistes prennent les routes permises, qu'ils fassent appel à l'opinion, qu'ils s'emparent des esprits, qu'ils fassent des prosélytes, qu'ils usent des moyens légaux et pacifiques : ils le peuvent, ils seront couverts par la liberté de penser, et tous les libéraux applaudiront à leurs légitimes efforts, en y voyant et la consécration de cette liberté, et la démonstration qu'elle est acquise au profit de tous.

La répression des appels à la violence me parait donc légitime, au point de vue moral, et ne constitue pas une contradiction au principe qu'il n'y a plus de délits d'opinion.

Cela établi, examinons quels sont, dans l'état actuel de notre législation, les armes dont dispose la société.

J'ai déjà cité une disposition du code pénal qui assimile le provocateur au complice en cas de crime et de délit commis, et en cas de tentative de complot. D'autres dispositions protègent contre les outrages les dépositaires de l'autorité

et de la force publiques, et les particuliers contre
les menaces de mort, d'incendie, etc.. (1)

Voilà les armes fournies par la législation
antérieure : je n'en parle que pour mémoire,
car c'est à la loi de 1881 que le ministère public
devra le plus souvent avoir recours.

Cette loi, que critiquent presque tous les partis,
parce qu'elle n'a répondu aux espérances inté-
ressées d'aucun, est généralement jugée avec
une sévérité qui se ressent trop des irratations
que le sujet soulève. Il y a peu de questions qui
animent les passions politiques autant que celle
du régime de la presse ; et si de telles ardeurs
mettent en danger l'impartialité du critique, à
plus rude épreuve encore mettent-elles la
sagesse du législateur. D'autre part la réglementation, en pareille matière, est si difficile, si
délicate qu'on peut même se demander si une
bonne loi est possible. Le législateur se heurte
en effet de front, et plus directement que dans
aucun ordre d'idées, à la plus sérieuse des difficultés gouvernementales, l'accord de la liberté
et de l'autorité. Au seuil de toutes les sciences se
dresse ainsi quelque fondamental problème,
comme un dragon pour garder l'entrée des Hes-
pérides : problème toujours insoluble par le raisonnement, échappant même à l'expérience, et

(1) Code pénal, Art. 60, 89 et suiv. 222 et suiv. 285, 304
et 436.

que, selon les temps et les mœurs, l'on tranche
dans un sens ou dans un autre. Dans les
sciences mathématiques, ces problèmes se présentent heureusement sous la forme de vérités
indémontrables qu'on appelle axiomes. Dans
les sciences philosophiques, on a recours,
sinon pour les résoudre, du moins pour y
répondre, aux idées innées, au consentement
général. Dans les sciences naturelles, on peut
dire que la question originelle, le pourquoi
primordial n'obtient jamais de réponse, et que
l'expérimentation se borne à saisir le rapport
constant des phénomènes sans en expliquer la
cause. Dans les sciences politiques, moins encore
est-il possible d'aboutir à des solutions certaines :
il y a tant d'inconnues, tant de coefficients insai-
sissables, tant de faits à constater, tant de
passions complexes qui les modifient, tant
d'éléments ondoyants et divers, que l'esprit
humain est condamné à flotter perpétuellement
dans l'irrésolution et le changement.

Pendant les discussions de la loi sur la presse,
cette diversité d'appréciations s'est manifestée
par les contradictions les plus vives. L'œuvre qui
est née de ce long travail en porte parfois les
traces. On a dit que l'accord de la liberté et de
l'autorité en matière de presse devait s'obtenir
sous le régime de la responsabilité. La formule
est séduisante ; mais elle se traduit malaisément

en articles de loi. Ce qu'on ne peut nier du moins, c'est que la loi de 1881 soit empreinte d'un caractère de sage modération, et si elle pèche en certains points par défaut d'unité, elle n'en reste pas moins un monument honorable de la tendance actuelle des esprits.

L'impression qui se dégage des débats parlementaires, est que le législateur, soucieux des droits de l'autorité et de ceux de la liberté, a cherché à se prémunir tout ensemble contre l'esprit de rigueur et l'esprit d'indulgence. « S'il n'a pas cru devoir laisser purement et simplement sous l'empire des dispositions pénales ordinaires les infractions commises par la voie de la parole ou de la presse, et s'il lui a paru nécessaire d'édicter des prescriptions particulieres pour la répression de ces infractions, il a néanmoins entendu renfermer ses prévisions dans les limites du droit commun, de telle sorte que bien qu'il y ait encore des délits de presse, contrairement à la théorie que M. Floquet s'était efforcé de faire prévaloir, ces délits toutefois ne sont plus des délits spéciaux, mais des délits de droit commun prévus et punis par des dispositions particulières. Ainsi lorsque l'article 23 réprime la provocation à commettre une action qualifiée crime ou délit, c'est parce qu'il la considère comme une véritable complicité du crime ou délit dont elle a amené la perpétration, ou de la tentative de

crime qui en a été la suite, et qui est assimilable
au crime même. L'article 23 ne fait donc qu'appliquer à ce fait les règles du code pénal sur la
complicité, en se bornant à préciser les éléments
d'une nature spéciale dont la complicité se constitue en pareil cas. C'est aussi pour rester dans
les termes du droit commun que le législateur a
refusé d'atteindre en général la provocation qui
n'a pas été suivie d'effet. Puisque la provocation
est une sorte particulière de complicité, elle ne
peut, comme la complicité ordinaire, être déclarée
punissable qu'autant qu'elle se rattache à l'exécution d'un crime ou d'un délit ». (1)

Voilà le fondement moral et juridique de la
répression. Examinons rapidement à ce point de
vue l'économie de la loi.

La provocation au délit est punissable à condition que le délit ait été commis.

La provocation au crime, à condition qu'il y
ait eu au moins tentative d'exécution.

La provocation au meurtre, au pillage, à l'incendie, aux crimes contre la sûreté de l'État,
est punissable qu'elle ait été ou non suivie d'effet.

Dans tous les cas, il faut que la provocation
ait été *directe*, c'est-à-dire, qu'elle ait spécifié

---

(1) G. Dutruc, *Explication pratique de la loi du
29 Juillet 1880* N° 148 et suiv. Une exception a été faite
que nous avons déjà signalée : certaines provocations très-
graves sont coupables indépendamment de toute exécution.

bien exactement et individuellement le délit ou le crime, et qu'on puisse, (au moins lorsque l'exécution est une condition de culpabilité), saisir et démontrer le lien qui rattache le crime ou le délit à la provocation.

La juridiction est attribuée aux cours d'assises.

Les peines sont, en vertu du principe que le complice est passible des mêmes peines que l'auteur principal, celles qui frappent le crime ou le délit auquel s'est appliquée la provocation. Pour le cas où la loi n'exige ni exécution ni tentative, la peine a dû être fixée : elle consiste en un emprisonnement de trois mois à deux ans, et une amende de cent à trois mille francs.

Telle est l'arme que le législateur de 1881 à mise entre les mains de la société pour se défendre contre des attaques qui ont existé de tout temps, mais qu'une recrudescence marquée accentue en ce moment. Cette arme est-elle suffisante ? Est-elle efficace ?

Sans entrer dans une étude purement juridique qui ne serait point ici à sa place, on peut répondre que la répression est suffisante, bien qu'une disposition de la loi la rende souvent difficile et qu'une autre la rende souvent illusoire.

La nécessité d'un lien direct entre la provocation et l'acte commis impose au ministère public une preuve presque toujours impossible. Comment démontrer que tel criminel a agi précisément sous l'inspiration de tel discours ou de tel article ? La coïncidence ne suffit pas pour établir cette rela- tion de cause à effet; il faut surprendre et prouver l'influence particulière et décisive de la provo- cation sur le criminel. N'est-ce pas exiger une preuve qui échappe à toute investigation ?

Cette difficulté présente, il est vrai, à côté de ces inconvénients, deux avantages, dont M. de Bozérian se félicitait au Sénat. Une coïncidence fatale pourrait, par un injuste retour, rendre un orateur ou un journaliste responsable de crimes auquels il est en réalité demeuré étranger; et cette solidarité pouvant se résoudre en une condamnation capitale, il n'est peut-être pas mauvais que la nécessité du lien direct ait été imposée. Quoi qu'on pense d'ailleurs de cette condition, une observation me rassure : le lien direct est nécessaire seulement dans les hypo- thèses où la provocation exige pour tomber sous le coup de la loi que le crime ait été commis. Mais dans les cas les plus graves, lorsqu'il s'agit de la provocation au meurtre, au pillage, à l'in- cendie, la provocation étant punissable par elle-même, aucune preuve impossible n'est mise à la charge du ministère public.

Une autre disposition mérite plus justement la critique. Le condamné qui, s'il était domicilié en France, n'a pu être arrêté préventiment sauf en

cas de crime, (1) peut se pourvoir en cassation
sans se mettre en état. (2) Il profite généralement
de ce délai pour s'enfuir et passer la frontière.
Le coupable a ainsi une situation priviligiée : il
accepte les débats, profite de la publicité pour se
mettre en vue, fait étalage de ses doctrines et se
pose en martyr de ses convictions. Toutes ces
démonstrations ne demandent point, en somme,
grand courage : au sortir de l'audience où il a
écouté, le front haut, sa condamnation, il prend
le train pour Genève ou Bruxelles et la comédie...
je me trompe : et la justice est jouée. Cette tactique au succès de laquelle les tribunaux ont
plusieurs fois assisté impuissants, a été, par un
hasard singulier, mise en défaut dans une affaire
récente. Le prévenu, au cours de l'audience,
insulta le président : il fut de ce fait et immédiatement condamné à l'emprisonnement. Et lorsqu'à la fin des débats, après avoir entendu avec
une indifférence hautaine la nouvelle condamnation qui le frappait pour délit de presse, il
s'apprêtait à se retirer, selon l'usage, et à prendre
le large, il fut tout étonné de se voir retenir, en
vertu de la condamnation précédente, et emmené
comme un condamné vulgaire. Sa tenue manifesta alors combien cruelle lui paraissait cette
prison, qu'il venait de si dédaigneusement ac-

(1) Art. 49
(2) Art. 61

cueillir. Mais il ne faut plus s'attendre à ces imprudences : la leçon sans doute aura porté ses fruits.

Malgré ces critiques de détail, la répression, je le répète, est, selon moi, suffisante : suffisante en ce sens qu'elle frappe véritablement toutes les provocations qui méritent d'être frappées. Je me préoccupe peu de l'évaluation des peines. On sait qu'en pareille matière, la gravité des peines va à l'encontre du résultat cherché. Trop de sévérité n'effraierait pas le coupable, parce qu'il effraierait le jury, et que les poursuites aboutiraient à des acquittements. D'ailleurs les peines sont rigoureuses : deux ans de prison et trois mille francs d'amende comptent dans la vie et dans la fortune d'un homme, et quant aux provocations suivies d'effet, l'assimilation du provocateur à l'auteur assure un châtiment exemplaire. Ce qui importe, c'est que les provocations soient poursuivies ; c'est que nous ne laissions pas s'acclimater dans la presse, dans les réunions publiques, ce langage violent, ces excitations odieuses, d'autant plus coupables que celui qui les profère est en général supérieur par l'intelligence à ceux à qui elles s'adressent, et qu'il abuse sciemment de l'ignorance d'un public à la merci d'une phrase, promesse, menace ou mensonge.

La répression est-elle efficace ? Je le crois

encore. Je sais ce qu'on appelle les entraînements
de la plume ou de la parole ; un mot, une phrase
peuvent échapper ; ce n'est j'espère ni une
phrase, ni un mot qu'on poursuivra jamais,
quelque fameux et ridicule exemple qu'on en
puisse citer. En réalité, ces entraînements ne
font jamais dire aux gens que ce qu'ils veulent
dire, et très ordinairement on ne dit et on n'écrit
que ce qu'on veut. Il n'est pas interdit de
supposer que la perspective de la prison et de
l'amende arrêtera sur les lèvres ou au bout de la
plume l'éloquence criminelle, et si quelque fanatique prétend que c'est un attentat à la liberté de
penser, pour moi, je le confesse, je me réjouis de
ce bienheureux attentat, qui, impose à la pensée
le respect d'elle-même.

J'ai, tout à l'heure, lorsqu'il s'agissait de
démontrer la légitimité de la répression, distingué les provocations des doctrines. Il me
semble que les diverses considérations que je
viens d'indiquer, établissent, par une espèce de
contre épreuve, la réalité de cette distinction.
Non, il n'y a rien de commun entre les appels à la
violence et les théories économiques. Les appels
à la violence sont dangereux ; les théories ne le
sont pas ; les appels à la violence peuvent être
réprimés, les doctrines échappent à la répression.

Les doctrines, fussent-elles dangereuses, ni
tribunaux, ni cours, ni prison, ni amendes ne

réussiront jamais à arrêter leur essor ! Ce sont des puissances d'ordre différent, entre lesquelles le combat ne peut s'engager : à des idées, on ne répond pas par des faits, et en vain frapperait-on des anarchistes, l'anarchie n'en serait pas atteinte. Lorsqu'une bataille sanglante eut décimé les anabaptistes, en Allemagne, lorsque le Sénat de Zurich effrayé de leurs doctrines les eut expulsés de Suisse sous peine de mort, lorsque le Rhin et les torrents des environs eurent charrié par monceaux leurs cadavres, lorsque Charles-Quint eut appesanti sur eux sa main toute puissante, lorsqu'enfin ils eurent été tous exterminés, il s'en trouva encore pour porter la doctrine en Moravie, en Bohème, en Silésie, et là vivre, se perpétuer pendant des siècles, se propager au milieu des persécutions. Pense-t-on que ce que n'ont pu faire ni les bûchers, ni les supplices, un jugement de tribunal correctionnel, ou un arrêt de Cour d'assises y pourvoira ? L'histoire est pleine de ces luttes impuissantes contre la pensée. Giordano Bruno et Savonarole brûlés vifs, Campanella broyé par la torture, Vanini à qui on arrache la langue et dont le beuglement effroyable remplit l'Italie d'épouvante, Roger Bacon emprisonné, Telesio et Harrington empoisonnés, combien d'autres encore sont là pour proclamer que rien ne vaincra ce souffle si frêle et si superbe, la pensée humaine. Oui, sans doute, les anar-

chistes ne sont pas dignes qu'on évoque, à
leurs côtés, des noms si lumineux; mais tout
devient grand lorsqu'il s'agit de conviction, et si
c'est d'un fou de croire à l'anarchie, ce serait
d'un plus fou encore de le vouloir convertir par
l'amende ou la prison.

CONCLUSION

Que les anarchistes prêchent leurs doctrines :
elles ne sont point à craindre, et le grand jour
de la liberté est plus efficace contre les fantômes
que l'obscurité de la prison. La fin du règne de
Louis-Philippe a été alarmée par le socialisme ;
vint le Gouvernement de Février qui permit aux
réformateurs d'exposer, de publier, de prôner
leurs utopies : les réformateurs surent eux-mêmes
se déconsidérer. Moins puissantes furent cependant les dix-huit années de silence que le second
empire imposa à la pensée publique. Cette oppression, loin d'avoir étouffé les aspirations populaires, leur avaient laissé prendre dans l'ombre
un effrayant ressort ; et, lorsqu'en 1868 la parole
fut rendue aux ouvriers, les mêmes revendications
utopistes éclataient avec plus de vigueur encore
et plus d'âpreté.

N'imitons plus un tel exemple. Au lieu, selon
le mot de Prudhon, d'emmagasiner par la
compression la force révolutionnaire, et de nous
condamner à franchir d'un seul coup et d'un saut
tout l'espace que la prudence nous commande de
franchir en détail, opposons, dans une discussion

pacifique, les théories de la science aux utopies extrêmes, les principes économiques aux idées socialistes, les réformes à la révolution. Ou plutôt, et bien mieux, sortons des champs stériles de la controverse ; que les classes favorisées se penchent vers les travailleurs qu'elles aillent à eux afin de réaliser avec eux le progrès continu et d'éviter le progrès par bonds et par saccades. Qu'ils songent, les heureux du siècle, combien de larmes taries, si leur bonne volonté avançait de dix années seulement l'amélioration du sort, non pas même de toute la classe des travailleurs, mais d'un millier d'entre eux. Nous avons constaté les bons effets de l'instruction, de la coopération, de la participation aux bénéfices : n'y a-t-il donc pas des essais à faire, des associations à organiser, des écoles à fonder, des expériences à encourager, des réformes à obtenir ? Nous prétendons que, sans révolution, sans cahots, par le développement naturel de la civilisation, par la force d'expansion du progrès, par cette force qui se nourrit et s'augmente d'elle même, toutes les nombreuses aspirations des travailleurs obtiendront peu à peu leur satisfaction : ne peut-on donc pousser à la roue du char qu'il y a cinquante ans P.-L. Courier voyait déjà « dans la plaine roulant » ? Que les commerçants, que les industriels, que ceux qui sont mêlés à l'activité du siècle secondent la science économique, et prouvent que la théorie du progrès pacifique n'est point une invention de notre égoïsme ou de notre peur. Ce sont eux qui sont les classes dirigeantes de demain.

L'aristocratie de la naissance et de la fortune a su, pendant des siècles maintenir sa suprématie; mais alors, outre qu'elle était l'aristocratie de l'intelligence, la hiérarchie des classes, l'ignorance générale, l'indifférence du peuple lui faisaient la maîtrise facile. Elle n'a point failli à cette grande tâche de constituer les nations modernes. Aujourd'hui elle a laissé tomber de ses mains trop paresseuses un sceptre désormais trop lourd. Elle s'est désintéressée de la vie sociale. Les grands esprits, qu'elle compte encore dans son sein, se sont absorbés dans la contemplation philosophique et stérile, se sont oubliés dans une politique boudeuse, ont refusé le maniement pratique des affaires, et se sont mis à l'écart du grand mouvement qui emporte le monde. Il ne suffit plus pour conduire les hommes d'une intelligence affinée par l'éducation ou par une instruction générale et superficielle. Le troupeau est trop ardent; les intérêts sont trop surexcités. Il y faut désormais plus de virilité et plus d'expérience.

Bien rares encore sont ceux que ce rôle peut légitimement tenter. Mais le suffrage populaire ne s'y trompe pas; faute de meilleurs, hélas!

il porte son choix sur des médiocres ; car il
sent qu'avant tout il doit prendre ses chefs parmi
ceux qu'il a pénétrés de son souffle, de son
esprit, de son instinct. Nous sommes à une
période de transition : les besoins se formulent,
les tendances s'accusent, et ceux qui doivent les
personnifier ne sont pas encore nés.

Qu'elle se prépare donc cette aristocratie
nouvelle, l'aristocratie du savoir et du travail.
Qu'elle se jette dans la mêlée avec résolution,
mais avec bonne volonté. Quelle y apporte son
sens pratique et son instruction économique.
Qu'elle écoute les réclamations ouvrières : ce sont
elle, qui, en ce moment, précisent les questions
sociales. Qu'elle les écoute, et qu'elle en tienne
compte : toute sage amélioration du sort des
classes pauvres est un progrès général. Ce n'est
pas par la résistance d'une part, par la violence
de l'autre que nous apaiserons le différend, et
que nous résoudrons le problème qui tourmente
notre siècle. Il y faut les efforts de tous. Nous
avons besoin des travailleurs et les travailleurs
ont besoin de nous : la vie sociale a si bien
mêlé et confondu les intérêts, que toutes les
classes sont liées par une indissociable solidarité.
Ne cherchons ni les uns ni les autres à briser ce
lien ; aidons-nous mutuellement. Si nous en
venons aux récriminations, il y aura peut-être
plus de dures vérités méritées par l'égoïsme

de la bourgeoisie que d'excès à reprocher au peuple : l'un s'est grisé du vin nouveau de la liberté, mais l'autre sent encore le vin aigri des anciens privilèges. Ce sont des ouvriers qui en 1863 ont écrit : « Sans nous la bourgeoisie ne peut rien asseoir de solide ; sans son concours notre émancipation peut être retardée longtemps encore. Unissons-nous donc pour un but commun, le triomphe de la vraie démocratie. » Ces ouvriers étaient des sages : que la bourgeoisie ne marchande pas son concours. La tâche est belle ; elle tente des ambitieux, pourquoi ne tenterait-elle pas d'honnêtes gens ?

Le peuple est une ardente fournaise : ceux-ci l'attisent pour l'incendie. Que d'autres plus prévoyants, y jetent à brassées leurs efforts, leur dévouement, leur intelligence, leur instruction, afin que la flamme s'élève paisible et pure, et que de ce foyer rayonnent plus tôt la chaleur et l'éclat qui doivent illuminer l'avenir.

TABLE DES MATIÈRES

INTRODUCTION

CHAPITRE I

Historique du parti anarchiste

CHAPITRE II

Exposé des doctrines anarchistes

CHAPITRE III

Impuissance des doctrines anarchistes

CHAPITRE IV

De la répression

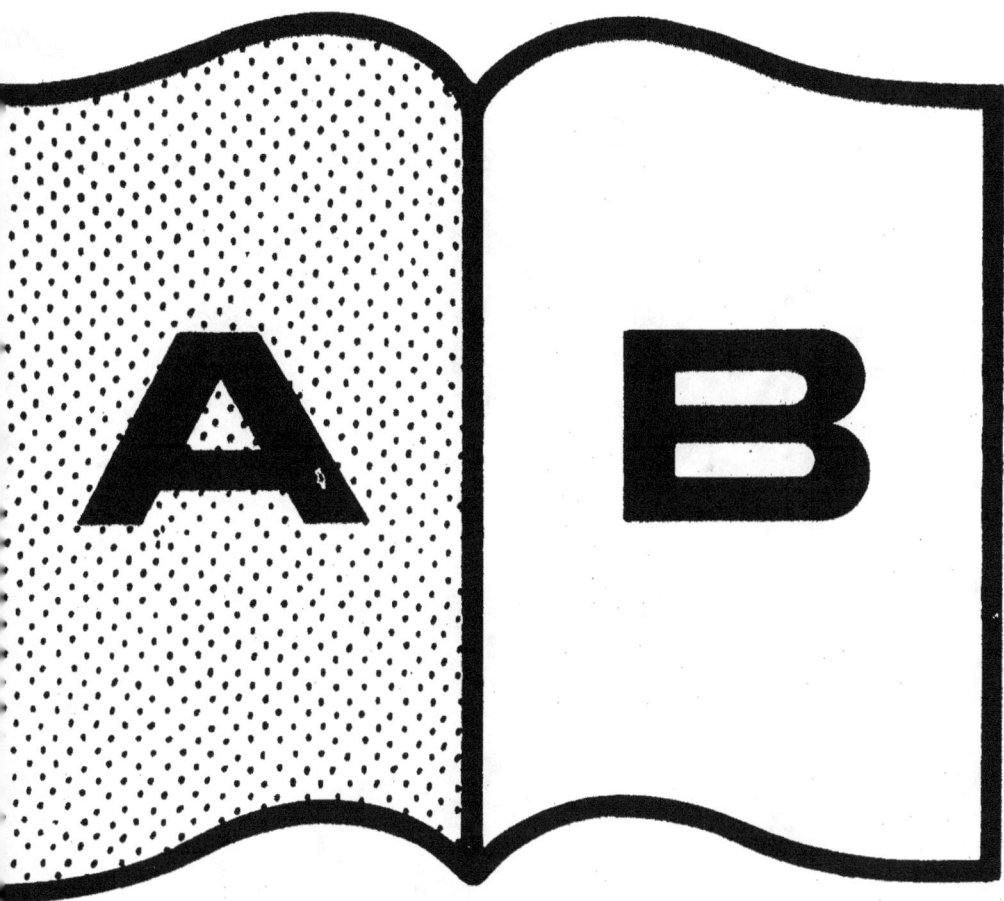

Contraste insuffisant

NF Z 43-120-14